길 위의 인문학

산책길에서 만난 역사

길 위의 인문학

산책길에서 만난 역사

초판 발행 2022년 6월 29일
3쇄 발행 2023년 11월 15일

지은이 김정남
펴낸이 유해룡
펴낸곳 (주)스마트북스
출판등록 2010년 3월 5일 | 제2021-000149호
주소 서울시 영등포구 영등포로5길 19, 동아프라임밸리 1007호
편집전화 02)337-7800 | **영업전화** 02)337-7810 | **팩스** 02)337-7811

원고 투고 www.smartbooks21.com/about/publication
홈페이지 www.smartbooks21.com

ISBN 979-11-90238-82-3 03910

산책길에서 만난 역사

길 위의 인문학

김정남 | 지음

이야기가 있어 더 좋은 16개 산책길

스마트북스

산책길에서 만난 역사

2020년 9월 어느 날, 출판사에서 한 번 봤으면 하는 연락이 왔다. 이런 저런 이야기를 하며 내게 요새 관심 갖고 있는 일이 무엇이냐고 물어본다. 걷는 것을 즐겨하고 답사도 때때로 하고 있다고 하며 '산책길에서 만난 역사'라는 글은 어떠냐고 물었다. 당시 강화나들길을 자주 가던 중이었다. 본인들도 여행 가서 좋은 길을 걷곤 하는데 역사 지식이 아쉬웠다고 한다. 기존의 사진자료를 활용할 수도 있지만 문화유산보다는 산책길이 우선이기 때문에 일일이 현장을 방문해야 한다며 최소 1년 정도의 시간이 걸릴 것 같다고 이야기했다.

막상 시작하려니 걱정이 앞섰다. 전국에 걸쳐 30꼭지 정도를 이야기했는데 산책길과 결부시키기에는 몇 군데밖에 머릿속에서 떠오르지 않았다. 보고 싶은 문화유산, 말하고 싶은 역사 사건이 있는 곳에 걷고 싶은 산책길이 반드시 있으란 법은 없다. 그 길도 평지길이었으면 좋겠다는 의견도 달려 있었다. 문화유산도 세계문화유산은 아닐지라도 그래도 무게가 있어야 했다. 글을 쓰는 것보다는 대상지를 선정하는 게 더 힘든 숙제였다. 머릿속에서 그동안 답사 다녔던 곳들을 빠르게 되돌려봤다. 길도 길이지만 애정 있고 관심 있는 주제들이어야 글도 술술 나온다.

주제도 전통마을부터 문화마을, 사찰, 서원, 향교, 궁궐, 성곽 등 다양해야 했다. 또 고려해야 할 것이 지역적 안배였다. 제주까지 포함하자고 마음먹었다. 교사라 시간적인 제약도 따랐다. 주말에야 현장답사를 갈 수 있었다. 답사 가는 날이 반드시 좋은 날씨라는 보장도 없었다. 더군다나 산책길도 평지일 수만은 없었다. 평지길과 산길 가리지 않고 일단 모두 다녀보기로 했다.

아침잠이 많지만 답사 가기로 계획한 주말에는 새벽같이 눈이 떠졌다. 설레는 기분을 안고 차를 몰았다. 현장을 걸으며 좋은 산책길을 발견하면 힘든 줄도 모르고 기분도 몹시 좋아졌다. 이런 것이 행복일 것이다. 그 순간들을 갈 때마다 경험했다.

현장답사는 혼자가 많았지만 아내가 동행한 경우도 어느 정도 된다. 또 동료 교사들이 함께한 경우도 여러 번 있었다. 이때에는 내가 가이드 또는 문화해설사 역할을 했다. 또 우연히 길동무를 만나 함께 걸은 적도 있다. 해인사에 갔을 때였다.

대장경 테마파크에서 소리길을 시작했다. 일주문 못 미처 노점상과 상가들이 있어 옥수수 두 개를 샀다. 여행 다닐 때에는 비상식량이 필요하다. 옥수수 봉지를 땅에 놓고 배낭을 열려 하는데, 노점상 할머니가 '이모'라고 부르는 어떤 여자 분이 옥수수 봉지를 밟을 뻔했다. 해인사로 올라가면서 자연스레 길동무가 됐다. 자기는 이곳이 고향이고 해인사에서 아르바이트도 하고 있으며 지금은 동양화를 공부하고 싶어 다시 대학에 들어가 전공하고 있다고. 해인사는 설경이 멋지다고 하며 올 가을 단풍이 일품이었다고 한다. 이어 동양화는 '여백의 미'가 마음에 든다고 덧붙인다. '여백의 미' 하면 김홍도의 「주상관매도」다. 손철주 미술평론가나 오주석 작가의 책 얘기를 나눴다. 거의 대적광전에 이르렀을 때 장경판전 잘 구경하시고 공양(점심식사)하라고 장소까지 알려준다. 대적광전을 촬영하고 있을 때 그가 예를 올리는 모습이 보였다. 스스럼없는 그 성격이 부러웠던 기억이 난다.

귀중한 시간을 내어 답사를 갔는데 예기치 못한 상황들에 당황한 적도 있다. 예를 들어 공사 중이거나 출입통제를 한 경우다. 초의선사를 찾아 해남 대흥사에 갔을 때였다. 대흥사에서 초의선사가 주로 머물던 곳이 일지암이고 1km 정도 가파른 언덕길을 더 가야 한다. 힘들지만 마지막 힘을 내어 올랐다. 그런데 '일반인 출입금지'라 쓴 대나무가 앞을 가로막았다. 결국 멀리서 일지암 건물만 찍고 돌아서야 했다.

원고를 쓰면서 재답사의 필요성이 있는 곳은 아내와 함께 느린 걸음으로 즐겼다. 서둘지 않으니 주위의 풀과 나무, 꽃들도 보이고 새소리, 물소리도 들린다. 모르는 꽃이나 나무에는 구글 렌즈를 들이댔다. 이름을 불러주고 싶었다. 더불어 역사 속에서 시대를 고민하고 아파했던 인물들도 만났다. 주요 인물들로 정조, 정약용, 정약종, 효명세자, 한용운, 허난설헌, 신동엽, 무왕, 류성룡, 이순신, 전봉준, 초의선사, 김정희, 그리고 시대의 아픔을 간직한 제주 사람들 등등이다. 잘 알고 있다고 생각했는데 깊이 들어갈수록 보지 못한 부분이 보여 새로웠다. 서른 곳을 답사하고 원고를 썼다. 그중 이 책에서는 우선 평지길 위주로 16꼭지를 실었다. 역사를 찾아가는 산책이 그래도 가벼운 발걸음이어야 한다는 생각에서였다.

비록 나 혼자 걸었던 길이지만 나에게만 기분 좋은 산책길인지, 다른 사람들에게도 그런 길인지 알고 싶었다. 또 원고를 쓰다 보면 사진을 놓친 것도 있기 마련이다. 동료 교사가 그 지역으로 여행 가고 싶다고 하면 먼 지역의 경우 초고를 주고 사진자료를 모니터에 띄워 자세히 설명하면서 카메라까지 딸려 보낸 적도 있었다. 또 인근의 지역을 물어오면 초고를 보여주고 직접 다녀온 반응을 기다렸다. 이야기(역사)가 있어 좋은 길이었다는 얘기를 듣기도 했다.

예정된 날짜보다 시간이 더 걸렸다. 재답사의 경우도 많았고 느린 원고 작업도 이유였다. 또 학생 교육과 대학 강의에도 집중해야 했기 때문이다. 초고를 읽고 직접 다녀와 의견을 준 동료교사들의 조언으로 글이 좀더 읽을 만해진 것 같아 감사한 마음이다. 아내와 함께 산책할 때에는 아내의 질문에 좋은 영감을 받기도 했다. 책의 성격상 사료 속에 침잠하지는 않았다. 여러 연구서들이나 글들을 내 관점에서 분석하고 재해석하면서 글을 맺었다. 참고한 서적들은 해당 글 마지막에 밝혔다. 좋은 가르침을 주신 작가분들에게 고마운 마음뿐이다. 모쪼록 책꽂이에 꽂혀 있는 이 한 권의 책이 작게나마 독자들에게 힐링의 가이드 역할을 하면 이보다 기쁜 일은 없을 것 같다.

2022년 6월 김정남

목차

산책길에서 만나는 목조건축물을 설명하자면 자연히 외형에서 보이는 지붕의 구조나 공포, 칸 등에 대해 사전지식이 필요한 경우가 있다.

목조건축에서 기와지붕은 못을 쓰지 않고 나무로 조립하여 만든 목조 벽체를 안정되게 위에서 눌러주는 역할을 한다. 지붕에 기와를 얹고 나면 지붕면끼리 만나는 부분이 있다. 이를 **지붕마루**라고 한다. 지붕 맨 위 꼭대기에서 가로로 길게 이어지는 것이 **용마루**, 지붕의 측면에서 보았을 때 용마

맞배지붕 지붕의 측면이 잘려진 것처럼 보이는 지붕. 지붕 양쪽 끝이 경사를 이루고 있으며, 마치 책을 반쯤 펴놓은 모양 내지는 사람 '인(人)'자 모양으로 되어 있다. 용마루와 내림마루로만 구성된다.

우진각지붕 지붕 사방에 모두 처마지붕이 있는 형태로, 용마루와 추녀마루로만 구성된 지붕이다.

팔각지붕 맞배지붕과 우진각지붕을 섞어 놓은 것처럼 보이는 지붕으로 여덟 '팔(八)'자 모양으로 보인다. 용마루, 내림마루, 추녀마루로 구성된다. 옆면도 八자 모양이며 용마루 끝 지점 밑에 삼각형의 벽이 있는데 이를 '합각'이라 한다.

모임지붕 용마루가 없이 지붕 가운데를 꼭지점으로 하여 추녀마루로만 내려 지붕을 꾸민 형태다. 추녀마루들이 모이는 곳에 '절병통'이라는 장식기와를 얹어 깔끔하게 마무리한다.

루에서 삼각형의 두 변을 타고 내려오는 것을 **내림마루**, 내림마루에서 지붕 모퉁이 쪽으로 오는 것을 **추녀마루**라고 한다. 한옥의 대표적인 지붕 형태는 맞배지붕, 우진각지붕, 팔작지붕이며 모임지붕도 있다.

공포(栱包)는 처마를 안정되게 지탱해 주고, 지붕의 무게를 기둥이나 벽으로 전달해 주는 역할을 한다. 크게 주심포와 다포가 있다.

주심포 기둥 위에만 공포가 있는 양식으로 맞배지붕의 건물에 많이 쓴다. 매우 단정한 느낌을 준다.

다포 기둥 위만이 아니라 기둥과 기둥 사이 벽면에도 공포들이 있는 구조다. 대체로 팔작지붕을 하고 있는 것이 많아 매우 화려한 느낌이 든다. 팔작지붕은 기와를 많이 얹기 때문에 공포를 여러 개로 받쳐 지붕의 무게를 기둥뿐만 아니라 벽면으로도 분산시키는 역할을 한다.

지붕의 형태와 공포 양식은 일반적으로 그렇다는 것이다. 예외적인 건물도 종종 보인다.

목조건축은 기둥과 기둥과의 간격을 일정하게 유지할 수밖에 없는 구조다. 그래서 칸이라는 개념이 등장했다. 칸은 기둥과 기둥 사이의 길이를 나타내는 단위이면서 기둥 사이의 넓이를 표현하는 공간개념이기도 하다. 그래서 칸을 구분하는 기준이 기둥이 된다. 건물 정면이 기둥 4개로 지어졌고, 옆면이 기둥 3개로 지어졌으면, 정면이 3칸, 측면이 2칸, 그래서 6칸 집이 된다.

3·1운동의 진원지, 서울 북촌한옥마을길

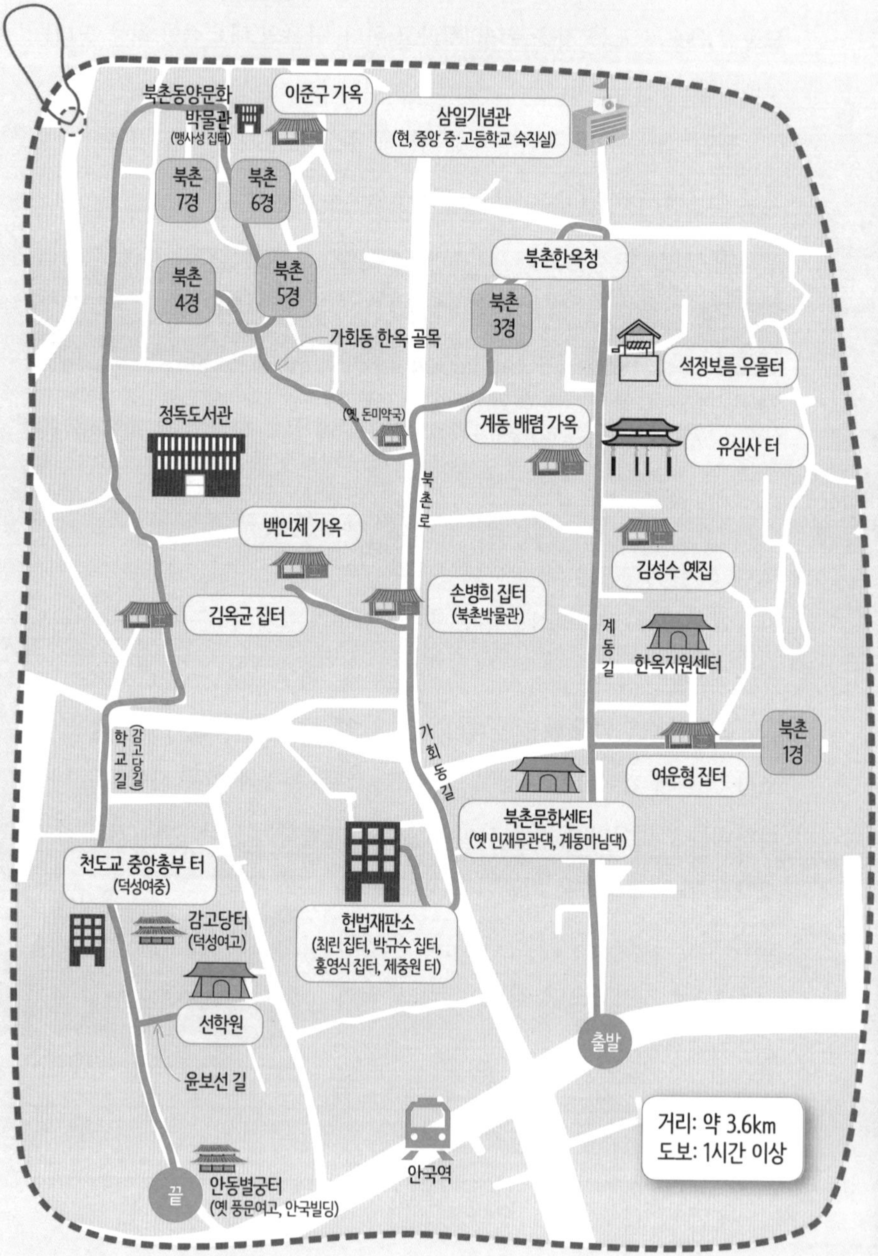

* 도보 시간은 순수 이동시간을 의미한다.

북촌한옥마을은 서울 중심가에 있어 내외국인들이 많이 찾는다. 특히 외국인에게는 우리나라 전통문화를 볼 수 있어 필수 여행 코스다. 문화는 독특한 개성이 있어야 한다. 그래야 보편성과 어울린다. 같은 색깔 일색이면 지루하다. 새마을운동으로 농촌마을이 현대적으로 바뀌었지만, 그 대가로 한국만의 목가적이고 전통적인 특색을 버려야 했다. 이젠 북촌한옥마을을 찾는 젊은 사람들도 눈에 많이 띈다. 예쁜 담장 아래에서나 골목길에서, 카페 앞에서 스마트폰으로 추억을 남기며 즐긴다. 아마 이들의 테마는 아기자기한 미(美)일 것이다. 소소한 즐거움이다.

북촌한옥마을을 특별한 테마를 중심으로 산책해도 좋을 것이다. 그 테마 중 하나가 근·현대 미술이 될 수도 있을 것 같다. 오세창, 고희동, 김은호, 배렴, 김기창, 김수근 등 많은 화가가 북촌한옥마을에 거주했다. 그도 그럴 것이 길 건너에 있는 인사동이 미술품 거래의 중심지였기 때문이다. 또한 북촌한옥마을은 3·1운동과 관련이 깊다. 3·1운동의 밑그림을 그린 주요 인물들이 주로 거주하고 있었고, 실제로 이곳에

서 계획이 세워졌다. 이전 약소국의 독립운동이 직업적 혁명가나 군인들이 무기를 든 폭력혁명이었음에 반해, 3·1운동은 민중들이 맨손으로 비폭력 혁명의 방법을 보여준 세계사적 사건이었고, 곧이어 중국에서 일어난 5·4운동 등에 영향을 주었다. 북촌한옥마을은 이처럼 세계사적 사건의 물꼬를 튼 장소다. 골목길을 따라 걸으면서 3·1운동이 준비되어 가는 그 긴장된 순간들을 마주해 보자.

북촌한옥마을과 정세권

북촌(北村)은 조선시대에 부유한 양반과 고위 관료들이 살던 곳이다. 청계천·종로 위, 경복궁과 창덕궁 가운데가 북촌이다. 지형적으로 북쪽이 높고 남쪽이 낮아 네 곳의 골짜기를 따라 삼청동길, 가회동길, 계동길, 원서동길이 자연스럽게 형성되었다. 그래서 골목길 문화가 좋은 곳이다. 개화기에 북촌은 여흥민씨 세력들, 박규수를 비롯하여 김옥균 등

개화파들의 거주지였고, 1920년대까지는 천도교의 손병희와 최린, 이상재, 김성수 등 재력 있던 사람들이 살던 곳이다.

양반 관료들의 주거지인 북촌은 1930년대에 들어와 크게 변했다. 이미 이곳에 살던 양반 관료들은 나라가 망한 상태에서 더 이상 이 동네에 살아야 할 의미를 찾지 못했다. 그래서 저택을 팔고 낙향했다. 이때 건설회사 건양사의 정세권이 양반들의 주택을 구입하여 기존 주택들을 헐고 필지를 구획하여 세미형 한옥들을 지어 팔았다. 그 수가 1천 채 정도 된다. 한옥을 최소 규모로 하여 거기에 유리와 타일 등도 건축 재료로 활용했다.

당시 청계천 남쪽에 거주하던 일본인들이 북촌으로까지 주거지역을 넓히려던 때였다. 정세권은 세미형 한옥을 일자리를 찾아 서울로 밀려드는 사람들에게 분양했다. 세미형 한옥이지만 한옥이다. 서울에 온 사람들에게는 한 번에 지불할 정도의 만만한 가격이 아니었을 것이다. 정세권은 이 문제를 할부 방식으로 해결했다. 사업가 마인드는 아니다. 그는 조선물산장려운동이나 조선어학회 같은 활동을 재정적으로 지원했던 인물이었다. 북촌이 왜색이 되는 것을 막기 위한 민족문화운동의 일환이었던 것이다. 총독부는 그에게 일본식 주택을 지으라고 강요했지만, 정세권은 건설회사를 접는 것으로 일제에 저항했다.

정세권은 일제강점기의 '부동산 개발왕'으로 불린다. 서울의 북촌, 익선동, 성북동, 혜화동, 창신동 등에 세미형 한옥 대단지를 세웠으며, 조선물산장려운동, 조선어학회운동의 재정을 담당한 민족운동가이기도 하다.

한국사 수업 때였다. 어쩌다가 북촌한옥마을 이야기가 나왔다. 학생들 3분의 2 정도가 갔다온 적이 있다 했다. 정세권 선생 이야기를 해

주었더니 반응을 한다. 한 학생이 교과서에 이런 분들을 소개해 주었으면 좋겠다고 한다. 죄다 학습할 거리로만 가득 채웠다고 볼멘소리를 덧붙여서 말이다. 맞다. 교과서가 읽고 느낄 거리가 어느 정도 되어야 한다. 그래야 아이들에게 배움이 있는 것이다.

'북촌' 하면 한옥이 먼저 연상될 만큼, 북촌은 우리나라에서 한옥이 상대적으로 잘 보존된 주거지역이다. 한옥 감상은 북촌문화센터, 한옥지원센터, 계동 배렴 가옥, 북촌한옥청, 가회동 백인제 가옥 등에서 할 수 있다. 그러나 북촌은 갑신정변의 역사 현장이며, 천도교계와 기독교계, 그리고 학생 세력이 개별적으로 준비하던 3·1운동이 하나가 되어 온 겨레가 분출시킨 모태와도 같은 곳이기도 하다.

계동 토박이 골목

안국역 3번 출구로 나와 현대사옥 앞에서 중앙중·고등학교로 올라가는 계동 토박이 골목. 토박이들이 운영하는 작은 상점들을 아직도 간간이 볼 수 있다. 가는 도중에 북촌문화센터도 만난다.

계동 토박이 골목은 3호선 안국역 3번 출구로 나와 현대사옥 앞에서 중앙중·고등학교로 연결되는 길(계동길)이다. 현대사옥에서 200m 정도 올라가면 길 왼편에 북촌문화센터가 나온다. 이곳에서 「북촌 산책」 팸플릿을 손에 쥐고 북촌한옥마을 산책을 시작하자.

북촌문화센터를 나와 바로 앞 사거리에서 우측 도로(창덕궁 길)로 100m 정도 올라가면 현대 아이빌라 앞에 여운형 집터를 알리는 표지석이 있다. 여운형(1886~1947)은 제1차 세계대전 직후 신한청년단을 창립해 2·8독립선언과 3·1운동을 지원했으며

북촌문화센터. 1921년 지어진 민형기 가옥으로 북촌에선 '민재무관댁' 또는 '계동마님댁'으로 불렸다고 한다. 현재는 북촌 방문객 안내센터 역할을 하고 있다.

임시의정원에도 참여했다. 1932년에는 조선중앙일보 사장으로 손기정 선수의 일장기 말소 사건도 주도했다. 여운형 집터에서 고개를 오르면 돌담 넘어 창덕궁의 풍경이 펼쳐진다. 창덕궁 건물의 지붕들이 중첩되어 보여 꽤 볼 만하다. 북촌 1경이다.

여운형 집터에서 보이는 창덕궁 건물의 지붕들. 북촌 1경이다.

계동길로 되돌아와 골목길을 약간 걸어 DOOROO 카페 골목으로 들어서면 한옥지원센터가 있다. 북촌마을서재와 작은 쉼터 갤러리도 함께 있으니 내 집 마냥 쉬어갈 수 있다. 작은 쉼터 갤러리에서 지붕 너머 북악산이 시야에 들어온다. 이 골목길에는 아기자기하게 꾸며 놓은 작은 카페들이 있어 구경하면서 걷는 재미가 있다.

김성수 옛집은 팸플릿의 안내를 따라가면 허탕 치기 일쑤다. '원파선생구거(圓坡先生舊居)'라고 쓴 현판의 대문을 만나는데, 이 집은 김성수(1891~1955)의 큰아버지 김기중의 옛집이다. 길에서 대동세무고등학교 이정표를 따라 들어가야 한다. 문이 굳게 잠겨 있어 안에 들어가거나 볼 수 없다. 대문 위에는 '인촌선생고거(仁村先生故居)'라고 씌어 있다.

천도교와 기독교 등 여러 종교단체가 개별적으로 만세운동을 준비하고 있었다. 최남선이 기독교 이승훈의 의사를 알아보기 위해 서울에 오라고 연락했다. 1919년 2월 12일, 최남선은 중앙학교 교장 송진우를 대신 보내 이승훈을 김성수의 집 별채에서 만나도록 했다. 송진우는 천도교의 민족운동 동향을 설명하며 기독교도 함께 해 줄 것을 요청했다. 이승훈은 "독립운동이라면 본래부터 찬성입니다. 내가 평양에 돌아가 서울과 함께할 수 있도록 하겠습니다"라고 답했다. 이승훈은 평양 등지의 목사·장로들로부터 천도교와 합작해 독립운동을 전개하는 문제에 대해 논의를 시작하게 된다. 김성수 옛집은 이처럼 천도교 측과 기독교 측의 거사 준비를 하나로 모으는 논의의 출발점이 된 장소였다.

불교계 3·1운동 준비의 중심지, 유심사 터

다시 계동 골목길을 따라 올라가면 골목길 왼편에 '계동 배렴 가옥'이 나온다. 한옥을 구경할 수 있는 집이지만 항상 개방되어 있지는 않다. 바로 위에 믿음미용실이 있고, 마주보이는 골목길에서 유심사 터를 만난다. 별 볼 것이 없는 곳이지만 그 의미는 깊은 곳이다.

1918년 한용운(1879~1944)은 잡지 『유심(惟心)』을 발행하면서 세계 정세의 변화를 눈여겨보며 독립운동에 대해 고심하고 있었다. 최린에게 소식을 들은 그는 천도교의 최린, 권동진, 오세창과 의견을 나누면서 천도교 측에서 계획하고 있는 독립선언에 적극 동참하기로 했다. 한용운은 독립은 제국주의에 대한 민족운동이며 침략주의에 대한 약소민족의 해방투쟁임을 강조하며 여러 인사들을 접촉하면서 불교계의 백용성을 민족대표에 참여시켰다. 또한 유심사는 1919년 2월 28일 밤, 한용운이 중앙학림 학생 10여 명에게 3천 매의 선언서 배포와 담당할 역할을 알려주었던 곳으로 불교계 3·1운동 준비의 중심지였던 곳이다.

3·1운동 계책이 처음 시작된 곳, 중앙중·고등학교

중앙 중·고등학교를 향해 가는 길에 우리나라 최초의 외국인 신부 주문모와 김대건 신부가 성수로 사용했다던 석정보름 우물터를 만난다.

계동 토박이 골목길 끝에 중앙중·고등학교가 있다. 현대빌딩에서 이 학교까지 거리는 700m다. 평일에는 일반인에게 개방하지 않고 주말에만 들어갈 수 있다. 당시에는 '중앙학교'라 불렸다. 건물이 고풍스럽다. 본관 앞에 인촌 김성수 동상이 있고 왼편 원파도서관 앞에 6·10만

중앙중·고등학교의 3·1운동 책원비.

세기념비가, 오른편에 3·1운동 책원비가 있다. 책원은 3·1운동의 계책[策]이 처음 시작되었다[源]는 말이다. 책원비 뒤편에는 노백린 집터와 이상화의 「빼앗긴 들에도 봄은 오는가」 시비도 있다. 한때 이상화는 중앙학교에서 공부했다. 노백린은 대한제국 시절 헌병대장, 육군연성학교장 등을 지냈고, 대한민국임시정부에서는 군무총장과 국무총리 등을 역임했다.

중앙학교는 1915년 김성수가 인수한 학교다. 그때 양아버지 김기중의 후원이 컸다. 1918년 가을부터 중앙학교 이사장 김성수, 교장 송진우, 교사 현상윤이 자주 모여 독립운동 이야기를 하고 있었다.

1919년 1월 도쿄의 유학생들이 독립선언 운동 준비자금을 마련하기 위해 보낸 송계백이 서울에 왔다. 송계백은 보성고보와 와세다대학교 선배 현상윤과 교장 송진우를 중앙고보 숙직실에서 만났다. 이 자리

3·1운동 책원지인 중앙중·고등학교에 있는 삼일기념관.

에서 송계백은 「2·8 독립선언서」 초안을 보여주었고 현상윤은 그것을 천도교 측에 전달하여 천도교 최고간부회의의 결정을 통해 마침내 천도교의 궐기가 결정되었다. 즉, 중앙학교 숙직실은 3·1운동의 도화선이 된 장소이다. 숙직실은 본관에서 강당으로 올라 오른편 담벼락에 있었다('중앙고보 숙직실 터'라 안내되어 있음). 이 같은 역사성을 기념하여 1973년에 숙직실을 복원하여 삼일기념관을 만들고 3·1운동 책원비도 세웠다. 삼일기념관은 본관 오른편 강당과 예능관 사이에 있다.

북촌한옥청과 북촌 3경

중앙중·고등학교 정문에서 왼쪽 길로 30m 정도 올라가면 왼편으로 골목길이 나온다. 가회동 공방 골목이다. 이 골목에는 금박, 발효, 매듭 등 여러 공방들이 있다.

북촌한옥청에서 신발 벗고 잠시 쉬어가자. 한옥청은 대문에서 보면 ㄱ자형의 팔작지붕 한옥이다. 내부 ㄱ자 꺾인 곳에 앉아서 보면 정면과

북촌한옥청 내부.

북촌 3경. 한옥 지붕들이 원근으로 펼쳐져 보이고 멀리 서울N타워가 꼭지점이 된다.

측면이 매우 깊어 한옥의 멋스러움을 자연스럽게 느낀다. 더군다나 바닥은 모두 대청마루로 깔아 놓았다. 옆문들을 모두 개방할 수 있고 정면에는 통창 두 개를 두어 개방감이 잘 느껴진다. 좌식 의자에 앉아 그윽한 녹차 한 잔 마시고 일어서고 싶어진다. 밖으로 나와 한쪽에서 보니 비대칭의 ㄷ자형 한옥이다.

대문을 나서 내려다보는 골목은 북촌 3경이다. 한옥 지붕들이 원근으로 펼쳐져 보이고 멀리 서울N타워가 꼭지점이 된다. 동방매듭공방을 지나 만나는 큰 길이 북촌로다. 거기서 170m 정도 안국역 2번 출구 방향으로 내려오면 북촌박물관이 나온다. 그곳이 3·1운동의 대부 손병희 집이었다.

3·1운동 전날 민족대표 최종 모임, 손병희 집터

1918년 11월 무렵부터 천도교의 최린·권동진·오세창 등이 독립운동에 대해 의견을 나누었고 교주 손병희에게도 보고했을 것이다. 손병희는 1919년 1월 28일 독립운동을 결행하기로 최종 결심한다. 기독교계의 독립운동 움직임과 송계백의 도쿄 유학생들의 독립선언서 계획을 들었기 때문이다.

천도교는 기독교 측, 학생 측과 합작을 성사시켜 모든 준비를 끝냈다. 2월 28일 밤, 민족대표 33인 중 23인이 손병희 집에 모였다. 상견례와 독립선언식 계획을 점검하기 위해서였다. 이때 독립선언식 장소가 파고다공원에서 태화관으로 변경됐다. 손병희(1861~1922)는 독립선언서 낭독 후 일경에 체포되어 징역 3년형을 선고받았다. 병보석으로 출옥한 후 1922년 5월 19일에 눈을 감았다. 해방 후 백범 김구는 "천도교가 없었다면 3·1운동이 없었고, 3·1운동이 없었다면 상해임시정부도 없었고, 상해임시정부가 없었다면 대한민국의 독립도 없었을 것이다"라고 연설했다. 손병희의 독립에 대한 열정과 천도교의 자금은 3·1운동에 커다란 밑바탕이 되었던 것이다.

일본식·서양식 건축양식을 결합한 백인제 가옥

손병희 집터 왼편으로 난 골목(북촌로 7길)으로 돌아 들어가면 '백인제 가옥'을 만난다. 일제강점기의 개량 한옥과 그 구조를 볼 수 있는 집이다. 이 가옥은 한성은행 전무였고 대표적 친일파였던 한상룡이 1913년에 907평 대지에 압록강 흑송 자재로 지었다 한다. 이 집은 전통 한옥과는

일제강점기 최상류층 개량 한옥의 구조를 볼 수 있는 백인제 가옥. 한성은행 전무이자 대표적 친일파였던 한상룡이 1913년 압록강 흑송으로 지었는데, 1944년부터 거주했던 외과의사 백인제(백병원 창립자)의 이름을 따서 '백인제 가옥'으로 불린다. 옆의 사진은 사랑채 내부.

달리 안채와 사랑채가 복도로 연결되어 있고, 2층 공간도 있으며, 유리문을 달았다. 또 사랑채 앞에 넓은 정원을 조성하여 전통 한옥에 일본식, 서양식 건축양식을 결합했다. 사랑채 뒤쪽으로 난 오솔길을 오르면 휴식 공간인 별당채도 볼 수 있다. 북촌에서 그래도 한옥다운 한옥 구경은 여기가 아닐까 한다. 특히 벽면에 장식된 조각들도 볼 만하다. 자유관람을 할 경우 안채, 사랑채 등 내부에 입장할 수 없으며, 서울시 공공서비스 예약 사이트에서 인터넷으로 접수하면 관람 해설 서비스를 받을 수 있다. 1944년부터 거주했던 외과의사 백인제 박사(백병원 창립자)의 이름을 따서 '백인제 가옥'이라고 문화재 명칭이 붙었다.

천도교 3·1운동 준비의 중심인물 최린 집터

손병희 집터에서 220m 정도 더 내려가면 헌법재판소다. 이곳 구내 동북쪽에 최린 집터가 있었다. 그런데 표지석이 없다. 아마 민족 반역자였기 때문일 것이다. 「북촌산책」 팸플릿에는 손병희 집터 아래쪽인 가회동주민센터에 이상재 집터가 있다고 안내되어 있으나, 이상재 집터는 최린 집터와 겹친다. 최린 집터는 신간회 초대회장 이상재가 눈을 감은 전셋집이었다.

민족대표 33인 중 한 명인 최린(1878~1958)은 천도교 측 민족운동의 중심 인물이었다. 송계백의 도쿄 소식 접수 이후 최린 집은 현상윤·송진우·최남선 등이 여러 번 회합을 갖고, 3·1운동이 초기 천도교·기독교·불교·학생계의 거족적 민족운동으로 조직화되는 데 중요한 기반이 된 장소다. 최린은 3·1운동으로 구속된 후 출감한 뒤 이광수의 자치론에 동조했고 1933년 말 '대동방주의'와 일선융합을 외치며 친일의 길로 들어섰다. 1949년 반민특위 법정에서 「기미독립선언서」의 자신의 이름을 보고 때늦은 후회를 했다 한다.

이외에도 헌법재판소에는 박규수·홍영식의 집터도 있었다. 수령이 600여 년인 '서울 재동 백송' 앞이 개화파의 스승인 박규수의 집터였고, 그 앞쪽이 갑신정변의 주역 중 한 명인 홍영식의 집터였다. 표지석에는 서양식 병원인 '제중원 터'라고 되어 있는데, 갑신정변 때 청군에 살해당한 후 그의 집이 몰수되었고 정부는 그 자리에 제중원을 지었다.

북촌의 네 가지 경치가 집중된 가회동 한옥 골목길

왔던 길을 되돌아 북촌카페를 끼고 왼쪽 골목길로 들어서자. 이정표로는 '북촌동양문화박물관'으로 안내하고 있다. 「북촌산책」 팸플릿에는 '돈미약국'이라 안내하는 데 영업을 접었다. 이 약국은 50년 넘게 이곳에 있으면서 북촌의 중심지 역할을 했던 곳이라 한다. 이 골목길은 도로명이 북촌로 11길로 '가회동 한옥 골목'이라는 이름에 걸맞게 한옥이 잘 보존되어 있으며 북촌 8경 중 4경(북촌 4경~7경)이 집중되어 있다.

북촌 소개 사진의 모델, 북촌 4경

길목에는 한복대여점들이 있어 내외국인들이 한복을 빌려 입고 거닐며 한 컷을 남긴다. 북촌 4경을 보기 위해서는 길을 잘 잡아야 한다. 입구에서 170m 정도 주 골목길을 오르면 삼거리가 나온다. 앞에 적벽돌 담장을 두른 다세대주택 왼편으로 올라서 계단이 끝나는 곳에서 곧바로 오른쪽 작은 골목으로 꺾어야 한다. 좁은 골목길 담장 너머로 보면 '이

북촌 4경. 기와지붕이 겹겹이 맞물려 있어 장관이다. 저 멀리 11시 방향 푸른색 지붕은 1937년 서양식으로 지은 이준구 가옥이다.

곳이 북촌한옥마을이구나' 하는 생각이 절로 든다. 기와지붕들이 겹겹이 맞물려 있어 장관이다. 북촌 소개 사진의 모델이 되는 곳이다. 저 멀리 11시 방향 푸른색 지붕은 1937년에 서양식으로 지은 이준구 가옥이다. 이준구 가옥은 지붕을 프랑스 기와로 뾰족하게 만들었고, 벽체는 돌을 벽돌처럼 다듬어 쌓았다.

내·외국인들에게 가장 핫한 장소, 북촌 5경과 6경

다시 왔던 길을 되돌아 삼거리에서 왼쪽 길로 걸음을 옮기자. 첫 번째 오르막길이 시원하게 뻗었다. 담장도 비슷하지만 변화를 주었고 길도 일직선이다. 한옥지원사업으로 새롭게 정비된 곳이다. 북촌 5경이다.

북촌 8경 중 가장 핫한 장소인 북촌 6경. 담장의 기와지붕들이 층층이 낮아지는 모습이 일품이다.

누구나 배경 삼아 사진을 찍는 곳이다.

이 길을 따라 올라가서 끝 지점에서 내려다보자. 추석 연휴 첫날, 북촌에 관광객이 별로 없지만, 이곳에는 항상 한복을 곱게 차려입은 외국인들이 여행의 추억을 남긴다. 지대가 그래서였겠지만, 담장의 기와지붕들이 층층이 낮아지는 모습이 일품이다. 이곳을 못 잊어 북촌을 또 오고 싶어 할 것이다. 북촌 8경 중에서 가장 핫한 장소다.

가던 방향으로 조금 더 가면 또 내려다보는 골목이 있는데 북촌 7경이다. 북촌 7경은 골목이 약간 꺾여 있어 시원한 감은 덜하다. 북촌 6경과 7경 가운데 윗길로 가면 맹사성 집터가 나온다. 거기에 북촌동양문화박물관이 있다. 2층 전망대에서 북촌의 전망을 탁 트이게 바라볼 수 있다. 실내보다는 실외 옥상에 자리잡자. 동행이 있다면 나란히 앉아 가장 높은 곳에서 가까운 지붕부터 먼 지붕으로 시선을 옮기며 북촌한옥마을을 감상하는 것도 좋다. 커피 값도 착하다. 맹사성 집터에서 왼편 골목으로 나가야 북촌로 5나길로 이어진다.

정독도서관으로 가는 골목길에서 조망하는 즐거움

「북촌산책」 팸플릿은 북촌 8경인 돌계단을 통해 삼청로로 안내하지만, 11번 지점에서 정독도서관 방향으로 길을 잡자.

우측으로 보는 전망이 훌륭하다. 북악산, 인왕산을 병풍 삼아 청와대, 총리공관, 경복궁도 눈에 잡힌다. 저 멀리 경복궁 방향으로 볼품없는 국립민속박물관 건물도 눈에 환히 들어온다. 불국사의 백운교·청운교 모양 위에 짝퉁 법주사 팔상전을 올려놓았다. 유교문화 공간에 불교 건축을 더 높게 올려놓은 것이다. 일제가 경복궁에 불상, 탑과 승탑들로 채웠던 것을 떠올리게 한다. 이곳 건물들 옥상이나 테라스에는 어김없이 전망대 카페가 있고, 연인들이 의자를 나란히 놓고 앉아 여유롭게 즐기고 있다. 이곳도 북촌한옥마을이라서 높은 데서 내려다보는 기와지붕이 정겹다.

정독도서관 옆 담벼락에는 '독립운동가의 길'을 꾸며놓았다. 안중

정독도서관으로 가는 골목길에서 바라본 풍경. 경복궁과 청와대가 보인다. 정독도서관은 갑신정변의 주역인 김옥균과 서재필의 집이 있던 곳으로, 정변 실패 후 몰수되어 한성중학교가 세워졌다(일제강점기에 경성고등보통학교, 경기중학교로 개칭).

근, 김란사, 김구, 영화 「박열」로 많이 알려진 아나키스트 독립운동가 박열과 후미코, 이봉창, 안창호와 윤봉길, 유관순 등이 있다. 이중 김란사가 낯설 것이다. 그는 이화학당 출신으로 미국 오하이오 웨슬리언대학교에서 우리나라 여성 최초로 학사 학위를 받은 인물이다. 귀국 후 독립운동에 가담했으며 이화학당 사감으로 재직했는데 그때 유관순이 학생이었다.

정독도서관은 옛 경기중·고등학교였다. 원래 갑신정변의 주역인 김옥균과 서재필의 집이 있던 곳이다. 정변 실패 후 김옥균의 집은 몰수되어 한성중학교가 설립되면서 그 부지로 흡수되었고, 일제강점기에 경성고등보통학교, 경기중학교 등으로 개칭되었다. 직진하여 내려가면 안국동 사거리다.

옛 풍문여고에서 정독도서관으로 올라가는 길. 옛 풍문여고, 덕성여고, 덕성여중 등이 있어 '학교길'이라고 이름이 붙은 것 같은데, 감고당길, 여성독립운동가길로도 불린다.

안국동 학교 골목길

이 골목길은 이름이 여럿이다. 학교길, 감고당길, 여성독립운동가길 등으로 말이다. 이곳에 옛 풍문여고, 덕성여고, 덕성여중 등이 있어 학교길이라 이름 붙인 것 같다. 여성독립운동가길은 덕성학원의 전신인 근화학원을 설립한 차미리사(1879~1955)와 학생들의 민족운동과 관련된다. 일제강점기에 차미리사는 "살되 네 생명을 살아라, 생각하되 네 생각으로 하여라, 알되 네가 깨달아 알아라"라는 교육이념으로 학생들에게 민족교육을 실천하도록 했다. 근화학원 학생들은 광주학생항일운동에 호응하여 1930년 1월 서울지역 2차 시위에 주체적으로 참여했다. 이중 21명이 독립유공자로 서훈되어 있다.

이 골목은 '감고당길'이라고도 불린다. 감고당은 숙종의 비운의 왕비인 인현왕후 민씨가 궁에서 쫓겨나와 살던 집이다. 숙종이 인현왕후의 친정을 위해 지어준 집이고, 이후 영조가 친히 이곳에 와서 옛날을 추모한다는 뜻으로 '감고당(感古堂)'이라 직접 이름을 써줬다. 또 흥선대원군이 고종의 배필로 명성왕후(후에 명성황후) 민씨를 간택한 곳이기도 하다. 덕성여고가 그 자리인데, 교문 옆에 표지석만 옛날을 말하고 있다. 이 길은 갑신정변의 현장 답사길이기도 하다. 김옥균·서재필 집터(정독도서관)-서광범 집터(덕성여고와 옛 풍문여고 사이)-안동별궁터(옛 풍문여고와 안국빌딩), 그리고 안국동 사거리 건너 조계사 일주문 옆의 우정국 등이 있다. 안동별궁(옛 풍문여고)은 조선 초부터 왕실의 거처였고 순종이 가례를 올린 곳이기도 하다. 김옥균 등은 안동별궁에 불을 놓으면서 정변을 단행하려 했으나 순조롭게 불이 붙지 않자, 민가에 불을 질러 혼란을 야기한 후 우정국에서 갑신정변을 일으켰다.

천도교 중앙총부가 있었던 곳, 덕성여중

3·1운동 당시 천도교 중앙총부는 현재의 덕성여중 자리에 있었다. 1921년 중앙총부가 현재의 삼일대로로 옮겨가면서 이곳은 보성전문학교 교사(校舍)가 되었다. 다시 중앙총부는 수운회관을 그 자리에 지으면서 현재 수유리 의암 선생 묘 옆으로 건물 그대로 이사 갔다.

송진우와 이승훈의 천도교·기독교의 단일화 제안 이후 기독교 측에서는 단독 독립청원으로 의견이 모아지고 있었다. 이에 반해 천도교 측에서는 독립선언으로 가야 한다는 입장이었다. 2월 21일 밤, 이갑성 숙소에서 장로교와 감리교 인사들이 모여 이 문제를 논의했고, 다음날 이갑성·함태영·안세환 등이 종파를 초월해 거족적인 독립운동을 해야 한다고 주장하여 힘을 얻었다. 23일 밤, 기독교 측 인사들은 천도교 측의 독립선언 방식을 받아들이기로 결정했다. 24일 기독교 측 대표 이승훈·함태영이 최린과 함께 천도교 중앙총부를 방문하여 손병희와 더불어 일원화에 최종 합의했다.

일제강점기 민족 불교의 자존심을 지켜낸 선학원

안국동 사거리 방향으로 덕성여고 끝 지점에 왼편으로 골목길이 하나 있다. '윤보선길'이라 불린다. 그 길을 조금 걷다보면 오른쪽으로 향하는 작은 골목에 별궁식당이 있다. 이 식당은 청국장 백반이 일품이다. 식사 때 이곳을 지나면 항상 들른다. 이외에도 안국역 2번 출구 근처에

선학원의 한용운 동상.

만수옥은 사회 저명인사들도 찾던 유명한 곳이다.

윤보선길에서 왼편에 선학원이 있다. '선(禪)을 익히는[學] 집[院]'이라는 말이다. 최준식 교수에 따르면(『서 북촌 이야기 下』), 사(寺)를 쓰지 않고 '원'이라 한 이유는 일제의 사찰령을 피하기 위해서였다 한다. 일제는 지역별로 본산(本山)을 두고 사(寺)나 암(庵) 자가 들어가는 작은 사찰들을 그 밑에 소속시켜 조선의 사찰을 통제하려 했다. 그래서 사찰에 승려의 결혼, 육식 등 왜색이 짙게 들었다. 선학원은 이 왜색 사찰에 대항하여 만해, 용성, 남진, 석두 등의 스님들이 활동했다. 그래서 선학원 기념관에 만해 한용운 동상이 당당하게 서 있는 것이다. 해방 이후 선학원은 만공 스님에 의해 한국 선불교의 명맥을 발전시켜 불교 정화운동의 중심으로 떠올랐다. 그렇게 해서 1962년에 대한 불교 조계종이 탄생한 것이다. 그러나 현재 조계종과 선학원은 법인을 달리하여 독립된 주체로 운영되고 있는데 그 구체적인 내막은 모르겠다.

독립선언서를 찍어낸 보성사 터, 수송공원

안국빌딩에서 안국동 사거리 건너 대각선 쪽의 작은 골목(동일빌딩 오른편)은 보성사 터로 가는 길이다. 보성사 터는 조계사 후문 뒤편의 수송공원에 있다. 이곳에는 대한매일신보 창간 사옥 터, 신흥학교 터 등 여러 표지석들이 있다. 보성사는 보성고보 설립 당시 교재와 천도교 관련 서적을 출판하기 위해 만든 인쇄소였다. 당시 보성고보 교장이 최린이고, 보성사 사장은 손병희와 친분이 두터운 이종일이었다. 민족대표 33인 중 한 명으로 「기미독립선언서」를 낭독한 이종일(1858~1925)은 1919년 2월 27일 이곳에서 족보 제작으로 위장하여 독립선언서 2만 1천 장

수송공원의 보성사 터에 있는 「3인의 군상과 민족정기」. 화강암과 청동으로 된 조형물이다. 1919년 2월 27일 보성사에서 족보 제작을 위장해 독립선언서 2만 1천 장을 인쇄했다.

을 인쇄했다. 또 3월 1일 당일 『조선독립신문』 제1호를 찍어냈다.

보성사 터에는 「3인의 군상과 민족정기」라는 화강암과 청동으로 만든 조형물이 설치되어 있다. 3인의 군상이 「기미독립선언서」를 치켜든 모습을 하고 있고, 화강암 4면에는 독립선언서 등이 양각 또는 음각되어 있다. 그 뒤편에 독립선언서를 쥐고 낭독 중인 이종일 동상이 있다.

독립선언서 인쇄와 고등계 형사 신철

1919년 2월 27일 밤, 보성사에서 인쇄기 5대가 바쁘게 돌아가고 있었다. 독립선언서를 인쇄하고 있었던 것이다. 그때 종로경찰서의 신철(일명 신승희)이 보성고보 뒷담 골목을 돌다가 수상히 여겨 보성사에 들어왔다. 독립선언서 인쇄 작업이 발각된 것이다.

보성사 사장 이종일은 신철의 소매를 붙잡고 "같은 조선 사람끼리 한 번만 눈감아 달라"고 통사정했다. 신철을 기다리게 한 후 61세의 노인네가 1km 정도 떨어진 가회동의 손병희 집까지 뛰어갔다. 자초지종을 들은 손병희는 종이 뭉치를 이종일에게 건넸고 이종일은 그것을 신철에게 안겼다. 신철은 아무 말 없이 그 자리를 떴다. 증언에 의하면 그 종이 뭉치 안에 5천 원이라는 거금이 들어 있었다 한다(당시 순사 월급이 40원 정도였다고 한다). 이종일과 김홍규는 그가 배신하지 않기를 초조한 마음으로 염원하며 독립선언서 인쇄 작업을 무사히 모두 마쳤다.

절체절명의 순간이었을 것이다. 만약 신철이 독립만세 계획을 총독부에 알렸다면 3·1운동은 어떻게 되었을까. 일본 고등계 형사 신철이 거액 때문에 눈감아 줬을까, 아니면 그에게도 민족적 양심이 남아 있었던 것일까. 신철은 5월 14일 밤 만주 펑텐에 출장 갔다가 남대문역으로 돌아오는 기차 안에서 일본 헌병에게 체포되었다. 다음날 유치장에서 자살했다고 전해지지만, 독립선언서 인쇄 작업과 관련된 취조 과정에서 고문으로 죽었다고 『국역 윤치호 영문일기』가 전한다. 조계사 뒷문을 통해 일주문으로 나가면 왼편에 우정총국이 있다. 갑신정변의 역사 현장이다.

북촌한옥마을을 3·1운동을 테마로 산책했다. 박은식은 "1919년 3월 1일은 우리나라 2천만 한국 민족이 정의·인도의 가치를 높이 들고 충과 신을 갑옷으로 삼고, 붉은 피를 포화로 대신하여 창세기 이래 미증유의 맨손혁명으로 세계 무대에서 활동한 신기원이 된 날이다"(박은식 지음/남만성 옮김, 『한국독립운동지혈사』, 176쪽)라고 써 3·1운동이 민중들이 맨손으로 비폭력 혁명의 방법을 보여준 사건이었다고 평가했다. 이것은 비단 박은식만의 평가가 아니다. 중국의 신문화운동을 주도한 천두슈도 "3·1운동은 위대하고 성실하고 비장하고 확고한 생각을 갖추고 있다. 민의를 사용하고 무력을 사용치 않음으로써 참으로 세계혁명사에 신기원을 열었다"(신용하, 「3·1운동의 비폭력 민족·민주혁명의 특성과 세계사적 의의」, 62쪽)고 밝혔다. 이어 그는 "보라! 이번의 조선인의 활동을! (우리 중국인은) '무기가 없으니까'라고 하여 반항도 감행하지 않는가 어떤가. 주인공의 자격을 방기하여 제3자로 되는가 어떤가. 조선인에 비하여 우리들은 참으로 부끄러움을 금할 수 없다"(신용하, 위의 글, 62쪽)고 했다. 중국에서는 곧바로 5·4운동이 일어났다.

3·1운동에 대한 깊은 감동에서 인도도 빼놓을 수 없다. 인도의 간디는 3·1운동에 깊은 영감을 받았다. 이에 그는 사탸그라하(진리수호) 운동으로 영국에 대항하여 비폭력, 불복종, 비협력운동을 전개했다. 인도 독립운동의 지도자 네루는 13세 딸 인디라에게 보낸 편지 『세계사 편력』에서 "그들은 이와 같이 자신들의 이상을 위해 희생하고 순국했다. 일본인이 한민족을 억압한 것은 역사상 보기 드문 쓰라린 암흑의 일막이다. 코리아에서는 대학을 갓 졸업한 젊은 여성과 소녀가 투쟁에서 중요한 역할을 하고 있다는 사실을 안다면 너도 틀림없이 깊은 감동을 받을 것이다"(J. 네루, 『세계사 편력 2』, 248쪽)라고 썼다.

참고문헌

박찬승, 『1919』(다산초당, 2019)
신용하, 「3·1운동의 비폭력 민족·민주혁명의 특성과 세계사적 의의」, 『3·1운동 및 대한민국임시정부 수립 100주년 기념 국제학술포럼』(2019)
신주백 외, 『함께 걸으며 생각하는 우리 지역사』(씨마스, 2019)
장규식, 『종로·북촌 문화산책』(서울YMCA, 2000)
정재정 외, 『서울 근현대 역사기행』(혜안, 1998)
윤치호 지음/박정신 옮김, 『국역 윤치호 영문일기』(국사편찬위원회, 2014)
박은식 지음/남만성 옮김, 『한국독립운동지혈사』(서문당, 2019)
J. 네루 지음/곽복희·남금원 옮김, 『세계사 편력 2』(일빛, 2000)
최준식, 『동 북촌 이야기 Ⅱ』(주류성, 2018)
최준식, 『서 북촌 이야기 上』(주류성, 2018)
최준식, 『서 북촌 이야기 下』(주류성, 2019)
『독립운동 사적지를 찾아서 I-서울·경기·강원』(독립기념관한국독립운동사연구소, 2013)
『시민을 위한 서울역사 2000년』(서울시사편찬위원회, 2009)
『서울의 독립운동 유적지』(세계일보 편집국)

효명세자의 자취를 찾아가는 창덕궁·후원 궁궐길

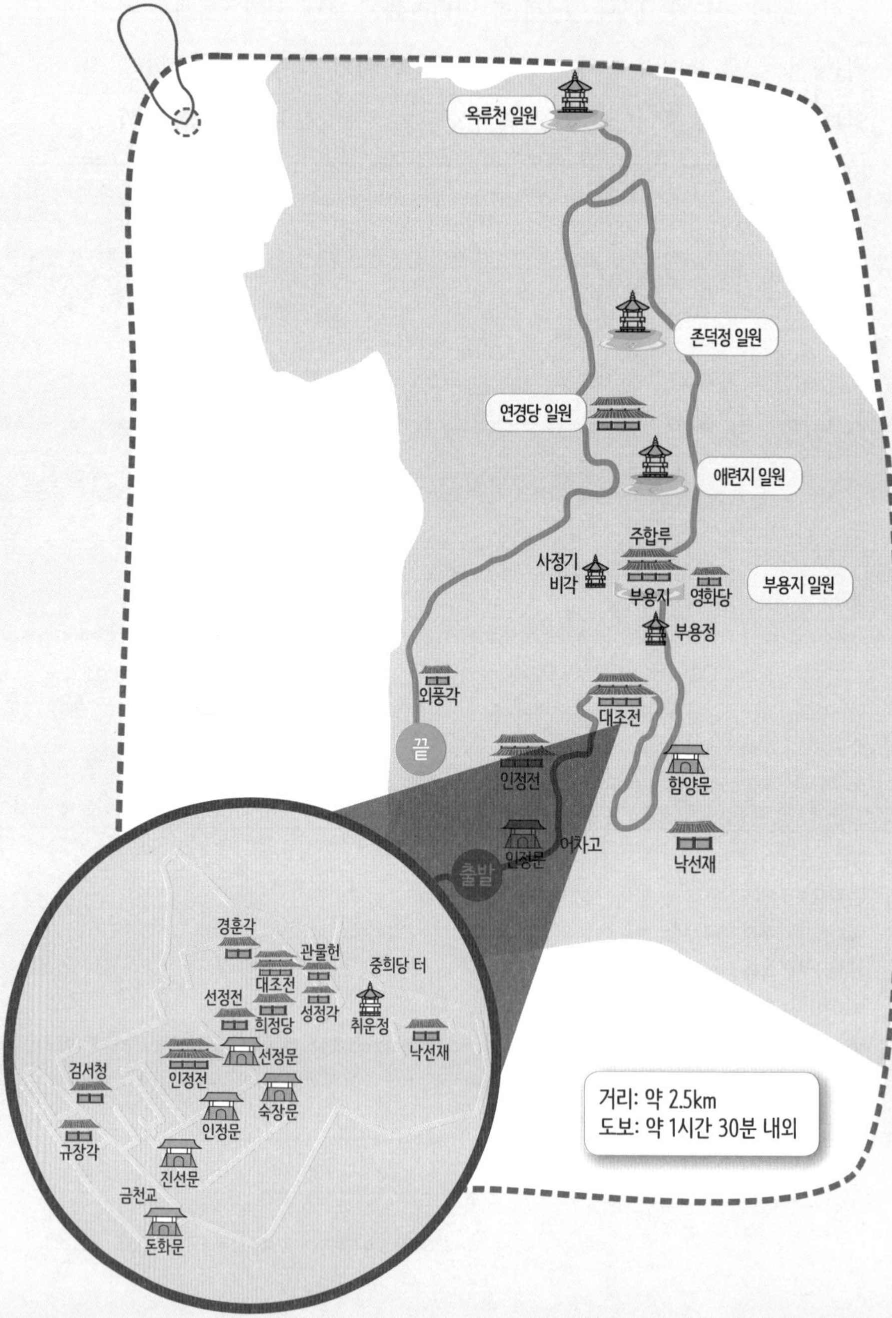

정조가 잉태한 세도정권

정조는 재위 내내 노론 벽파 세력과는 날을 세우고 시파 세력을 중용했다. 시파는 아버지 사도세자의 죽음에 동정을 갖던 세력이었다. 시파의 김조순은 정조의 신임을 두텁게 받던 인물이라, 정조는 그의 딸을 세자빈으로 점지해 둔 상태였다.

정조의 급작스러운 죽음(1800)으로 세자빈 간택은 잠시 미뤄졌다. 노론 벽파의 정순왕후가 대왕대비로 수렴청정하고 있을 때, 시파의 김조순은 상황에 따라 처신하여 벽파 정권에서 병조판서, 대제학과 훈련대장 등 요직을 거쳤다. 그런 김조순을 정순왕후가 미더워 했던지 정조의 삼년상을 마치고 김조순의 딸을 왕비로 간택했다.

정순왕후가 수렴청정을 끝내자 어린 순조는 이제 장인 김조순의 텃짓에 주눅이 들고 있었다. 김조순은 조정에서 벽파 세력을 서서히 몰아내면서 그 자리를 시파로 채웠다. 유배 가 있던 박제가 등 인사들이 해배되어 등용되고 혜경궁 홍씨의 오빠 홍낙임 등도 복권됐다. 그러나 이들은 정조의 개혁의지를 받들기보다는 김조순의 눈치만 살폈다. 김조순을 중용했던 정조는 진영 논리에 갇혀 그의 인간성을 제대로 파악하지 못한 것이다. 김조순이 야심 가득한 천재적 술수가였다는 것을 몰랐던 것이다.

순조나 효명세자는 김조순과 그 세력인 시파를 대척점으로 하고 있었다. 김조순의 혈연들이 삼정승이나 6조판서와 참판, 한성판윤, 경기 감사 등 고위직을 돌아가면서 차지했고 홍문관·사헌부·사간원 등 언관에는 측근들을 앉혔다. 순조는 이름뿐인 임금이었고, 권력은 안동 김씨에게 있었다.

우유부단한 순조는 세자 효명에게 희망을 걸었다. 그는 세자의 나이 19세 때 대리청정을 선언했다. 임금이 대리청정을 명하면 신하들은 최소한의 예의로 "아니되옵니다"를 읊어야 하지만 그 목소리는 전혀 들리지 않았다. 순조의 나이 38세였는데도 말이다. 안동김씨는 그 아비에 그 자식으로 여겼다. 어차피 권력은 자기들 손에서 나오니, 임금을 누가 하고 대리청정을 누가 하든 무슨 상관이랴 했을 것이다.

청정 사흘째 되던 날, 세자는 종묘와 경모궁 제사를 제대로 진행하지 못한 이조판서 김이교 등에게 봉급을 2등급 감하라는 처벌을 내렸다. 김이교는 순조도 손을 대지 못한 안동김씨의 핵심이었다. 이어 세자는 안동김씨 계열인 서만수의 탐학을 보고 받고 조사토록 했다. 안핵사 김병조는 다음과 같이 아뢰었다.

> 초산 전 부사 서만수가 2년 동안 관직에 있으면서 늘 재물을 탐하여 부유한 사람들을 잡아다가 까닭 없이 주리를 틀었고, 반드시 살갗이 찢어지도록 곤장을 쳤으며, 조금이라도 재산이 있는 자에게는 억지로 죄목을 만들어서 곤장을 치고 주리를 틀었으니, 이러한 형벌을 당하지 않은 자가 없고 빼앗아 가지 않은 물건이 없습니다.
>
> –「순조신록」 27년(이덕일, 『조선 왕 독살사건 2』, 247쪽 재인용)

이에 세자는 서만수에게 형벌을 내렸다.

> 이 죄수에게 비록 몸과 머리를 다른 곳에 두는 형벌을 사용하지는

> 못하더라도 어찌 약간의 형벌만을 시행하고 말 수 있겠는가? 의금부의 여러 당상은 종로 네거리에 자리를 베풀고 백성들을 크게 모이게 해서 백관을 차례로 세운 다음 서만수를 잡아다가 다시 한 차례 엄형을 가하도록 하라. 그리고 먼 섬에다 위리안치하되 사흘 길을 하루에 압송하라. – 「순조신록」 27년(이상각, 『효명세자』, 121~122쪽 재인용)

세자는 서만수의 죄에 대한 형벌 집행과정을 백성과 관리들에게 보여줌으로써 탐관오리들에게 경고했던 것이다. 안동김씨 세력은 아연 긴장할 수밖에 없었고 대응책 마련에 머리를 맞대게 된다. 효명세자의 개혁의지의 흔적들을 더듬으며 창덕궁과 후원을 거닐어 보자.

창덕궁

창덕궁은 응봉산 자락을 배후에 두고 있고, 정문인 돈화문까지가 좁은 편이기 때문에 지형적 조건을 고려하여 거기에 걸맞게 건축물을 조성했다. 경복궁이 중국 주나라의 『주례』「동관」 '고공기'의 '5문3조(五門三朝)'의 격식에 따랐다면, 창덕궁은 그것의 우리식 변형이자 응용이었다. 더불어 비원으로 많이 알려진 후원은 각 권역마다 정자, 연못, 괴석이 어우러진 왕실의 정원이다.

현재 남아 있는 조선의 궁궐 중 그 원형이 가장 잘 보존되어 있는 창덕궁은 자연과의 조화로운 배치와 한국의 정서가 담겨 있다는 점에서 그 존재 의미가 매우 크다 하겠다. 후원은 한국적 정원으로 정평이 나 있는 곳이다. 후원 관람은 예약제로 운영되고 문화해설사의 안내에 따라야 하지만 걷고 싶은 곳들을 거의 대부분 안내한다. 코로나 상황인

현재에는 예약자에 한해 자유관람으로 운영하고 있다. 단, 동절기에는 옥류천 일원이 제외된다. 시간은 약 1시간 30분 내외가 될 것 같다.

금천교의 동물상들

창덕궁의 정문은 돈화문이며 남향이다. '돈화(敦化)'라는 이름은 『중용』의 '대덕돈화(大德敦化)'에서 취한 것으로 '교화(敎化)를 도탑게 한다', 다시 말해 백성을 가르쳐서 감화시킨다는 뜻이다. 돈화문을 들어가 북쪽으로 꺾인 곳에 금천교가 있다.

금천교는 누구나 함부로 건널 수 없는[禁川] 신성한 다리다. 그래서 다리 아랫부분 두 개의 무지개 모양 아치[虹霓門, 홍예문] 앞뒤 가운데에 해치상과 거북상이 있고, 그 위에 귀신 얼굴[鬼面, 귀면]이 역삼각형 얼굴을 하고 있다. 또 동자난간 아래에 짐승머리[獸頭, 수두]가 물길을 감시하

금천교(좌)는 두 개의 무지개 모양 아치 가운데에는 해치상과 거북상이 있고, 동자난간 아래에 짐승머리[獸頭]가 물길을 감시하고 있으며, 동자석주 앞뒤 네 군데에 마치 놀아달라는 표정을 하고 있는 동물상들이 있다. 진선문과 금천교(우)의 모습.

고 있고, 동자석주 앞뒤 네 군데에 마치 놀아달라는 표정을 하고 있는 동물상들이 있다. 모두 잡귀의 접근을 막고 있는 중이다. 금천교(錦川橋)는 그 이름처럼 정말 비단같이 아름다운 다리로 창덕궁 창건 당시의 것이다.

창덕궁의 정전과 편전

진선문 안쪽에는 좌측으로 인정문이, 정면으로 숙장문이 있는 넓은 공간이 있다. 이곳에서 효명세자가 4세 때 책봉식을 가졌다. 임금이나 세자의 즉위식이 거행된 장소다. 선왕의 빈전(빈소)에서 대보(옥새)를 받고 즉위식을 거행한 후 인정전으로 들어갔다.

인정전은 창덕궁의 정전(正殿)이다. 기단(월대)을 2층으로 높게 쌓고 이중의 팔작지붕에 내부는 하나로 통하게 만들었다. 그런데 팔작지붕 용마루에 오얏(❀) 문양이 있다. 1907년 순종이 즉위하면서 덕수궁에서

창덕궁 정전인 인정전. 기단(월대)을 2층으로 높이 쌓은 이중의 팔작지붕 건물이다.

창덕궁 정전인 인정전 내부의 어좌와 「일월오봉도」

창덕궁으로 옮길 때 새겨 넣은 것이다. '오얏'을 한자로 이화(李花)라고 하니, 조선의 정전이 아닌 한갓 이씨 가문의 건물로 격하된 느낌이다. 내부 북쪽 가운데에 어좌와 「일월오봉도」가 있다. 해와 달은 양과 음을 나타내고 다섯 봉우리는 오행(五行, 수·화·목·금·토)으로 우리나라 동·서·남·북·중을 상징하는 산들이다. 이는 모두 임금을 나타내는 것으로, 임금이 중앙에서 음양오행의 자연 이치에 따라 사방을 다스린다는 뜻이 함축되어 있다.

편전(便殿)은 임금이 신하들과 정사를 의논하는 집무실이다. 선정전이 중심 건물이고 때에 따라서는 희정당이나 성정각, 관물헌 등이 임금의 편전으로 이용되었다.

궁궐의 배치에서는 원래 정전인 인정전 뒤에 편전인 선정전이 위치해야 하나, 공간의 제약으로 인정전 오른편에 약간 뒤로 하여 건축했다. 선정은 '정치[政]는 베풀어야[宣] 한다'는 뜻으로 백성을 사랑하는 임금의 마음이 담겨 있다. 선정전은 선정문에서 복도각으로 연결되어 있고, 궁궐의 건축물 중 유일하게 청기와를 얹었다. 이후 편전의 기능이 희정당으로 옮겨감에 따라 이곳은 혼전(魂殿, 종묘로 모시기 전까지 선왕과 선왕

희정당. 원래는 임금의 침전이었으나 업무공간으로 이용되었다. 현재의 건물은 1917년 창덕궁 대화재 후 경복궁에서 임금의 침전인 강녕전 건물을 옮겨와 새로 구성한 것이다.

후의 신주를 모시는 곳)으로 사용되기도 했다.

희정당은 선정전 바로 옆에 붙어 있다. 원래 임금의 침전이었으나, 선정전이 비좁기도 했고 혼전으로 종종 이용되면서 자연스레 이곳에서 임금이 업무를 보게 되었다. 효명세자가 스물두 해의 짧은 삶을 마감한 곳이기도 하다. 현재의 건물은 경복궁에서 임금의 침전인 강녕전 건물을 옮겨와 구조에 맞게 새로 구성한 것이다. 1917년 창덕궁에 대화재가 발생해 희정당 등 여러 건물이 전소됐다. 이에 일제는 총독부 건물 공사를 위해 경복궁의 전각들을 일부 철거하여 이곳으로 옮겼다. 희정당의 지붕 양편 합각에 '강(康)'과 '녕(寧)' 자로 확인할 수 있다. 그때 서양식 가구들로 내부를 배치했고, 출입구 중앙부에 어차(御車)가 접근할 수 있도록 현관을 돌출시켰다.

세자의 정치공간, 동궁

희정당 오른편에 성정각과 중희당이 있다. 두 곳 모두 세자와 관련된

세자의 정치공간이었던 동궁의 성정각(아래)과 뒤쪽의 관물헌(위). 경연이나 서연을 열었고 정조는 이곳에서 초계문신의 시험을 치르기도 했다.

활동공간이나, 성정각과 바로 뒤편의 관물헌 등은 때에 따라 임금이 이용했다. 성정(誠正)은 『대학』의 수기치인(修己治人)의 단계 중 성의(誠意, 순수하게 집중하라)와 정심(正心, 마음을 바르게 하라)의 앞 글자를 취해 정조가 직접 건물의 이름을 지었다.

성정각과 관물헌은 경연(임금이 신하들과 유학 경전을 공부하며 토론하는 자리)이나 서연(세자에게 경전을 교육하는 자리)의 장소였으며, 정조가 만년에 초계문신(정조 때 규장각에 소속되어 재교육 과정을 밟던 당하관 문신) 시험을 치르기도 했고, 순조 13년(1813)에 만 5세인 효명세자가 사부들을 상견례 한 곳이다. 성정각에 들어가는 문이 영현문(迎賢門)이다. 어질 현(賢) 자가 들어 있는 것으로 보아 '어진 신하를 가까이 하라'는 뜻이 담겨 있다.

정조의 꿈을 되살리려 한 효명세자

특히나 순조는 초계문신 출신인 김재찬 등, 김조순 계열과 거리가 있던 인물들을 세자의 사부로 임명했다. 아버지 정조의 불씨를 되살리려 한 것이다. 세자의 서연 장소는 관물헌이었다. 어린 세자에게 『천자문』을 시작으로 『효경』, 『소학초략』, 『사략』, 『대학』, 『통감』 등에 이어 11세에 『논어』, 『맹자』 등의 공부가 진행되었다. 이렇게 효명은 순조의 관심 속에 제왕 수업을 받고 있었다. 이때 효명은 조만영의 딸과 가례를 올렸다.

풍양조씨 가문을 선택한 것은 순조의 의지였다. 당시까지 조만영은 곧은 관리로 정평이 나 있었다. 정약용이 『경세유표』에서 "무릇 왕명을 받드는 암행어사라면 조만영처럼 해야 할 것이다"라고 칭찬할 정도였다. 순조는 자신의 처가인 김조순의 안동김씨 대항마로, 효명에게 풍양조씨를 붙여준 것이다. 순조는 조만영의 관직을 성균관 대사성, 금위대장으로 승진시키면서 힘을 실어 주었다. 그러나 조만영은 헌종 때 세도정권의 또 다른 축이 되었다.

효명이 대리청정했던 곳, 중희당 터

사실상 동궁으로서의 역할을 한 곳이 중희당(重熙堂)이다. 정조가 문효세자를 위해 만들었으나 그가 일찍 죽고 이후 효명이 이곳에서 대리청정을 했다. 순조는 때가 되었다고 생각했다. 19세인 효명에게 대리청정을 명했다(1827). 효명의 스승 영중추부사 김재찬도 그 뜻을 알고 적극 지지했다. 효명은 김재찬의 조카 김로를 비롯하여 추사 김정희의 아버지 김노경, 홍기섭 등을 중용하여 친위세력으로 삼았다. 장인 조만영에

잡혔다. 너구리다. 너구리가 잠시 대조전을 빌렸나 보다. 너구리가 올 정도로 창덕궁 후원의 자연생태계가 살아 있는 것이다.

한쪽에서 대조전 전체를 잡아 사진을 찍고 있을 때, 중년 부부가 대조전의 남쪽 정문인 선평문을 들어섰다. 여성분 혼자 대조전 쪽으로 가고 있어 너구리가 있다고 놀라지 말라고 말해 줬는데 응답이 없다. 그런가 보다 하고 경훈각 뒤편의 왕비만의 꽃동산인 화계(花階)를 돌아 희정당 왼쪽 편으로 나가는데, 그 부부와 마주쳤다. 웃으면서 중국어로 뭐라 하더니 "감사합니다"라고 인사를 건넨다. 대조전에서 너구리를 본 추억을 중국에 돌아가서 이야기할 것 같다.

대조전은 중앙의 대청마루를 중심으로 양옆에 임금과 왕비의 침실이 있다. 순원왕후 김씨가 이곳에서 1809년(순조 9) 8월 9일에 효명을 낳았고, 순조는 그날로 원자로 정했다. 그리고 4세 때 세자로 책봉했다. 화계 위의 문을 통해 후원으로 갈 수 있었다. 왕비를 위한 배려다.

창덕궁 후원

모든 궁궐에는 후원이 있다. 당시 '금원'이라 했는데 왕족만이 드나들 수 있는, 그래서 일반인에게는 금지된[禁] 동산[苑]이다. 특히 창덕궁 후원을 '비원'이라고도 한다. 대한제국 시기에 이곳에 후원을 관리하던 관청으로 비원(秘院)을 두었는데, 1908년 일제가 궁궐을 일반인에게 공개하면서 비밀스러운[秘] 정원[苑]이라 하여 '비원'으로 불렀다.

후원은 창건 당시부터 조성되기 시작하여 임진왜란 이후 인조, 숙종, 정조, 순조 등 여러 임금의 관심 속에서 현재의 모습이 되었다. 창덕궁 전각 뒤편부터 응봉까지 자연적인 지형을 따라 골짜기마다 작은 연

창덕궁 후원 중 부용지 일원은 사각형 연못인 부용지를 중심으로 사방에 건물을 배치했다. 마주보이는 건물은 주합루다.

못과 아름다운 정자를 만들었다. 후원 영역은 부용지 일원, 애련지 일원, 존덕정 일원, 옥류천 일원, 연경당 일원으로 나뉘어 살펴보자.

정조 개혁정치의 산실, 부용지 일원

부용지 일원은 가운데 부용지를 중심으로 사방에 건물을 배치했다. 중심은 부용지인데, 사각형 연못의 가운데 둥근 섬을 두었다. '하늘은 둥글고 땅은 네모나다'는 동양적 우주관인 천원지방(天圓地方)에 따라 만든 것이다.

부용(芙蓉)은 활짝 핀 연꽃이다. 그 한 송이 연꽃이 바로 부용정이다. 부용정은 연못 남쪽에 있는데, 십자형의 팔작지붕으로 수원화성의 방화수류정처럼 뭇사람들의 사랑을 받는 건물이다. 더군다나 두 다리를 물에 담그고 있는 모습은 자연 속에 살려는 사람들의 염원을 그대로 표현해내고 있다. 부용정은 어디서 보든 다 매혹적이다. 날렵한 처

부용정은 이름처럼 활짝 핀 연꽃 같다. 연못 남쪽에 있는데, 십자형의 팔작지붕으로 두 다리를 연못에 담그고 있다.(김창현 사진)

마 곡선은 막 물을 박차고 날개를 펴 날아오르는 물총새 같다. 특히 연못 쪽 툇마루에 앉아 차 한 잔 마시고픈 욕심이 절로 난다.

맞은편에 정조의 꿈과 이상을 담은 주합루와 규장각이 있다. 솟을삼문 형식을 하고 있는 어수문(魚水門)이 정문이다. 임금은 물에, 신하는 물고기에 비유하여 임금의 권한 안에서 신하들이 충성을 다하면서 자기의 능력을 마음껏 펴보라는 뜻을 담고 있다. 1층 규장각과 2층 주합루의 모든 기둥들을 하나의 기둥으로 세웠다. 꽤나 정성을 들인 건물임을 알 수 있다. 정면 5칸에 측면 4칸의 20칸 집이지만 후원의 정전인 양 우람하다. 또 지대가 높아 사방이 모두 통제권 안에 들 것 같다. 건축적인 면에서 일단 정조의 의지가 읽히는 건물이다. 그 안에서 업무를 보는 관리들에게도 특별 대우했다. 다음은 정조가 규장각 각신에게 내린 근무수칙이다.

손님이 찾아오더라도 일어나지 말라.
각신들은 근무 중에 모자를 쓰고 의자에 앉으라.
높은 벼슬아치나 홍문관 대제학이라도 규장각의 전임자가 아니면 들어오지 말라.
각신들은 공적인 일이 아니면 근무지를 떠나지 말라.

각신들이 학문과 정책 연구에 오로지 집중할 수 있도록 했다. 규장각(奎章閣)에서 '규장'은 규성(奎星)으로 동양의 28개 별자리 중 하나이며, 문장을 관장하는 별이다(안드로메다 자리에서 6번째로 밝은 별이란 설도 있다). 그래서 이곳은 역대 임금과 관련된 글과 어진(御眞, 초상화), 유물 등을 모아 보관하는 왕립도서관에 해당하며 정조 정치개혁의 산실이었다. 주합루의 '주합(宙合)'은 '우주와 하나가 된다'는 뜻이다. 우주의 중심이 태양이니 왕권을 강화하고자 하는 의지가 강력히 드러난 건물임을 알 수 있다.

부용지 동쪽 높은 기단 위의 건물이 영화당이다. 꽃[花]이 비치는[暎] 집이라는 뜻으로, 임금이 이곳에 앉아 부용지의 연꽃들을 감상한 것 같다. 영화당 앞에 펼쳐진 너른 공간이 춘당대로, 임금이 주관하는 과거의 3차 면접시험[殿試]을 이곳에서 봤다. 과거시험과 연관하여 부용지 축대 한 모퉁이에 새겨 놓은 잉어 조각은 등용문 이야기를 담고 있지 않나 싶다.

효명의 의지가 숨쉬는 곳, 애련지 일원

춘당대를 지나 안쪽으로 걸어 들어가면 금마문이 나온다. 그리고 왼편에 의두합과 운경거가 있다. 이곳은 효명이 순조에게 청하여 지은 독서

금마문으로 들어서면 왼쪽에 의두합과 운경거가 있다. 효명세자의 독서처로 '기오헌'이란 현판을 달고 있는 건물이 의두합이며, 오른편 작은 건물이 부속 건물인 운경거이다.

처였다. 금마문은 중국 한나라 때 대궐 문 이름 중 하나다. 문 옆에 동(銅)으로 만든 말이 있어 이런 이름이 붙었는데, 금마문 안에는 국가에서 책을 갈무리하던 서고가 있었다.

왼편의 '기오헌(寄傲軒)' 현판을 달고 있는 건물이 의두합이며, 오른편 작은 건물이 부속 건물인 운경거(韻磬居)다. 기오헌은 중국 동진의 유명한 시인 도연명의 「귀거래사」의 첫 구절(埼南窓以寄傲番容膝之易安, 남쪽 창가에 기대어 마냥 의기양양해 하니, 무릎 하나 들일 만한 작은 집이지만 이 얼마나 편한가)에서 취했다. '기오'는 '거침없이 호방한 마음[傲]을 기탁한다[寄]'는 뜻이고, '의두'는 '북두성[斗]에 의거하여[倚] 경화(번화한 서울)를 바라본다'는 의미다. 모두 왕권을 중심으로 통치질서를 바로 세우겠다는 효명의 의지가 잘 나타나 있다.

금마문 오른쪽 문은 불로문(不老門)으로 연경당의 외문 역할을 한다. 네모난 장대석 위에 큰 돌 하나로 다듬어 낸 돌문이고, 특히 전서체의 글자가 시선을 붙잡는다. 효명이 순조와 순원왕후의 안락한 노후를 기원하는 뜻을 담은 문이다.

불로문에 들어서서 오른쪽에 애련지와 애련정이 있다. 연꽃을 특히 사랑했던 숙종이 "내 연꽃을 사랑함은 더러운 곳에 처하여도 맑고 깨끗하여 은연히 군자의 덕을 지녔기 때문이다"라는 뜻을 담아 애련(愛蓮)이라 이름 지었다. 기다란 초석 둘을 물 속에 넣고 평난간을 둘러 사모지붕에 절병통(궁이나 정자 따위의 지붕마루 가운데 세우는 기와로 된 항아리 모양의 장식)으로 마무리했다. 특히 사각형의 각 기둥 삼면에 구름 문양의 틀을 두었는데, 그 틀을 액자 삼아 보면 한 폭의 산수화가 담길 것 같다.

'만천명월주인옹'이 머물던 곳, 존덕정 일원

가던 길로 계속 가면 존덕정 일원이 나온다. 이곳에는 관람정, 존덕정, 폄우사, 승재정 등 네 개의 정자가 있다. 존덕정은 인조 22년(1644)에 세워졌고, 나머지는 19세기 후반에서 20세기 초반에 세운 것이다. 존덕정 일원의 연못은 반원과 네모로 구분되었으나 일제강점기에 한반도 모양으로 바뀌었다. 이중 개인적으로 끌리는 정자가 관람정이다.

관람정은 여섯 개 초석 중 두 개가 물에 잠겨 있고, 마루 모양이 부채꼴이다. 지붕도 연못 쪽은 둥글게, 뒤편은 각을 이루었으며, 지붕은 용마루로 마감했고 용마루 양쪽에 용두를 두었다. 마치 물 위를 유유히 떠가는 나룻배 같다. 현판도 나뭇잎 모양으로 새겼다.

존덕정에서는 연못과 그 너머가 한눈에 내려다보인다. 겹지붕의 육각형 정자로 천장에는 청룡과 황룡이 여의주를 희롱하고 있다. 모서리마다 밖으로 세 개의 가는 기둥을 두어 마치 복도처럼 툇간을 돌려 조성했다.

관람정은 여섯 개 초석 중 두 개가 물에 잠겨 있고 마루 모양이 부채꼴이다. 지붕도 연못 쪽에 맞춰 둥글게 되어 있고, 뒤편에는 각을 이루었다. 그에 따라 지붕은 절병통이 아니라 용마루로 마감했고, 용마루 양쪽에 용두를 두었다. 마치 물 위를 유유히 떠가는 나룻배 같다. 그래서 '관람정(觀覽亭)'이라 이름 지었나 보다. 현판도 나뭇잎 모양으로 새겼다. 가까이 가서 처마를 보면 곡선의 아름다움에 감탄사가 절로 나온다.

이곳에서 가장 권위 있는 정자는 존덕정이다. 존덕정에서는 연못과 그 너머가 한눈에 내려다보인다. 겹지붕의 육각형 정자로 천장에는 청룡과 황룡이 여의주를 희롱하고 있다. 후원 정자 답사의 묘미 중 하나는 천장을 보는 것이다. 존덕정뿐만 아니라 소요정, 청의정 천장의 그림들은 아름답기 그지없다.

존덕정에서 빼어난 것은 모서리마다 밖으로 세 개의 가는 기둥을 두어 마치 복도처럼 툇간을 돌려 조성했다는 것이다. 또 이곳에 정조가 직접 쓴 "만천명월주인옹자서(萬川明月主人翁自序)"라는 게판(시문을 새기어 누각에 거는 판)이 있다. 만 개의 개울에 비친 둥근 달의 주인 늙은이는 정조 자신을 일컫는데, 만백성을 고루 사랑하고자 하는 정조의 애틋한 마음이 전해온다. 존덕(尊德)도 '덕성을 존중한다'는 말로 임금이 덕성으로 통치해야 나라와 백성이 편안해진다는 생각이 담겨 있다.

그 좌측에 폄우사가 있는데 말뜻이 새겨들을 만하다. '어리석은 사람[愚]에게 돌침을 놓는다[砭]'는 뜻이다. 안동김씨 세도정권에 대항해 효명이 꼭 취하고 싶은 행동이었을 것이다. 효명이 자주 거처하며 독서를 즐겼던 곳이다.

임금이 재충전했던 곳, 옥류천 일원

창덕궁 후원에서 가장 북쪽 깊숙한 곳인 옥류천 일대는 소요정을 중심으로 청의정, 태극정, 농산정, 취한정이 사방에 있다. 1636년(인조 14) 커다란 바위인 소요암을 깎아 거기에 홈을 파서 물이 흐르게 했고, 바위 마지막 지점에 자연스럽게 작은 폭포를 만들었다. 인조는 바위 하단에 옥류천(玉流川) 글자를 새겨 넣었다. 신하들과 함께 곡선의 수로에 술잔을 띄우고 시 짓는 모임을 갖기도 했다. 그 바위 위에 숙종이 시를 남겼지만 판독 불가다. 숙종의 시 한 편이 떠올랐다.

커다란 바위 소요암을 깎아 거기에 홈을 파서 물이 흐르게 하고, 바위 마지막에 작은 폭포를 만들었다. 인조와 정조 등이 신하들과 함께 술잔을 띄우고 시 짓는 모임을 갖기도 했다.

흩날리며 흐르는 물은 삼백 척이요 / 멀리서 떨어지는 물은 구천 하늘이네. / 보니 여기서 흰 무지개 일고 / 천둥소리 온 골짜기에 울려퍼지네.

– 숙종

정조도 경연에 참여한 신하들과 옥류천에 올라 수로에 띄운 술잔이 지나가기 전에 시를 지었다고 한다.

곳곳의 줄기에서 맑은 샘 나오고 / 더운 구름 감히 날아오르지 못하네. / 우연히 작은 모임 가졌다가 / 해질녘 서늘할 때 흩어져 돌아가네.

– 정조

소요정은 임금과 신하들이 가장 많이 찾아 시회와 주연을 베풀었을 것이다. 소요(逍遙)란 '천천히 거닌다'는 말이다. 고민하는 모습이 아

임금이 직접 농사를 짓던 논과 청의정. 청의정에는 연꽃 문양을 중심으로 파란색 살들이 방사선으로 뻗어 있어 청의(맑은 잔물결)를 시각적으로 표현한 듯하다.

니라 마음 편한 상태가 느껴지는 단어다. 구속받지 않는 자유의 걸음이다. 이처럼 임금은 이곳에서 잠시나마 마음을 재충전했을 것이다.

이곳에서 눈에 밟힌 정자가 청의정이다. 아마 볏짚으로 지붕을 삼아 그런 것 같다. 넓지 않은 네모난 논에서 벼를 재배하고 그 볏짚을 지붕에 얹었다. 임금이 농민들의 삶과 정서를 직접 체험하기 위해 조성해 놓은 논이고, 정자 마루와 기둥은 사각형이지만 지붕은 팔각형에 볏짚으로 둥글게 덮어 천원지방을 표현했다. 청의는 맑은[清] 잔물결[漪]이다. 천장에는 연꽃 문양을 중심으로 파란색 살들이 방사선으로 뻗어 있어 청의를 시각적으로 표현한 듯하다. 백성을 향한 임금의 마음을 청의라 한 것 같다. 청의정, 마치 귀하신 몸이 삿갓을 쓴 모습이다. 나는 청의정의 모습에서 효명을 떠올렸다. 이제 연경당 일원으로 가자.

효명의 의지가 깃든 연경당

연경당은 효명세자가 부모를 위해 지은 사대부 살림집으로 120칸 규모다. 지금의 연경당 구조는 고종 때인 1865년에 고쳐 지은 것이다. 사대부의 집 규모는 99칸으로 제한되기 때문에 이곳은 대군이나 공주의 궁가(宮家) 규모다. 효명이 순조 28년(1828)에 순조에게 존호를 올리면서 지었는데, 거기에는 효명의 뜻이 담겨 있다. 이곳에서 대리청정하는 자신의 정치개혁을 후원해 달라는 뜻이고, 순조도 효명의 그 같은 뜻을 익히 알고 있었다.

솟을삼문은 장락문으로 '길이[長] 즐거움[樂]을 누린다'는 뜻이다. 『한비자』「공명」편의 "존엄한 군주의 지위를 가지고 충신을 제어하면 오랜 즐거움이 생기고 공명을 이루게 된다"는 내용이다. 사랑채로 들어

대리청정하던 효명세자가 순조를 위해 지은 연경당. 사대부 살림집으로 120칸 집이다.

가는 중문의 현판에는 '장양문'이라 씌어 있다. '오래도록[長] 볕[陽]이 든다'는 말로 정치의 안정과 백성들의 편안한 삶을 기원하는 의미다. 또 사랑채의 당호는 연경당으로 '경사[慶]가 널리 통한다[演]'는 말이다. 모두 효명이 이름을 지어 붙였다.

사랑채는 순조의 공간이고 안채는 순원왕후의 공간인데, 담장으로 구별되어 있지만 내부가 서로 연결되어 있다. 서재인 선향재는 '책에서 맑은[善] 향기[香]가 나는 집'이라는 뜻으로 청나라풍 벽돌을 사용하여 지었고, 동판을 씌운 지붕에 도르래식 차양을 설치하여 직사광선을 피하도록 했다. 연경당의 주련은 모두 효명이 썼다. 주련에는 효명의 마음과 뜻이 담겨 있다. 그중 하나를 보자.

> 구름 속 한성에는 한 쌍의 봉궐이요 / 빗속 봄 초목들 만백성의 집이로다.
>
> – 효명

'구름 속 한 쌍의 봉궐(궁궐)'이라는 말을 토대로, 왕권을 제대로 세워야 백성들에게 희망이 있는 평화로운 삶이 열린다는 뜻으로 풀어봤다. 이는 곧 안동김씨의 세도정권 타파와 탐관오리의 발본색원을 말하는 것이다.

효명이 정재에 열심했던 이유

효명은 연경당 일원에 효도를 명분으로 정재 공연장을 만들어 직접 공연을 지휘하기도 했다. 그가 왕권을 강화하기 위한 수단으로 활용한 것이 예악이다. 중국 오경의 하나인 『예기』에 "세상을 다스리는 음이 편안해서 즐거우면 정치가 조화롭게 된다"는 말이 있다. 여기서 말하는 음(音)이 바로 정재다. 정재는 재주[才, 노래와 춤]를 윗사람에게 드리는[呈] 공연이다. 안동김씨의 세도로 임금이 꼭두각시에 불과한 정치상황에서 효명은 엄숙한 정재 공연을 통해 임금의 권위와 왕실의 위엄을 드러내고자 했다. 현재 전하는 궁중 정재 53종 중 26종을 효명이 창작했다.

효명은 순조과 순원왕후를 위해 건수를 만들어 계속 궁중잔치를 열었고 정재 공연을 연이어 벌였다. 이에 안동김씨 계열 대사헌 박기수가 궁중무용 연습을 하는 기생들이 세자의 마음을 빼앗을 우려가 있다고 딴죽을 걸었다. 효명은 그를 예조참판으로 승진시켜 공연을 주관토록 했다. 박기수가 잘못을 인정하고 사죄하자 귀양 보내 버렸다. 효명은 철저하게 『국조오례의』에 의거하여 일을 진행시켰다. 공연이 끝나자 박기수를 해배시켜 주었고, 그에게 더욱 엄한 벌을 내려야 한다고 상소했던 언관들을 파직시켜 버렸다. 이렇게 효명은 시세에 영합하려던 언관들을 다루었다. 20대 초반이라고 하기에는 믿기지 않을 정도로 노련했다.

효명은 삼정의 문란을 야기한 탐관오리들을 징계해 다스리기 위해 안동김씨와 거리가 있는 인물들을 암행어사로 삼아 삼남지방에 파견했다. 탐관오리 대부분은 안동김씨와 뇌물로 엮여 있던 수령들이었다. 안동김씨 세도정권은 효명에게서 정조의 모습을 보았을 것이다.

조선의 마지막 희망이 지다

대리청정 3년 3개월째인 순조 30년(1830) 4월 22일 밤, 효명은 목구멍에서 많은 피를 쏟았다. 어의가 처방을 했지만 소용이 없었다. 마재(현 경기도 남양주시 두물머리 남쪽 마재마을)에 있던 정약용을 급히 불렀다. 정약용이 입궐해 효명의 병세를 살폈지만, 그는 주군 정조의 이미지가 오버랩되어 온 세자의 마지막을 눈물을 삼키며 지켜봐야 했을 것이다. 결국 5월 6일 새벽, 희정당에서 효명이 스물두 해의 숨을 거뒀다. 안동김씨 세도정권은 '지극한 효성으로 세상을 빛냈다'는 의미를 담아 시호를 효명(孝明)으로 정했다. 궁궐잔치를 자주 벌여 부모에게 효도를 다했다는 점만 부각시킨 것이다.

존덕정에서 효명은 할아버지 정조의 메시지를 보고 「잠룡(潛龍)」이라는 시로 답한 바 있다.

> 남녘 연못의 용 / 구름 일으키고 연기와 안개 토하더라. / 이 용 재주 놀라워 / 능히 사해의 물 옮기리라.
>
> – 효명, 「잠룡」

사실상 효명은 조선의 마지막 희망이었다. 아들 헌종이 즉위하면서 익종으로 추존되었고, 1899년 대한제국 시기에 문조익황제로 높여졌다.

효명세자, 그는 할아버지 정조의 의지를 가지고 정치개혁을 통해 무너져가던 조선을 다시 일으켜 세우려 했다. 그러나 그의 꺾임 이후, 안동김씨 세도정권은 권력의 완전 사유화를 통해 백성 착취에만 혈안이 되어 있었다. 그에 따라 세계사적 전환기의 국제정세에 조선이 전연 대응할 수 없게 되었다.

참고문헌

한영우, 『조선의 집 동궐에 들다』(열화당/효형출판, 2008)
홍순민, 『우리 궁궐 이야기』(청년사, 2000)
장순용, 『창덕궁』(대원사, 1993)
주남철, 『비원』(대원사, 1992)
이상각, 『효명세자』(서해문집, 2014)
이덕일, 『조선 왕 독살사건 2』(다산초당, 2014)
함규진, 『왕이 못 된 세자들』(김영사, 2009)
이이화, 『문벌정치가 나라를 흔들다』(한길사, 2003)
김창현, 『누정산책』(민속원, 2019)
허균, 『한국의 정원』(다른세상, 2002)
허균, 『한국의 누와 정』(다른세상, 2009)

빛나는 성, 정조와 정약용을 생각하는 화성 성곽길

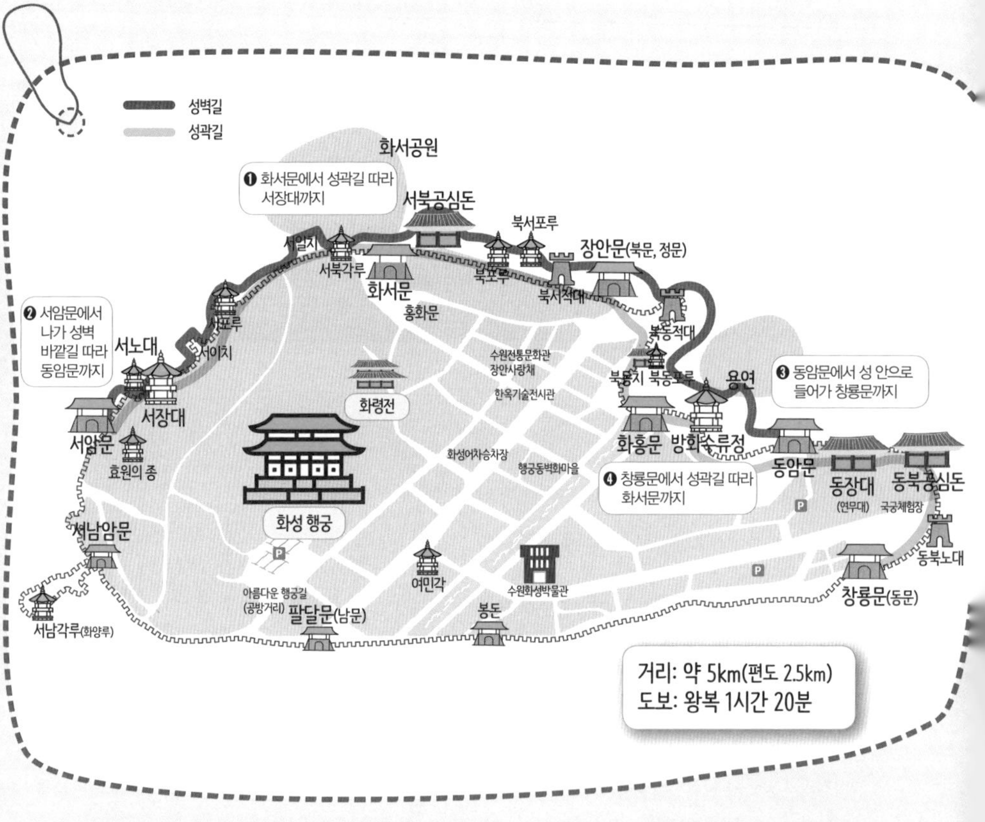

정조, 노론 벽파를 전방위로 압박하다

1762년 5월, 정조가 세손 시절인 11세 때 아버지 사도세자의 죽음을 목도했다. 그냥 죽음이 아니라 노론 벽파에 의해 살해된 것과 진배없다. 노론 벽파는 권력을 위해 차기 임금의 심장을 멈춰 놓아야 했다. 또 그들은 권력을 위해 세손의 목숨도 끊어 놓으려 했다. 그 중심인물이 영조의 비 정순왕후를 등에 업은 오빠 김귀주이고, 세손에게 작은외조부뻘이자 좌의정인 홍인한, 그리고 영조의 딸 화완옹주의 양자인 정후겸 등이었다. 홍인한은 영조에게 대놓고 세손의 대리청정을 반대했고, 영조는 군사력까지 동원해 세손의 대리청정을 관철시켰다. 왕권과 신권 간 긴장감이 팽팽한 기 싸움이었고, 영조는 세손마저 희생시킬 수는 없었다.

세손이 대리청정을 시작한 지 3개월 후에 영조가 승하했다. 즉위 당일, 정조는 신하들 앞에서 자신은 효장세자가 아니라 사도세자의 아들이라고 일성을 내놓았다(1776년 3월). 이어 홍인한과 정후겸에게 사약을 내리고 김귀주를 유배 보내 귀양지에서 죽게 했다. 그러나 더 이상 조치를 취할 수 없었다. 아직 힘이 약했기 때문이다. 더군다나 노론 일각에서는 여러 번 정조에게 자객을 보내기도 했다. 당시 노론 벽파가 비변사를 장악했고, 훈련도감 등 5군영을 쥐고 있었다. 정조도 정치기반이 있어야 했고 군사력도 필요했다.

정조는 즉위한 해에 규장각을 설립하여 은밀히 인재를 모으기 시작했다. 규장각 검서관으로 서얼 출신 박제가·유득공 등 네 명을 임명했다. 이들은 모두 북학파였다. 또 한편으로는 숙종 때 몰락한 남인들을 자기 세력으로 끌어들였다.

이어 재임 5년(1781)에 초계문신 제도를 실시하여 당파에 상관없이 능력 있는 젊은 관료들을 정조가 스승의 입장에서 가르쳤다. 재임 9년(1785)에는 장용영을 설치해 친위군대로 삼았다. 이 모든 것은 노론 벽파를 전방위적으로 압박하기 위한 포석이었다.

정조와 정약용

재임 7년(1783) 4월 무렵, 정조는 초시에 합격하여 성균관에 들어온 22세 청년 정약용을 처음 만났다. 정약용은 사도세자가 죽임을 당한 해에 태어났고 정조보다는 11세 연하였다.

정조는 성균관 유생으로 학문에 밝은 정약용을 마음에 두고 있었다. 정약용은 성균관 유생들을 대상으로 보는 시험에서 6년 동안 28번 수석을 했다. 그럴 때마다 정조는 귀중한 책을 하사해 격려했다. 한번은 중희당에서 술을 내리고 『병학통』이라는 책을 승지를 통해 은밀히 건네게 하고, "네가 장수의 재주도 겸하고 있음을 알기에 이 책을 내려준다. 훗날 나라에 도적이 생기면 너를 출전시킬 수도 있을 것이다"라는 뜻을 전하기도 했다.

재임 12년(1788), 정조는 남인의 영수 채제공을 우의정으로 발탁하며 본격 시동을 걸었다. 이듬해에 문과에 급제한 정약용을 초계문신으로 삼아 최측근으로 키워 나갔다. 또 이황의 도산서원에서 별시를 베풀어 영남 남인들의 관직 숫자를 늘려 나갔다. 여기에 발맞추어 영남 남인들은 사도세자의 억울한 죽음에 대해 계속 상소를 올렸다. 노론 벽파를 압박하기 위한 전략이었다.

이에 호응이라도 하듯, 정조는 수원 화산에 현륭원을 조성하고 아버지 사도세자의 묘를 이장했다. 운구가 수원으로 향하던 날, 장용영 군사들의 호위 속에 6천 명이 넘는 인원이 정조의 어가를 따랐다. 대대적인 퍼레이드에 백성들은 구름처럼 몰려들어 구경했다. 능행은 열두 차례나 진행되며 노론 벽파를 심리적으로 압박했다. 그리고 재임 18년(1794)에 팔달산을 끼고 수원화성을 쌓기 시작했다. 이미 2년 전에 아버지 삼년상을 지내고 있던 정약용에게 화성 쌓는 규제를 만들어 바치라는 명을 내렸다. 수원을 정조와 사도세자의 중심지로 만들 계획이었다. 채제공을 총책임자로 삼고, 정약용에게 전체적인 설계와 공사감독을 맡겼다. 장용영도 내외영으로 나눠 외영을 수원 화성에 주둔시켰다. 재임 19년(1795) 정조는 드디어 마음을 정했다.

> 너희 조정에서 벼슬하는 백관은 모두 나의 고유를 들으라. 내가 오늘 소인을 물리치고 군자를 나오게 하여, 황천조종(皇天祖宗)의 보살핌을 이으려 하노라. 나는 오늘 선악을 분명히 구별하여 백성들의 뜻을 크게 안정시키려 하노라.
>
> –「정조실록」 19년(이덕일, 『정약용과 그의 형제들 1』, 213쪽 재인용)

정조가 노론 벽파에 승부수를 던지기 시작했다. 노론 벽파를 물리치고 남인 세력을 등용하여 선대 임금들의 보살핌 아래 왕권을 강화하고 백성들의 삶을 안정시키려는 의지를 천명했다. 곧이어 정조는 판중추부사 채제공을 좌의정, 이가환을 공조판서, 정약용을 우부승지로 높였고 남인들을 대거 등용했다.

노론 벽파의 반격과 정조의 대응

노론 벽파는 정순대비를 버팀목으로 삼아 정조와 남인에 맞서고 있었다. 노론 벽파의 반격 카드는 천주교 문제였다. 남인에게는 근본적인 약점이 있었다. 숙종 때 정권에서 밀려나면서 천주신앙을 받아들인 사람이 많았던 것이다. 이러한 사정을 잘 알고 있던 정조는 천주교에 대해 온건한 정책을 펴면서 관련 인물을 노론 벽파의 예봉을 비껴가게 하는 전략을 구사했다. 중국인 신부 주문모 잠입 사건 때 노론 벽파가 이가환과 정약용을 연루시키자, 두 사람을 외직으로 좌천시켜 공세를 차단했다. 그러면서 이내 중앙으로 불러올려 요직을 맡겼다.

정조가 정약용과 단둘이 지내는 시간이 많아지면서 노론 벽파의 공세는 정약용으로 모아졌다. 그 와중에 정조와 남인의 든든한 지지대였던 채제공이 사망했다(1799). 포스트 채제공으로 천재 이가환이 주목받았지만 그에게는 항상 천주교 꼬리표가 따라다녔다. 이가환이 천주교를 버리고 천주인들을 탄압한 사실은 애초부터 무시되었다. 재임 24년(1800) 5월, 정조는 채제공의 뒤를 이어 이가환을 정승으로 임명할 뜻을 비쳤다. 그다음은 이승훈과 정약용이었다.

정조의 개혁은 1804년 갑자년에 맞추어져 있었다. 세자(훗날의 순조)가 15세가 되는 해에 왕위를 물려주고, 자신은 상왕이 되어 어머니 혜경궁 홍씨와 함께 화성에 머물려 했다. 그러면 한양에는 현왕(순조)이 있고 화성에는 상왕(정조)이 있어, 두 임금이 노론 벽파의 정치권력을 누를 수 있게 된다. 더군다나 순조를 보좌하는 두 재상은 이가환과 정약용이다. 노론 벽파는 사생결단을 하고 막아야 했다.

정조의 죽음 이후

1800년 6월 28일, 정조는 악성 종기로 급작스럽게 눈을 감았다. 그의 나이 49세 때였다. 남인은 독살되었을 거라 했지만 아직까지 밝혀진 사실은 없다. 순조 1년(1801), 미성년자 순조를 대신해 수렴청정의 권한을 행사한 정순왕대비가 남인에게 칼날을 휘둘렀다. 명목은 천주교라는 사학(邪學) 척결이었지만, 실제로는 친정조계 남인들의 씨를 말리는 것이었다. 이때 이가환, 정약종, 이승훈 등이 사형을 당했고 정약용과 정약전은 강진과 흑산도로 유배되었다. 당시 많은 천주교인이 희생되었는데 이를 '신유박해'라 한다. 이 부분은 남양주 다산유적지에서 이야기하자.

순조 3년(1803) 12월, 순조의 친정이 실시되면서 김조순의 안동김씨가 권력을 장악했다. 노론 시파계 안동김씨가 정순왕대비와 노론 벽파의 권력을 끝장낸 것이다. 그러나 이때부터 철종 때까지 3대 60여 년에 걸쳐 안동김씨와 풍양조씨에 의해 세도정치가 자행되었다.

새로운 개념의 성, 수원화성

수원화성은 1997년 유네스코 세계문화유산으로 지정되었다. 당시 현장을 방문한 유네스코의 니말 실바 교수는 "수원화성의 역사는 불과 200년밖에 되지 않지만 성곽의 건축물들이 동일한 것이 없이 제각기 다른 예술적 가치를 지니고 있는 것이 특징이다"라고 평가했다.

본래 수원은 군사도시로 한양을 수호하는 도호부의 하나였다. 서해

바다를 통해 침입하는 적을 막기 위한 방어도시의 성격을 지니고 있었다. 18세기 상품화폐경제가 발달함에 따라 정조는 이곳을 경제도시로 탈바꿈시키려 했다. 수원은 도성 한양과 충청도, 전라도, 경상도를 잇는 주요 통로였다.

화성 축성은 1790년부터 계획되었다. 정조는 정약용에게 축성과 관련하여 새로 성 쌓는 방법을 연구하게 했다. 정약용은 중국의 책인 『보약(堡約)』과 류성룡의 『성설(城設)』을 참고하여 상업도시로서의 성격을 충분히 살려 정조에게 『성설』을 지어 올렸다. 또 효율적인 공사를 위해 거중기와 유형거 등 새로운 공사 장비도 설계하여 제작했다.

수원화성을 만들 때에는 철저하게 경제논리가 반영되었다. 백성들에게 의무적으로 부역을 부과한 것이 아니라 작업에 따라 노임을 주었다. 그리고 부실공사를 예방하기 위해 건축실명제를 적용했다. 노임을 주고 일을 시키는 방식, 건축실명제, 그리고 최신식 기구의 활용으로

서장대와 서노대. 서장대는 팔달산 정상에 자리잡은 장군 지휘소로 수원화성과 화성행궁이 한눈에 보인다. 옆에 쇠뇌(다연발 활)를 쏘기 위해 높이 설치한 서(쪽)노대가 보인다.

화성을 완공하는 데 걸린 기간은 2년 9개월이다.

화성 복원사업은 1970년대부터 대대적으로 이루어졌다. 성곽을 복원할 때 결정적인 도움이 된 책이 『화성성역의궤』였다. 정조는 화성을 축조할 때 모든 것을 철저하게 기록과 그림으로 남기게 했다. 이 책 덕분에 정조 당시의 화성을 그대로 재현할 수 있었다.

화성은 서쪽에 팔달산을 끼고 동·남·북은 평지로 만들었다. 종래 성 체제인 평지성과 산성 체제를 벗어나 있다. 경제도시에 걸맞은 새로운 개념의 성이었기 때문에 유사시에도 이곳에 머물며 방어를 해야 했다. 성벽의 방어시설은 약 100미터마다 설치되어 있다. 화성이 방어능력을 어떤 식으로 갖춘 성인지 답사를 통해 확인해 보자.

화서문에서 성곽길 따라 서장대까지

시작을 화서문부터 하자. 화서문에서 서장대 방향으로 성곽길을 따라 올라가면 서북각루, 서일치, 서포루, 서이치 등을 만난다. 치(雉, 성가퀴)는 성벽 앞으로 돌출시킨 사각형의 방어시설이다. 성벽에 접근한 적을 측면에서 공격하기 위한 것으로 화성에는 모두 10개의 치가 있다.

각루는 성곽에서 모서리[角]에 설치한 군사시설이다. 보통 성곽에서 비교적 높은 위치에 만들었는데 주변을 잘 살펴야 하기 때문이다. 온돌과 마루로 구성되어 있어 항상 군사들이 주둔하고 있었다. 특히 서북각루는 화서문이 공격당할 때 측면 지원을 하기 위한 역할도 한다. 서북각루에서 화서문으로 내려오는 계단에서 화서문과 서북공심돈을 렌즈에 담아보자. 한 컷이 작품처럼 여겨질 것이다.

서장대는 팔달산 정상에 자리잡은 장군 지휘소다. 서장대에서는 수원화성이 한눈에 조망된다. 바로 아래 화성행궁도 시원하게 보인다. 행궁은 임금이 이동 중에 머무르는 궁궐로, 화성행궁은 수원화성 정문인 장안문에서 팔달문 방향으로 1km 정도 거리에 있다.

서장대는 어미 새와 아기 새가 두 날개를 활짝 편 듯한 지붕의 자태가 멋스럽다. '화성장대(華城將臺)' 편액은 정조가 직접 썼다. 정조 19년(1795) 2월, 혜경궁 홍씨 회갑잔치 때 정조가 이곳에서 장용영 병사 5천 명과 백성들을 동원하여 성을 수비하고 공격하는 주·야간 훈련을 직접 지휘했다. 드디어 노론 벽파에게 엄청난 군사 시위를 머릿속에 새겨준 것이다. 그 바로 옆에 서노대가 있다. 노대(弩臺)는 다연발 활인 쇠뇌를 쏘기 위해 높이 설치한 구조물이다. 정조는 이날 훈련을 기념하고자 시 한 수를 읊었다. 이 시는 서장대에 걸려 있다.

> (현릉원) 호위 매우 중하지만 / 백성들의 세금과 노역 들이지 않았네. /
> 성곽은 평지 따라 뻗어 있고 / 먼 하늘에 기댄 장대 높다랗구나. /
> 많은 성채들의 규모 장대하고 / 군사들의 의기, 호걸의 그것이네. /
> 대풍가 한 곡조 타니 / 붉은 햇살, 갑옷에 번뜩이는구나.
>
> – 정조, 「어제화성장대시문」

서암문에서 성벽 바깥길로 서북공심돈까지

서장대 옆 서암문으로 나가면 기분 좋은 성곽 바깥길을 만난다. 서암문 밖으로 나가 데크 계단으로 내려가지 말고, 오른쪽 오솔길로 가자. 바위 몇 개만 넘어서면 마음이 설레는 내리막길이다. 특히 고풍스러운 옛 성벽을 바로 옆에서 보며 걷노라면 어느새 화서공원에 닿는다. 서암문부터 동암문까지는 성 바깥으로 걷는데, 성벽 쪽에 오솔길이 연이어 있으니 그 길로 발걸음을 옮겨보자.

팔달산 북쪽 끝자락에 화서문(華西門)이 있다. 앞이 화서공원으로 조성되어 있고, 서북각루에서 내려가는 성 바깥에는 억새들이 제 계절로 물들고 있는 중이다. 수원화성의 건축물 중 화서문이 가장 나이가 많을 것이다. 정조 당시의 것이다. 편액은 초대 화성유수였던 채제공이 썼다. 팔각누각에 반원의 옹성을 두르고, 보는 방향에서 오른쪽에 입구를 내었다. 옹성의 옹은 항아리 옹(甕) 자다. 적의 공격이 집중되는 곳이 성문이다. 그래서 옹성은 성문에 몰리는 적들을 앞과 뒤, 그리고 측면에서 공격하기 위해 설치한 성곽이다.

그 옆에 서북공심돈이 있다. 공심돈이란 '속[心]이 비어 있는[空] 망루[墩]'라는 뜻이다. 성벽을 아예 돌출시켰다. 그래서 화서문이나 오른편 성곽이 한눈에 들어온다. 성벽 높이까지는 돌로, 그 위로 2층은 전돌로 쌓았고, 3층에 팔작지붕을 얹었다. 내부 2층과 3층에 마루를 깔고 사다리로 올라갈 수 있도록 했는데, 수원화성에서만 볼 수 있는 군사

서장대 옆 서암문으로 나가 성곽 바깥길을 걷다보면 팔달산 북쪽 끝자락에 화서문이 나온다. 팔각누각에 반원의 옹성을 두르고 있다. 그 옆에 서북공심돈이 있는데, 공심돈이란 '속이 비어 있는 망루'라는 뜻으로 아예 돌출되어 있다.

시설이다. 화포를 장착할 수 있게끔 구멍을 여러 곳에 뚫었다. 이 공심돈은 수원화성의 모델 역할을 한다. 모양 그 자체로도 빼어난 멋을 지니고 있고, 특히 석축과 벽돌 사면의 모서리를 곡선으로 처리했는데 이는 고난이도의 기술을 필요로 한다.

포루(鋪樓)와 포루(砲樓), 장안문, 적대

성곽 바로 밑에 오솔길이 나 있다. 그 길로 걷는 것이 좋다. 성벽의 고풍스러움이 더 잘 느껴진다. 걷다 성벽을 만나면 서서 찬찬히 훑어보고, 또 걷다 만나면 마주한다.

북포루를 지나 북서포루 앞에 섰다. 포루는 한자를 봐야 한다. 포(砲)라 씌어 있으면 건물 안에 화포가 설치되어 있다는 뜻이고, 포(鋪)는 가게 또는 점포라는 말로 초소나 군사대기소다. 포루(鋪樓)는 팔작지붕의 네 칸 건물로 군사를 보호하기 위해 사방이 판으로 막혀 있다. 이에 반해 포루(砲樓)는 우진각지붕과 맞배지붕으로 꾸몄고 개방된 구조다. 특히나 이곳은 적의 화포 공격에 대비하여 석축이 아니라 전돌로 튼튼하게 쌓았다.

북문 장안문 앞이다. 그냥 봐도 대단한 위용이 느껴진다. 임금이 한양에서 내려와 들어서는 화성의 정문이다. 문 이름은 정조가 지었다. '오래도록[長] 편안하다[安]'는 뜻으로 백성들의 안정된 삶을 기원했다. 장안문도 옹성을 하고 있지만 화서문과 다르다. 출입구를 정면으로 내어 장안문과 일직선이 되게 했다. 그리고 철문을 달았다. 임금이 들어오는 문이기 때문에 설계를 그렇게 했을 것이다.

옹성에도 우진각지붕의 문루를 설치하고 홍예문 위에 구멍을 다섯

북문인 장안문은 임금이 한양에서 내려와 들어서는 화성의 정문이다. 옹성을 하고 있지만 화서문과 달리, 출입구를 정면으로 내어 장안문과 일직선이 되게 하고 철문을 달았다. 임금이 들어오는 문이기에 설계를 그렇게 했을 것이다.

개 뚫었다. '오성지(五星池)'라 한다. 정약용이 중국의 병서를 참고하여 만든 시설이다. 적이 성문에 불을 지를 때 오성지에서 물을 흘려내려 진화하는 시설이다.

장안문은 이중의 우진각지붕으로 문루를 만들었고, 다포계의 공포가 매우 촘촘해 그만큼 권위가 느껴진다. 홍예문과 장안문 천장에 용 그림이 그려져 있다. 이곳뿐만 아니라 다른 문 천장에도 모두 용들이 자리하고 있다. 보통은 방향에 따라 청룡, 백호, 주작, 현무가 성문들을 각기 차지하고 있는데 화성은 예외적이다. 그만큼 강력한 왕권을 기원했다고 여겨진다. 그중 장안문 옹성의 용 그림이 가장 강렬하다. 용이 파도치는 구름 속에서 여의주를 잡으려는 모습이 생동감 있게 표현됐다.

장안문 좌우에는 북서적대와 북동적대가 있다. 적대는 성문을 보호하고 성문에 접근하는 '적(敵)을 공격하기 위한 높은 시설[臺]'이다. 적대도 화성에서만 볼 수 있는 군사시설이다. 적대 위에는 홍이포가 한 대씩 있다. 적대, 장안문 옹성, 공심돈, 봉돈 등에는 세로로 길게 골이 패어 있다. 이를 '현안(懸眼)'이라 한다. 적이 성벽을 타고 올라올 때 뜨거운 물이나 기름을 부어 공격하기 위한 시설이다. 남문 팔달문도 장안문과 구조가 똑같다.

체성, 화홍문, 방화수류정, 그리고 용연

성벽길을 걸으면서 성벽을 감상하는 것도 재미다. 성벽을 '체성'이라 한다. 성(城)의 몸체[體], 즉 '근본이 된다'는 뜻이다. 화성의 성벽 높이는 평균 잡아 5m 정도다. 석축이 오래된 것과 그렇지 않은 것이 보인다. 어쩌면 화성은 과거와 현재가 공존하고 있는 중일 것이다. 석축들을 보면 어떤 것은 길고 어떤 것은 짧다. 또 어떤 돌은 위나 아래 모양에 맞춰 다듬어 넣기도 했다. 더 견고하게 하려는 의도였을 것이다. 북동적

화홍문은 화성을 가로지르는 수원천의 북수문이다. 홍예(무지개 모양의 아치)를 통해 안으로 들어가면 물계단이 나오는데, 물의 속도를 늦추기 위해 3단으로 만들었다. 용연으로 가기 위해 수원천을 건너야 한다. 운치 있게도 징검다리다.

대 바로 옆에 북동치가 있고, 북동포루를 지나면 수원화성에서 가장 아름다운 곳이 나온다. 화홍문, 방화수류정, 용연이다.

화홍문은 한옥집, 방화수류정과 용연은 그 집에 딸린 정자와 연못 같다. 이곳이 전쟁 관련 시설임을 잊게 한다. 화홍(華虹)은 '빛나는 무지개' 또는 '꽃과 무지개'라는 말이다. 일곱 개의 홍예(무지개 모양의 아치)에는 사람들이 통행할 수 없도록 철제 살문이 달려 있었는데, 지금은 볼 수 없다. 이곳은 화성을 가로지르는 수원천의 북수문이다.

홍예를 통해 안으로 들어가 보자. 이곳 풍경을 다른 화폭으로 보는 듯하다. 물의 속도를 늦추기 위해 3단으로 계단을 만들었는데, 낙차가 크기 때문에 흡사 무지개가 일 것 같다. 화홍문 양쪽 좌대 위에 동물 조각이 한 마리씩 앉아 있다. 물길을 감시하고 있는 중일 게다. 용연으로 가기 위해 수원천을 건너야 한다. 운치 있게도 징검다리다.

용연(龍淵)은 용의 연못이다. 방화수류정 바로 앞에 있는 바위가 용머리바위다. 이 연못은 용이 몸을 담그고 있는 곳이라 하겠다. 보통 연못 조성은 천원지방(중국 진나라 『여씨춘추전』에 나오는 말로 '하늘은 둥글고 땅은 네

동북포루에서 바라본 용연 일대.

모나다'라는 뜻)에 따르는데, 용연은 둥근 섬에 둥근 연못이다. 용의 몸이 둥글게 똬리를 틀기 때문일 것이다. 정조는 버드나무를 좋아했다. 전에는 둥근 연못에 버드나무 몇 그루가 가지로 가득했는데, 지금은 소나무 몇 그루뿐이다. 대신 버드나무는 연못 주위에 줄지어 있어 사람들이 그늘 삼아 쉬고 있다. 연못 한편에 서서 용연, 방화수류정, 그리고 화홍문을 바라보며 풍경에 빠져보자. 이곳에 동암문이 있는데 그리로 들어가지 말고, 성벽 따라 동암문 왼쪽 언덕으로 올라가자. 거기서 보는 방화수류정 일대의 전경에 한동안 발걸음이 떼어지지 않는다.

동암문, 그리고 동장대

그 언덕에 있는 시설물이 동북포루다. 팔작지붕에 사면이 판으로 덮여 있으니 군사들이 머무르는 초소다. 동장대를 향해 오솔길을 걸으며 잔디 언덕과 소나무 숲에 취해 있을 때면 이윽고 동암문에 닿는다. '암'은 '몰래 암(暗)' 자로 성곽의 비밀통로다. 전쟁 시 군수품을 조달하거

성곽 밖 산책길. 멀리 동장대와 동북공심돈이 보인다.

나 구원병을 요청하는 용도로 사용되었다. 화성에는 암문이 다섯 개 있다. 전체를 전돌로 튼튼하게 쌓아올렸고 홍예문 위에는 오성지도 있다. 오성지는 화재예방이나 성문에 접근하는 적을 공격하기 위한 물통으로 다섯 개의 구멍이 있다. 성벽 오솔길로 계속 걷고 싶지만 도로가에서 끊어지고 비탈을 내려와야 한다. 여기서 성곽 안으로 들어가자.

성곽길을 따라 걷다보면 동장대를 마주한다. 이곳도 군사 지휘관이 머무는 곳이다. 서장대는 곡선의 아름다움이 있지만, 동장대는 우람하다. 또 서장대가 지휘소라면, 이곳은 훈련소다. 그래서 '무예[武]를 익힌다[練]'는 의미로 '연무대'라고도 불린다. 앞에 넓은 마당을 거느린 높은 석대 위에 20칸의 팔작지붕 건물이 위용을 드러낸다. 건물 뒤로는 기와로 꽃 문양을 연출한 담장이 있다. 영롱담이다. 하나하나에 예술성을 드러내려는 그 창의성에 또 한 번 감탄한다. 동장대 왼편 앞 너른 공터는 정조와 신하들, 그리고 장용영 군사들이 활을 쏘던 곳이다. 지금은 어른과 어린이들이 활시위를 당기는 국궁체험장이다.

동북공심돈, 동북노대, 창룡문

동장대와 창룡문 가운데에 동북공심돈이 있다. 서북공심돈은 성벽과 일체로 쌓았지만, 동북공심돈은 성벽 안쪽에 둥글게 전돌로 쌓았다. 내부는 소라 모양의 계단이 설치되어 있어 군사들이 위아래로 손쉽게 이동할 수 있다. 서북공심돈처럼 군사들이 밖을 내다보면서 구멍을 통해 화포로 공격할 수 있는 구조이며, 위의 누각에서는 적정을 살필 수 있다. 인증 장소로도 유명하다.

조금 더 걸어가면 동북노대다. 직선 길이가 좀 긴 반원 모양으로 다

동북공심돈은 성벽 안쪽에 둥글게 전돌을 쌓았다. 내부에는 소라 모양의 계단이 있다. 군사들이 구멍으로 화포를 쏘던 곳이고 위 누각에서는 적정을 살필 수 있다. 인증 장소로 유명하다.

연발 쇠뇌를 쏠 수 있는 구조물이다. 창룡문은 화성의 동문이다. 사신도의 좌측 또는 동쪽을 나타내는 청룡에서 이름을 따왔다. 화서문과 같은 형식을 취하고 있으나 문 주위에 이렇다 할 방어시설이 없다. 창룡문에서 800m 더 성곽길을 따라 걸으면 봉돈이 나온다. 봉돈(烽墩)은 봉수와 돈대의 합성어로, 불과 연기로 국가의 위급한 사항을 알리는 신호체계 역할과 적정을 감시하고 방어하는 역할을 한 곳이다.

곡선의 파노라마, 성곽길

이제 군지휘관의 시각으로 성곽길을 따라 창룡문부터 화서문까지 순찰해 보자. 때로는 사물을 볼 때 다른 구조물의 구멍을 액자 삼아 대상을 담는 것도 재미있는 방법이다. 카메라의 앵글을 다양한 각도에서 잡듯이 시각도 그렇게 하면 색다른 맛이다. 또 앞으로 걷다가 한 번쯤은 뒤로 돌아서 보자. 전혀 다른 모습이 느껴질 때도 있다. 저 멀리 팔달산 정상을 보면 서장대 지붕이 보인다. 동장대를 지나면서 성곽 안팎을 모두 시야에 담아보자. 성곽 답사의 또 하나의 재미는 성곽의 선(線)을 보는 것이다. 곡선의 파노라마가 멋지게 펼쳐진다.

아, 방화수류정, 그리고 숨겨놓은 십자가상

방화수류정을 좀 자세히 보자. 이곳은 군사시설로서는 동북각루다. 방화수류정은 나비와 벌이 '꽃[華]을 찾고[訪], 버들[柳]을 좇는[隨] 정자[亭]'라는 말이다. 현판의 글씨도 버드나무 가지처럼 흘러내린다.

수원 팔경 중 으뜸이며, 우리나라 근세 건축의 백미다. 전체 건물의 구조는 ㄱ자형이지만, 보는 방향에 따라 여러 가지 모양으로 연출했다. 실내 한 가운데에는 온돌방을 두어 겨울에도 추위를 피할 수 있도록 했다. 지붕도 팔작지붕을 여러 개 겹쳐 놓은 듯하고, 특이하게 지붕 꼭대기 절병통을 마치 램프 모양으로 얹었다. 정조가 화성행차 때 자주 머무르곤 했던 곳이다. 내부 천장과 좌측 벽면에는 십자가를 숨겨 놓았

곡선의 파노라마를 볼 수 있는 성곽길.

방화수류정은 우리 근세 건축의 백미로 불린다. 지붕은 팔작지붕을 여러 개 겹쳐 놓은 듯하고, 꼭대기엔 램프 모양 절병통을 얹었으며, 내부 천장과 좌측 벽면에는 십자가를 숨겨 놓았다.

다. 설계자는 정약용인데, 정약용은 천주신앙을 가지고 있다가 진산사건(1791) 때 버렸다. 수원화성은 1794년(정조 18)에 착공되기 시작했으니 그가 마음속으로 천주를 계속 품고 있었는지도 모르겠다.

여장과 총안

화홍문에 올라 수원천을 앞뒤로 보고 이곳에서 방화수류정도 한번 더 감상하자. 성곽길 담장을 '여장(女墻)'이라 한다. 군사들이 안전하게 이동할 수 있게 보호하는 담장이다. 여장에는 일정한 간격으로 구멍이 세 개 있는데 이를 '총안'이라 한다. 총(銃) 쏘는 구멍[眼]이다. 가운데 총안은 내부가 밑으로 경사지게, 양옆 총안은 수평으로 뚫려 있다. 성곽 밖에서 보면 사람의 두 눈과 코로 보인다. 가운데 것인 근총안은 성벽 가까이에 있는 적을 공격할 수 있으며, 양옆의 원총안은 먼 곳의 적을 공격하기 위한 것이다. 여장과 여장 사이에 위로 뚫린 공간이 타구(垛口)다. 타구도 몸을 숨기면서 적을 공격하는 시설이다.

장안문에서 큰길을 따라 남쪽으로 1km 지점에 화성행궁이 있다. 화성행궁에 갔다면 낙남헌 오른편으로 화령전을 볼 수 있다. 화령전에서는 군복 차림의 정조 어진을 만날 수 있다.

정조 19년(1795) 2월, 정조는 화성행궁에서 어머니 혜경궁 홍씨의 회갑잔치를 크게 열었다. 사도세자의 현륭원이 있는 수원에서 잔치를 연 것은 어머니에 대한 효를 내세우며 사도세자를 부각시키려는 의도였다. 영조가 승하하기 직전, 사도세자 사건을 언급한 자는 역률로 처단하라고 유언을 남겼기 때문에 이처럼 간접적으로 사도세자를 복권시켰던 것이다. 그것은 곧 왕권강화와 맞물려 있었다. 정조는 이곳 우화관에서 문과를, 낙남헌에서 무과를 시행해 문과 5명과 무과 56명을 급제시켰다. 무과 급제자는 당연 장용영 소속으로 삼았다.

성벽 안쪽에는 일반 집들을 카페로 개조한 곳이 자주 눈에 띄는데 젊은 연인들이 단골손님이다. 화서문 뒤편 초가는 다리쉼 장소인가 보다. 사람들이 앉아 쉬고 있다. 소박한 황토 초가집으로 정이 간다. 그 옆 도로로 따라 들어가니 화서 사랑채가 나오고 2층의 카페들도 즐비하다. 화서문에서 도로를 따라 안쪽으로 450m 가면 화령전에 닿는다.

참고문헌

김동욱, 『실학정신으로 세운 조선의 신도시 수원화성』(돌베개, 2006)

김동욱, 『수원성』(대원사, 1990)

최진연, 『수원화성, 긴여정』(주류성, 2011)

이덕일, 『정약용과 그의 형제들 1』(김영사, 2006)

박상하, 『리더십 수원화성에 묻다』(KSAM, 2016)

김정남, 『시인의 삶으로 역사를 읽다』(한권의책, 2020)

신미양요 격전의 현장을 체험하는 강화나들길 2코스

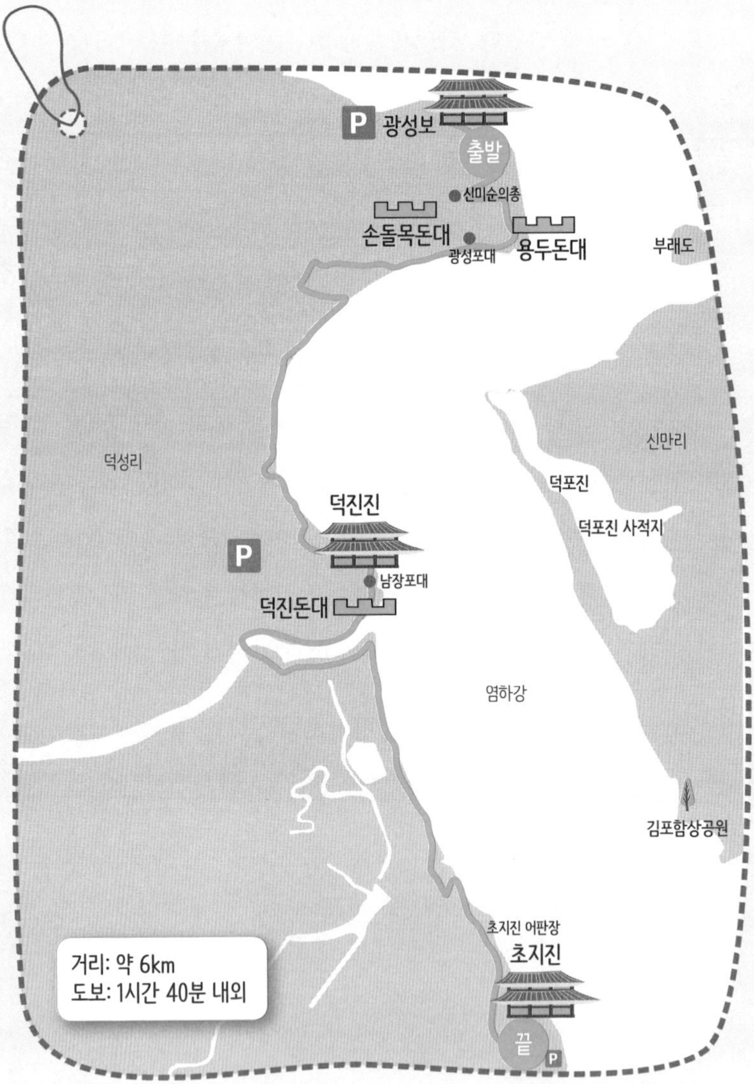

해안누리길 베스트5에 선정된 호국돈대길

강화도 산책길인 강화나들길은 총 20코스가 있다. 강화나들길은 풍광과 문화유적, 역사를 담은 스토리텔링의 산책길로 2012년에 대통령상을 수상했다. 호국돈대길은 강화나들길 중 제2코스에 해당된다. 호국돈대길도 같은 해에 국토부 선정 '전국 아름다운 해안누리길' 베스트5에 선정되었다. 이 나들길은 갑곶돈대에서 초지진까지로 17km에 약 5시간 50분이 걸린다. 이 길에서 만나는 주요 국방 방어시설로는 갑곶돈대, 용진진, 용당돈대, 화도돈대, 오두돈대, 광성보, 손돌목돈대, 용두돈대, 덕진진, 남장포대, 초지진 등이다. 이 코스는 염하강을 왼편에 두고 걷는 해안산책길로 비교적 평지길이기 때문에 힘들지 않게 걸을 수 있다.

강화도 국방시설의 역사는 오래되었다. 강화도는 삼국시대에는 고구려와 백제, 신라의 치열한 각축지였다. 고려시대에는 몽골의 침입에 맞서 39년 간 줄기차게 저항한 곳이었고, 조선시대에는 후금이 침입한 정묘호란 때 인조가 피난한 곳이었다. 병자호란 당시 완전히 함락당한 강화도에는 효종 때 북벌계획이 추진되면서 진과 보가 설치되어, 숙종대부터 본격적으로 시작하여 영조 대까지 12진·보와 53돈대, 9포대가 축조 설치되었다.

호국돈대길 중 광성보부터 초지진까지는 2코스 중 C코스로 약 6km이며 1시간 40분 정도 걸린다. 방어시설들을 돌아본다면 넉넉히 2시간 내외는 잡아야 한다. 이 길은 봄과 가을에 걸으면 환상적이다. 봄에는 새순과 꽃들이, 가을에는 억새와 단풍들이 반긴다. 또 길이 단조로운 것 같으면서도 변화가 있어 좋다. 숲길을 걷다가도 어느새 해안길이 되며, 도로길을 걷겠거니 하면 이내 해안길로 접어든다. 또 근대사의 신미양요와 관련된 유적으로 광성보, 덕진진, 초지진 등을 답사할 수 있어 아이들과 함께 걸어도 충분한 현장체험 장소가 된다. 초지진에서 광성보로 되돌아올 때에는 자전거를 이용하면 20분 내외, 53번 버스로는 15분이 걸린다(배차 간격이 길어 운대가 좋아야 한다). 자전거를 초지진에 두고 광성보에 주차한 후 산책길을 시작해도 좋다. 참고로 콜택시로 강화콜(1577-6669)도 이용할 수 있다.

「미스터 션샤인」의 광성보 전투

광성보는 강화나들길 2코스 중에서 B코스의 종점이자 C코스의 시점이다. 이 코스에서는 진과 보 같은 방어시설을 만날 수 있다. 진과 보는 해안이나 국경의 경계부대다. 돈대는 주로 흙이나 돌로 쌓은 소규모 방어시설이다. 외적을 효율적으로 막아낼 수 있는 위치나 성을 쌓기 곤란한 지점에 돈대를 설치했다. 돈대(墩臺)의 한자도 둘 다 '높은 곳'이라는 뜻이다. 각각의 진과 보는 보통 3~5개 정도의 돈대를 관할했다.

신미양요에 대해서는 TVN 드라마 「미스터 션샤인」이 인상적이었다. 한국사 수업 때 관련 부분만 따로 편집해 학생들에게 보여주면 이 드라마를 봤는지 다른 영화자료보다 더 집중한다. 이 드라마의 신미양요는 영화보다 더 영화 같고 글보다 더 느낌이 와닿는다. 신미양요가 일어난 원인 중 하나로 「미스터 션샤인」 1회에서 다음과 같이 언급하고 있다.

"강화 앞바다에 미리견(미국)의 군함 다섯 척이 출몰해 '강화도 일대에 탐색을 허하라', '평양에 침공한 이양선을 불태운 연유를 고하라' 트집잡더니 금일엔 '수교 맺기를 희망한다' 전해왔사옵니다."

평양에 침공한 이양선은 제너럴셔먼호를 말한다. 1866년에 대포까지 장착한 미국 상선 제너럴셔먼호가 통상을 요구하며 불법을 자행하고 있었다. 이에 평양감사 박규수의 지휘 아래 군민들에 의해 완전 소각되었다. 이 일을 조선은 비밀로 덮었지만 1871년 2월 북경 주재 미국 공사 로(Frederick F. Low)가 위 관리의 말과 같이 문제를 제기했다. 셔먼호 사건의 피해를 조사하기 위해 자기와 해군제독이 군함을 타고 갈 것이니 교섭에 응하라고 편지에 적었다. 교섭을 거절하면 응분의 대가를 치를 것이라는 협박도 빼놓지 않았다. 셔먼호 사건을 핑계로 조선과 통상조약을 맺겠다는 의도였다.

흥선대원군은 척화의지를 강력히 내세우며 1871년 4월 14일에 어재연을 진무중군으로 삼아 광성보와 초지진에 대한 방비를 강화했다. 그달 23일, 로와 함대사령관 로저스는 군함 2척과 작은 배 24척, 651명의 해군으로 초지진, 덕진진, 광성보를 동시에 공격했다. 초지진과 덕진진은 손쉽게 미군에 접수되었지만 광성보 공격은 만만치 않았다. 미군은 함선의 화력으로 기선을 제압한 뒤 최신식 소총으로 근접전에 돌입했고, 조선군은 구식 화승총과 활로 방어했다. 그러나 조선군은 미군의 적수가 되지 못했다.

패색이 짙은 상황에서 승구(장포수)가 아버지에게 도망가자고 사정한다. 아버지는 "이놈아! 우리가 도망가면 여긴 누가 지키냐!"라고 말하며 결의를 다진다. 5년 전인 1866년 프랑스군이 강화도에 침입하여 방화하고 약탈한 행위를 그들은 생생하게 기억하고 있었다(병인양요). 목숨이 붙어 있는 한 승구 아버지와 동료들은 강화 백성을 지켜야 했다. 승구 아버지는 전사했고 승구는 포로가 되었다. 「미스터 션샤인」 1회에서 미군 대령은 "창과 칼이 부러진 자는 돌을 던지거나 흙을 뿌려 저항한다. 이토록 처참하고, 무섭도록 구슬픈 전투는 처음이다"라고 전투에 대한 소회를 밝힌다. 당시 미군 대령이 전투에 대해 쓴 글이다.

조정에서는 어재연 부대를 버리는 카드로 쓴 것이나 다름없었다. 하지만 승구 아버지의 말처럼 어재연 부대는 백성들을 위해 목숨으로 막아냈다. 그들이 지키려 한 것은 고종이나 흥선대원군이 아니라 나라와 백성이었던 것이다.

미군은 포로 중 부상병을 치료해 주고 죽은 조선 병사들을 묻어주었다. 그리고 돌아갈 때 모든 포로를 석방했다. 5월 17일, 로와 로저스는 조선이 성의를 보이지 않자 통상조약을 맺는 것이 어렵다고 판단하

광성보 정문의 '안해루'라는 편액은 '바다로 침입하는 적을 제압하는 망루'라는 뜻이며, 그 왼쪽에 있는 광성돈대 안쪽은 다리미 모양으로 다듬어져 있는데 그 안에 당시에 사용했던 대포 3문이 복원되어 있다.

고 어재연 장군의 수자기(帥字旗, 국기가 없었던 조선에서는 장수기가 곧 조선의 국기이자 주권의 상징이 됨. 2007년 미국에서 장기 대여하는 형식으로 반납 받음)를 가지고 돌아갔다.

5년 전 프랑스의 병인양요와 달리, 미군은 미리 올 것을 알렸으며 조선 민간인에게 약탈을 자행하지 않았다. 군사시설에 한해서만 방화를 했다. 왜 미군이 그냥 물러갔을까? 미군은 조선을 개항시키겠다고 작정하고 들어온 것은 아닌 것 같다. 일본처럼 겁을 주면 개항할 줄 알았나 보다. 로저스 제독이 드라마 중에서 내레이션을 한 것처럼, 조선은 일본과 달랐다. 비록 적은 병사들이지만 똘똘 뭉쳐 강한 의지로 저항했던 것이다. 미군이 철수한 이유는 아마 중국에서 영국·프랑스 등 여러 국가들과 이권을 경쟁해야 했고, 러시아의 남하정책을 자극하지 않으려 했을 수도 있다.

광성보

이제 광성보를 거닐어 보자. 광성보는 광성돈대, 손돌목돈대, 용두돈대 등을 거느린 비교적 큰 단위의 군부대다. 정문 안해루 왼편에 광성돈대가 있다. 광성돈대 안쪽은 마치 다리미 모양으로 다듬어져 있는데 그 안에 당시에 사용했던 대포 3문이 복원되어 있다.

광성보 정문은 '안해루'라는 편액을 달고 있다. '바다[海]로 침입하는 적을 제압하는[按, 누르다] 망루[樓]'라는 뜻이다. 유적지를 답사할 때 건물이 있으면 천장을 올려다보는 습관을 기르면 좋다. 뜻밖의 득템을 하는 경우가 있다.

안해루 천장에는 발톱이 네 개인 용(사조룡) 한 마리가 색색의 구름

광성보의 정문 안해루 천장에는 발톱이 네 개인 용(사조룡) 한 마리가 색색의 구름을 몰고 하늘을 날고 있다. 안해루로 들어서면 바닷가가 펼쳐지고 손돌목돈대와 용두돈대, 해안포대 등을 만날 수 있다.

을 몰고 하늘을 날고 있다. 안해루로 들어서면 펼쳐진 바닷가에서 손돌목돈대와 용두돈대, 해안포대 등을 만난다. 손돌목돈대로 가는 길은 조경해 놓은 철쭉들이 제멋을 뽐내고 있다. 바다 쪽으로는 애기똥풀들이 자리를 차지하며 자신들의 계절임을 즐기고 있다.

쌍충비각과 신미순의총

철쭉에 정신이 팔려 걷다보니 신미양요순국무명용사비와 쌍충비각이다. 쌍충비각 안에는 1873년(고종 10)에 세운 진무중군(사실상 강화도 수비 최고책임자) 어재연과 아우 어재순 형제의 순절비와 천총 김현경과 어영초관 유풍로를 비롯하여 전사한 병사 29명의 이름을 새긴 광성파수순절비가 있다. 순절비에는 어재순에 대해 "형은 나라를 위해 죽고, 아우는 형을 위해 죽으니 한 가문의 충성과 우애 백세토록 풍교의 울림이네"라고 적혀 있다.

비각 앞쪽 오른편에 신미순의총이 있다. 총(塚)은 '무덤'이라는 말인데, 묻힌 사람이 누구인지 모를 때 쓴다. 어재연·어재순 형제는 고향인 충북 음성에 안장되었으나 병사 51명은 신원을 확인할 수 없어 7기의 분묘에 합장하여 모셨다.

어재연(1823~1871)은 18세에 무과에 급제하고 마흔이 넘어 장단 부사를 시작으로 충청도 병마절도사를 지내다가, 1866년 11월 병인양요

신미양요 때 죽은 이를 기리는 쌍충비각 앞에는 신미순의총이 있다. 진무중군 어재연과 아우 어재순 형제는 고향인 충북 음성에 안장되었으나 병사 51명은 신원을 확인할 수 없어 7기의 분묘에 합장했다.

때 광성보 수비 책임자, 직후에 회령 부사, 신미양요 직전에 도총관, 금위영 중군에 임명되었다가 1871년 4월 14일에 진무중군으로 임명받고 수하 군대를 이끌고 이틀 후에 광성보에 도착했다. 회령 부사 때에는 임기를 모두 마쳤는데도 불구하고 회령 백성들의 청으로 부사직을 더 수행하기도 했다. 강직하지만 인자한 성품을 동시에 갖고 있던 인물이었던 것이다.

손돌목 포격사건

광성보에서 첫 포성이 울린 날짜는 1871년 4월 14일(양력 6월 1일)이었다. 미군의 모노카시호와 팔로스호가 멋대로 강화해협을 거슬러 올라와 탐측 활동을 하고 있었기 때문이다. 손돌목돈대는 광성보에서 가장 전망이 좋아 신미양요 당시 조선군의 지휘소로 이용되었다. 손돌목돈대에서 선제 함포 사격이 있었고 미군이 응사했다. 이에 김포의 덕포진에서도 협공했다. 격렬한 포격전이 한동안 이어졌다. 별 피해를 당하지 않았는데에도 미 함대는 일단 철수했다.

3월 27일, 제너럴셔먼호 사건을 핑계 삼아 주청공사 로를 대표로 로저스 제독이 이끄는 다섯 척의 함대가 일본 나가사키항에서 출발했다. 군인은 1,230명 정도였다. 4월 12일 무렵 인천북항과 영종도 사이에 있는 작약도에 정박했다. 조선은 두 차례 관리를 보내 돌아갈 것을 설득했지만 소득이 없었다. 그러다 손돌목 포격사건이 발생한 것이다.

광성보 전투

4월 24일 무렵, 초지진과 덕진진을 접수한 미군은 광성보 후방에서 곡사포로, 함대에서 함포로 집중 공격했다. 광성보의 조선 군사를 다 합치면 600명 정도였다. 미군은 651명에 함대의 우세한 화포까지 지원받았다. 개인 휴대무기에서는 비교하는 것이 무의미하다. 그럼에도 불구하고 총알과 화살이 떨어지면 흙과 돌을 던지며 미군과 싸우고 또 싸웠다. 진무중군 어재연은 칼을 휘두르며 싸우다가 칼이 부러지자 쇠로 만든 고리를 던지며 싸웠다. 끝내 어재연과 동생 어재순, 그리고 350여 명의 조선군이 모두 전사했고 20여 명이 포로가 되었다. 미군은 3명 전사,

손돌목돈대는 원형이다. 손돌목돈대에 오르면 염하강이 시원하게 내려다보인다. 곳곳에 포대가 설치되어 있다. 1871년 봄 미국의 로저스 제독이 다섯 척의 함대를 이끌고 와서 제너럴셔먼호 사건을 핑계 삼아 포격을 했다.

10명만이 부상을 당했을 뿐이다. 미군은 광성보에 성조기를 올리고 수자기 앞에서 기념촬영까지 했다. 조선 조정에 교섭을 시도했지만 별 반응이 없자, 이들은 다음날 아침에 광성보에서 철수하고 5월 17일에는 작약도에서도 떠났다. 한 미군은 다음과 같은 기록을 남겼다.

> 그 전투가 우리 미군의 승리는 승리였다. 그러나 누구 한 사람도 그다지 자랑할 것이 못 되었다. 따라서 누구 한 사람, 기억에 남겨두고 싶어 하지도 않았다. – 이경수, 『강화도史』, 역사공간, 2016, 415쪽 재인용

승리라고 자평하기에는 무기의 열세에도 불구하고 목숨을 걸고 용감히 싸우는 조선군 의기에 기가 죽었을 것이다. 한강으로 들어갈 때 이런 군사들을 시도 때도 없이 맞닥뜨릴 자신도 없었을 것이다.

손돌목돈대와 용두돈대

손돌목돈대는 원형이고 염하강이 시원하게 보인다. 곳곳에 포대가 설치되어 있는데 가장 가까운 해안까지는 직선거리로 약 150m다. 당시 조선군이 사용했던 현자총통이 제 역할을 다 했는지 모르겠다. 현자총통의 사거리는 1,500보 정도였다 한다. 당시 미군 함대와 치열한 격전을 치른 곳이다. 몇 년 전, 아내와 강화도 여행을 할 때 광성보를 들렀다. 아내도 드라마 「미스터 션샤인」을 본 터라 손돌목돈대의 당시 사진을 보고 눈물을 글썽였다. 힘없는 나라의 백성이 그 백성을 지키다가 모두 장렬히 전사한 사진이다. 당시 미군은 사진사를 데려와 전투장면을 사진으로 남겼다. 손돌목돈대 아래에는 철쭉이 만발했다. 당시의 처

용두돈대는 생김새가 용머리를 닮아서 붙은 이름이다. 돈대가 용머리이니 성곽길인 용(甬)은 몸체와 꼬리에 해당할 것이다. 병인양요와 신미양요 때 치열한 포격전이 벌어졌다. 염하강의 소용돌이 물살이 보이며, 물멍 하는 맛이 있다.

참했던 전투를 기억에서 지우며 인증샷 찍기에 더없이 좋다.

용두돈대 이름은 생김새가 용머리 닮아서 붙인 것이다. 돈대가 용머리이니, 성곽길인 용(甬)은 몸체와 꼬리에 해당할 것이다. 이곳도 병인양요와 신미양요 때 치열한 포격전이 벌어졌던 곳이다. 특히나 광성보 전투 때 죽을힘을 다해 싸우던 조선군들은 패전에 임해 염하강으로 몸을 던져 외세에 대한 저항의지를 보여주었다. 이곳에서는 염하강의 소용돌이 물살을 보며 강화도가 한양 방어의 주요 거점이었음을 다시금 느끼게 된다. 이곳은 물멍 하는 맛이 있다. 고려 때부터 천연의 요새였던 이곳은 조선 숙종 5년(1679)에 축조되었고, 1977년 허물어진 성벽을 보수하면서 강화전적지정화기념비를 세웠다. 오른편 해안에는 광성포대가 보인다.

광성보에서 덕진진 가는 길

강화나들길은 용두돈대에서 나와 화장실 있는 곳에서 시작된다. 이곳부터 종착지인 초지진까지는 5.4km 정도다. 이정표가 가리키는 방향으로 내려가면 광성포대가 나온다. 광성포대는 손돌목돈대 주변 3곳에 설치되었다고 하나, 걸으면서 만나는 포대는 4좌와 9좌를 진열하고 있는 곳이다. 4좌가 설치된 곳을 지나 계단을 올라서면 9좌가 자리한 포대를 만난다. 당시 사용했을 대포 1문이라도 전시해 놓았으면 역사 체험을 위해 좋았을 텐데 아쉽다.

이제 숲길을 만난다. 바닷가에서 숲길을 걸으니 색다른 느낌이다. 숲길은 약 500m 이어진다. 야산길이지만 길이 잘 정비되어 있어 걷는데 힘들지 않다. 강화나들길은 길을 잃어버릴 염려가 없다. 이정표가 궁금할 때쯤이면 나타나고, 리본도 나풀거리며 길 안내 역할을 톡톡히 한다.

숲길 끝 지점에서 해안도로인 차길과 만나지만 작은 논을 지나면 왼쪽으로 비포장도로가 나온다. 이정표가 웬 비포장도로를 가리키나 하고, 믿고 걸으면 해안을 막아서는 펜스 문과 맞닥뜨린다. 길을 잘못 들었나 하고 생각할 즈음, 펜스 문 오른편으로 너무나 좋은 오솔길이 펼쳐진다.

숲길이 끝난 다음 왼편에 염하강을 두고 양쪽으로 갈색의 억새밭 오솔길이 펼쳐진다. 초록 풀의 카펫 위를 걷는 느낌이다.

왼편에 염하강을 두고 양쪽으로 갈색의 억새들이 바람 따라 왔다 갔다 한다. 이미 예매해 버렸다. 가을에 다시 오겠다고. 바다 쪽으로 억새들이 어느 정도 자리잡고 있어 가을에 오면 동화 속 나라를 걷는 기분이겠다. 오솔길은 갈색을 양옆으로 초록으로 대비를 이루고 있어, 마치 초록 풀의 카펫 위를 걷는 느낌이다. 이 길이 어디까지 이어질지 기대가 되는 산책길이다. 길에는 민들레며 애기똥풀이며 여러 야생화가 반기지만, 눈을 머물게 한 것은 붓꽃이다. 외따로 혹은 군락으로 피어 있는 옅은 파랑의 붓꽃은 길손의 마음을 설레게 한다.

어느 순간 길은 시멘트 포장 오솔길로 바뀌었다. 동화 속 나라에서 빠져나온 기분이다. 그래도 길만 흙에서 시멘트로 바뀌었을 뿐 오솔길은 계속 이어진다. 텃밭을 일구는 사람들을 보며 걷고 있을 때, 길은 이제 징검다리 같은 돌길로 바뀌었다. 가까운 거리에 덕진진이 보인다. 중간 종착지다.

덕진진

돌길 끝에 삼거리처럼 보이는 갈림길에서 오른편 논두렁길로 방향을 잡으면 덕진진 공조루(控潮樓)에 이른다. 공조루를 들어서면 천장 위에 청룡이 자리하고 있다. 오른쪽으로 올라가면 남장포대와 덕진돈대가 나온다. 남장포대에는 대포 10문이 자리하고 있었을 포좌가 있는데, 광성포대와 달리 이곳에는 하나 건너 하나꼴로 홍이포가 배치되어 있다. 포좌 뒤에는 나이를 간직했을 법한 은행나무들이 줄지어 서 있다. 신미양요 당시 미 함대와 치열한 포격전이 있었던 곳이다. 4월 23일 미군의 공격으로 초지진 방어가 무너졌다. 다음날 아침, 미군은 함포 공격으로

덕진진 공조루와 주위 풍경은 계절 불문하고 한 폭의 수채화를 보는 듯하다.

덕진진을 쑥대밭으로 만들어 버린 후 너무도 손쉽게 이곳마저 점령해 버렸다.

덕진돈대

남장포대를 지나 계단에 올라서면 덕진돈대다. 이 돈대는 네모 모양이다. 돈대에서 내려다보는 남장포대의 모습은 가을에 한 폭의 그림처럼 보일 것이다. 돈대를 나와 오른편으로 돌아가면 경고비가 나온다. 1867년(고종 4)에 흥선대원군의 명으로 건립되었다 하니 병인양요(1866)를 겪고 나서 쇄국의 의지를 다지기 위해서였을 것이다. 정면에 "해문방수타국선신물과(海門防守 他國船愼勿過)"라 씌어 있다. 흥선대원군의 명에 따라 강화 덕진첨사가 건립했다. '바다의 문을 막고 지켜서, 다른 나라의 배가 지나가지 못하도록 하라'는 뜻으로 내부용이었을 것이다. 병인양요 때 양헌수의 군대가 이곳을 거쳐 정족산성으로 들어가 정족산성 전

덕진돈대에서 바라본 남장포대.

투에서 프랑스군을 격파했다. 덕진돈대는 1977년에 복원했다고 하나, 있던 돌들을 재활용했는지 고풍스럽다. 복원은 이런 식으로 해야 한다.

덕진돈대에서 초지진 가는 길

흥선대원군이 세운 경고비에서 다시 나오면 왼편으로 또 다른 숲길이 나온다. 강화나들길이 이어지는데 이내 끝나고, 이제는 평범한 길을 걷게 되나 하는 생각이 들 찰나, 길은 다시 또 다른 숲길로 이어진다. 그런데 조경석도 곳곳에 알맞게 있고 나무들도 양옆으로 도열하고 있어 잘 가꾸어져 있다. 숲길 끝 지점에 사유지임을 알리는 푯말이 있다. 아마 잘 가꿔진 길도 사유지였는데 나들길에 빌려준 것 같다.

이제 길은 왼편의 오솔길로 이어져 도로와 만난다. 덕진교를 지나 나들길은 바다 쪽 방향의 왼편으로 접어든다. 걷다가 갈림길이 나오는데 어느 길이건 만난다. 안내는 왼쪽 둑길로 가라 한다. 둑길에서 보는 덕진진은 작은 섬과도 같다. 지금부터는 조금 단조로운 해안 둑길이다. 길동무와 함께라면 이야기를 나누며 걷기에 좋다. 멀리서 보였던 초지대교가 이제 어느 정도 가까이 보인다. 그만큼 목적지 초지진이 얼마 남지 않았다. 전원주택이 몇 채 있고 카페거리가 나온다. 잠시 차 한 잔 마시며 쉬어가도 좋다. 카페거리를 지나 초지항이 이어진다. 이 초지항 어민 활어회 마을을 지나면 초지진이다.

그날을 증언하는 초지진 소나무

초지진으로 들어가기 전에 돈대 옆으로 멋진 소나무가 있다. 역사가 담겨 있는 소나무다. 일명 '초지진 소나무'다. 안내에 따르면 1656년(효종 7) 강화유수 홍중보가 초지진을 설치할 때 초지돈대에 선비의 기상

초지진 돈대 옆의 일명 '초지진 소나무'. 효종 7년(1656) 강화유수 홍중보가 초지진을 설치할 때 심었는데, 신미양요와 운요호 사건 때 치열한 포격전이 있었고, 그때의 상처가 소나무 줄기에 아직도 남아 있다.

과 지조를 위해 심었다 한다. 당시 크기가 어느 정도였는지 모르겠지만, 2022년으로 계산했을 때 수령이 366년이나 된다.

초지진은 강화도 해안지역에서도 열강이 반드시 통과해야 하는 곳이다. 그래서 병인양요, 신미양요, 운요호 사건 등 거의 모든 외세와의 격전지였다. 특히, 신미양요와 운요호 사건 때 초지진에서 치열한 포격전이 있었고 이때 소나무에도 포탄의 파편이 날아왔다. 이 소나무에는 그때의 상처가 아직도 남아 당시를 생생하게 증언하고 있다. 또 성벽에도 포탄의 흔적이 남아 있다.

초지진 전투

4월 23일, 미군은 다섯 척의 함대 중 모노카시호와 팔로스호에 약 650명의 군인들만 승선한 채 초지진 공격을 시작했다. 12시 무렵 시작된 미군의 공격은 4시간 만에 초지진 접수로 끝났다. 다음 공격 목표는 덕진진이었다. 지금의 초지진은 초지진에 속해 있던 초지돈대다. 초지진 안에는 당시에 사용된 홍이포가 전시되어 있다. 홍이포는 유효사거리가 700~1,000m, 최대사거리가 3~4km에 달하는 대포다.

초지진 안에는 당시에 사용된 홍이포가 전시되어 있다.

이곳에서 식당은 초지항 어민 활어회 마을에 몰려 있지만 먹어보지는 않았다. 또 광성보로 가는 길에 식당들이 몇 군데 있다. 배꼽시계가 신호를 보내면 취향에 따라 식당에 들어가면 된다. 초지교차로 인근에는 쌀밥집을 비롯하여 식당들이 즐비하게 있다. 사거리 건너에 장어집도 있고 그 옆 강화섬쌀밥집(본점)이 있는데, 선생님들과 가족들에게 검증받은 곳이다.

참고문헌

이경수, 『강화도史』(역사공간, 2016)

이경수, 『강화도, 근대를 품다』(민속원, 2020)

함복민 외 16인, 『강화도 지오그래피』(작가정신, 2018)

이이화, 『조선의 문을 두드리는 세계 열강』(한길사, 2003)

이형구, 『강화도의 역사와 문화』(새녘, 2017)

최보길, 『강화도의 기억을 걷다』(살림터, 2018)

천주신앙으로 생사가 갈린
정약용 형제의 다산길 2코스

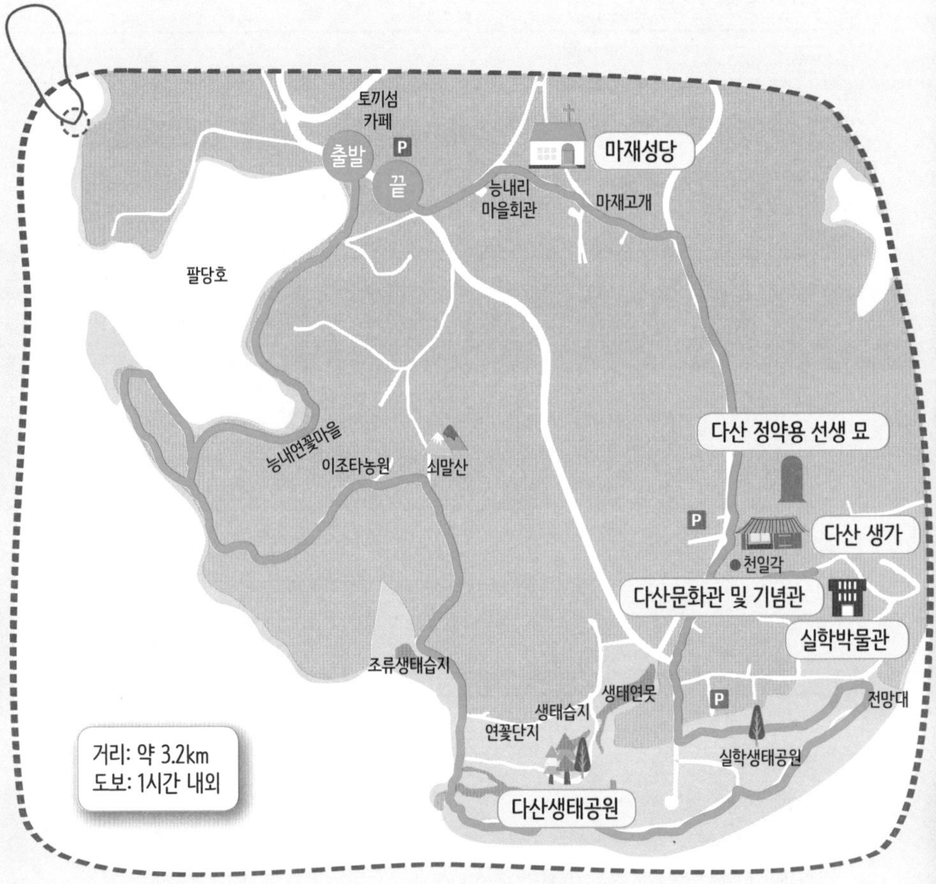

환상적인 다산길 2코스, 들머리길

남양주 능내리는 '마재' 또는 '마현'이라고도 불린다. 이곳에 서원부원군 한확의 묘가 있어 '능내'라 했고, 광주분원으로 가려고 말을 타고 고갯길을 넘었다 해서 '마재(마현)'라 했다. 이곳은 정약용 형제의 삶터였다.

팔당대교에서 다산로를 타고 오다가 한확선생신도비 못 미쳐 삼거리에서 오른쪽 '다산유적지'라고 안내하는 도로(다산로 526번 길)로 내려서자. 토끼섬카페가 있는 곳이다. 남한강자전거길 건너 조금 지나 왼편에 주차장이 있다. 25대 정도 주차할 수 있는 무료주차장이다. 거기에 주차하고 도로를 건너면 다산길 2코스로 들어가는 길이 나온다. 다산길 2코스는 팔당호와 북한강을 끼고 걷는 길이다. 흡사 남해안의 어느 해안길을 걷고 있다는 착각도 인다.

다산 2코스 시작길에서부터 연꽃들이 반긴다. 이곳에서 다산생태공원까지는 1km로 팔당호를 우측에 두고 걷는다. 이곳은 능내연꽃마을이다.

다산길 2코스 들머리길. 저 멀리 팔당댐이 보인다.

안내표지판에는 연화낭자의 사랑 이야기가 담겨 있다. 머루(덩굴식물) 터널이 산책길에 대한 기대감으로 맘을 설레게 한다. 연이은 머루 터널은 꽤 길어 동화나라로 들어가는 기분이다. 멀리 예빈산이나 검단산을 조망할 수 있는 전망대도 있다. 능내연꽃마을로 올라가는 길도 잘 정비되어 있어 숲속 산책길 맛을 내다가 다시 연꽃 강길로 이어진다. 연꽃과 팔당호, 북한강의 풍광에 젖어 걷다보면 어느새 다산생태공원에 이른다.

다산생태공원

다산생태공원도 봄, 여름, 가을에 힐링할 수 있는 공간이다. 특히 연꽃 단지에는 7, 8월에 연꽃이 절정이고 9월에는 백합과인 실라 꽃이 마음을 빼앗아 버린다. 공원 이름답게 여기저기에는 다산 정약용의 삶과 관련하여 볼거리들이 있다. 그냥 읽기만 해도 다산에 대해 알고 있는 지식을 더해주니 마냥 고개를 끄덕이게 한다. 제법 녹음도 우거져 사람들이 그늘막이나 돗자리를 깔고 한나절을 보낸다. 또 젊은 연인들은 캠핑 의자에 앉아 북한강을 보며 물멍을 즐긴다. 공원 끝에 소내나루 전망대

다산생태공원에 있는 다산의 저작들로 만든 조형물.

가 있다. 거기서 팔당호나 검단산, 용마산, 그리고 생태공원이 한눈에 조망된다.

> 한강에 외로운 배 띄우니 / 봄바람에 비단 물결 잔잔하구나. / 경박한 풍속에서 벗어나니 / 벌써 덧없는 인생 위로가 되네. / 미음(한강 광한루 인근 마을)의 숲은 아득하고 / 온조의 성곽은 아름답기만 한데 / 일곱 척 작은 몸으로 / 경세(經世)를 어찌해 보겠는가.
>
> –「봄날 배 타고 소내로 돌아오며」

내용상으로 정조 승하 직후에 마재로 돌아와 지은 것 같다. "일곱 척 작은 몸으로 경세를 어찌해 보겠는가(세상을 어찌 다스리겠는가)"라는 말에서 개혁에 실패한 다산의 마음이 잘 느껴진다. 사람들이 많이 몰려 주차장을 여러 곳으로 확장했지만 여행객이 몰릴 때에는 비집고 들어갈 틈이 없다. 공원을 나와 걸어 올라가면 다산유적지에 닿는다.

다산유적지

다산과 정조의 장난

다산은 정조와 꿈같은 세월을 보냈다. 우리가 생각하는 것 이상으로 정조와 한마음이 되어 스스럼없이 지냈다. 이덕일 역사학자가 정조와 다산 간에 있었던 재미있는 이야기를 인용했다(『정약용과 그의 형제들 2』). 단둘이 있을 때 정조는 다산에게 은근히 농을 걸었다. 다산도 질세라 응수했다. 그중 하나가 한자 3개 자가 합쳐져 1개 자가 된 한자를 누가 더 많이 쓰냐는 시합이었다. 예를 들어 晶(밝을 정), 姦(간사할 간), 森(빽빽할 삼),

磊(돌무더기 뢰), 淼(아득할 묘) 등과 같은 것이다.

"전하께서 한 자만은 신에게 미치지 못할 것이옵니다."

"자전에 있는 모든 자를 다 암기하는데, 한 자가 미치지 못할 것이란 말이 웬 말이냐?"

"그래도 한 자만은 미치지 못할 것이옵니다."

둘이 각자 쓴 것을 바꿔 보니 다산이 한 자가 더 많았다. '三' 자였다. 정조와 다산은 서로를 쳐다보며 박장대소했다. 정조와 함께한 정약용의 시간들은 수원화성에서 다루었다. 여기서는 다산의 유배와 해배 이후의 삶에 대해서 보자.

다산, 이가환·이승훈을 보내고 유배가다

정조 24년(1800) 6월 28일, 정조가 급작스럽게 승하했다. 세자(순조)는 11세의 미성년이었기 때문에 정순왕대비의 손에 정국의 칼자루가 쥐어졌다. 다산은 마재로 낙향해 경전의 세계에서 여생을 보내겠다고 다짐했다. 이러한 생각을 담아 사랑채에 '여유당(與猶堂)'이라는 당호를 걸었다. 『노자』의 "망설이면서 겨울에 냇물을 건너는 것같이, 주저하면서 사방의 이웃을 두려워한다(與兮若冬涉川 猶兮若畏四隣)"는 글에서 따온 이름이다. 정치에 눈 닫고 조신하게 살겠다는 뜻이다. 그러나 정순왕대비와 노론 벽파는 그를 그대로 놔두지 않았다. 아예 남인 세력의 씨를 말리려 했다. 그들뿐만이 아니었다. 노론 중도파도 같은 운명에 처했다. 공포정치의 시대가 도래한 것이다.

순조 1년(1801) 1월 10일, 정순왕대비는 천주교를 성리학의 질서를 부정하는 사교(邪敎)로 지목하여 역적으로 다루라고 명령했고, 그에 따라 남인들이 긴급 체포되기 시작했다. 의금부 금리들이 다산과 정약전, 그리고 남인의 중심인물인 이가환, 이승훈 등을 줄줄이 잡아들였다. 국문에서 이들이 이미 천주신앙을 버렸다는 사실은 처음부터 없는 증거나 마찬가지였다. 노론 벽파에게 필요한 것은 이들의 목숨이었다. 이가환과 이승훈은 이때 목숨을 잃었다(신유박해). 그 죽음의 굿판에서 다산과 정약전은 목숨을 건졌다. 두 형제가 천주교를 버렸다는 증거들이 계속 나오자 더 이상 노론 벽파도 어떻게 할 도리가 없었던 것이다.

다산은 장기현, 정약전은 신지도 유배형에 처해졌다. 조카사위 황사영의 백서 사건이 일어나자 노론 벽파는 어떻게 해서든 두 형제를 엮어 목숨을 끊어 놓으려 했다. 다시 불러올려 심한 고문을 가해 황사영의 배후로 조작하려 했지만 이것마저 뜻대로 되지 않았다. 다산이 곡산부사로 있을 때 선정의 은혜를 입은 백성들이 그를 사형시키면 민란까지 일으킬 수 있는 분위기가 있어 다산은 전남 강진으로, 정약전은 흑산도로 유배지가 변경되었다. 황사영은 능지처사를 당했고 그의 부인 정명련(마리아)은 제주도 대정현의 관노비가 되었다.

약전 형님과 마지막이 되다

순조 1년 11월 21일, 두 형제는 나주까지 함께 갔다. 그곳에서 다산은 월출산 넘어 강진으로, 정약전은 무안을 거쳐 흑산도로 갈라서야 했다. 형제는 네 살 터울이지만 가장 친한 친구이기도 했다. 이 헤어짐이 영원한 이별이 되어 버렸다. 밤을 뜬눈으로 지샌 다산은 「율정에서의 이별[栗亭別]」이라는 시로 마음을 표현했다.

초가 주막 새벽등 꺼지려 하는데 / 일어나 샛별 보니 헤어질 일 참담하다. / 물끄러미 쳐다만 볼 뿐, 둘 다 입이 열리지 않는구나. / 애써 말하려 해도 목구멍에선 오열뿐이네. / 흑산도, 그 머나먼 바다와 하늘 맞닿기만 한 곳인데 / 형님께서 어찌 그곳으로 가셔야 합니까.

–「율정에서의 이별」

다산유적지 초입에 천일각(天一閣)이 있다. 강진의 다산초당에서 110m 정도 떨어진 곳에 세워진 정자를 그대로 재현해 놓은 것이다. 다산은 형님이 보고 싶을 때마다 이곳에 올라 흑산도 쪽 바다를 바라보곤 했다. 강진에서 다산은 경학의 세계에 빠져들었지만, 흑산도에서 정약전은 그곳 민중들과 어울리면서 『자산어보』와 같은 실용학문에 젖어들었다. 그는 아예 섬의 여인을 첩으로 얻어 두 자식을 낳고, '복성재(復性齋)'라는 서당을 열어 아이들을 가르치며 섬사람이 되어갔다. 그럼에도 불구하고 다산이 『주역』이나 경전을 연구하면서 의문 나는 점을 물으면 서신으로 답해 주거나 저술한 책을 읽고 품평해 주었다.

동생이 해배되면 자신을 만나러 올 것이라 기대하던 정약전은 순조 16년(1816) 6월 6일 세상을 떠나고 말았다. 다산은 정약전의 묘지명에다 "오호라, 한 배에서 태어난 형제인데다 겸하여 지기(知己)까지 되어 주신 것도 또한 나라 안에서 한 사람뿐이었다"라고 쓰며 애통해했다.

1표 2서

천일각 옆에 박철우 작가의 「꺼지지 않는 불」이라는 책을 형상화한 작품이 있다. 다산의 500여 권의 서책과 불꽃으로 타오르는 실학사상의 정신을 표현했다 한다. 대부분의 책들은 유배지 강진에서 썼다. 이 작품부터 실학기념관이 있는 거리에는 정약용의 글 중에서 대표적인 것들을 새겨놓았다. 그 중 『목민심서』와 관련된 글을 보자.

다산유적지 초입, 박철우 작가의 「꺼지지 않는 불」이라는 책을 형상화한 작품.

> 군자의 학(學)은 수신이 반이고, 목민이 또 반이다. 성인의 시대가 멀어져 그 말씀도 없어지고 그 도(道)도 어두워졌다. 오늘날 목민하는 자들은 사욕을 채우는데 급하고 백성 다스리는 일은 알지 못한다. 이 때문에 백성들은 더욱 가난해지고 병들어 연이어 진구렁에 떨어져 죽는데, 그 목민하는 자들은 고운 옷과 맛있는 음식으로 자기만 살찌우고 있으니 이 어찌 슬프지 아니한가.
>
> 이것은 진실로 나의 덕을 쌓기 위한 것이니, 어찌 목민에만 있겠는가. '심서(心書)'라 한 것은 무슨 까닭인가. 목민할 마음은 있으나 몸소 실행할 수 없기 때문에 그렇게 이름 붙인 것이다.
>
> – 『목민심서』 서문

『목민심서』는 백성을 대하는 목민관[牧民, 수령]이 어떤 자세로 어떤 일들에 신경을 써야 하는지에 대해 밝힌 것으로, 유배인 다산이 현실의 여건상 마음[心]으로나마 실행하려 한 책[書]이다. 이 가르침은 여전히 지금도 유효하다. 이외에도 『경세유표』나 『흠흠신서』 서문도 있다. 『경세유표』는 부국강병을 위해 나라를 다스리는 것과 관련된 개혁을 다룬 책이다. 경세는 '나라[世]를 다스린다[經]'는 뜻이고, 유표는 '신하가 죽으면서 임금에게 올리는 글[남길 遺, 밝힐 表]'을 나타낸다. 『흠흠신서』는 형벌에 대해서 정리한 책이다. 죄를 판결할 때에는 '신중[삼갈 欽]에 신중[삼갈 欽]을 기하라'는 뜻을 지니고 있다.

자식들에게 가르친 참다운 독서법

또 두 아들 학연·학유에게 독서에 몰입을 당부하는 글도 있다. 이제 가문이 폐족(廢族)이 되었기 때문에 오직 독서만이 잘 처신하는 방법이라 하며, "무릇 독서하는 도중에 한 자라도 모르는 것이 나오면 모름지기 널리 고찰하고 세밀하게 연구하여 그 근본 뿌리를 깨달아 글 전체를 이해할 수 있어야 한다. …… 이렇게 읽어야 책의 의리(義理)를 훤히 꿰뚫어 알 수 있으니, 이 점을 꼭 알아야 한다"(「학연에게 부치노라」, 다산유적지 시비)고 자세하게 가르쳐 주었다. 또한 독서하는 자세로 "마음에 항상 만백성에게 혜택을 주어야겠다는 생각과 만물을 자라게 해야겠다는 뜻을 가지고 있은 뒤라야만 바야흐로 참다운 독서를 한 군자라 할 수 있다"(위의 글)고 하여 실학을 익힐 것을 주문했다. 두 아들은 관직에는 나가지 못했으나 김정희 등 문인들, 초의선사 등과 교류했다.

임금과 수령을 갈아치울 수 있는 사회가 정상적인 나라

주자학적 세계관에 젖어 있던 시대에 정약용의 정치사상은 탁월했다. 그는 『여유당전서』 「원목」에서 다음과 같이 밝혔다.

> 수령이 백성을 위해 있는 것인가, 아니면 백성이 수령을 위해 태어난 것인가? 백성이 곡식과 옷감으로 수령을 만들고, 또 수레와 말

과 하인들을 내어 수령을 맞고 떠나보내며, 기름과 피와 진액, 골수를 다 없애서 그 수령을 살찌우고 있다. 백성이 과연 수령을 위해 생겨난 것인가? 절대 아니다. 수령이 백성을 위해 존재하는 것이다.

—『여유당전서』 원목

정약용은 임금을 하늘로 간주하지 않았다. 임금과 수령 등은 모두 백성들이 그 필요에 의해서 만든 존재라고 전제하고, 만약 그 임금과 수령이 백성을 위한 정치를 하지 않을 때에는 언제든지 바꿀 수 있다고 했다. 사회계약론적 관점이다.

그립고 또 그리운 딸

유배당한 해(1801)에 그는 딸이 몹시도 보고 싶었나 보다. 단옷날 어린 딸을 회상하며 글을 남겼다. 이 시도 이곳 한쪽에 새겨져 있다.

어린 딸아이 단옷날에 / 옥 같은 살결 씻고 예쁘게 단장했지. / 붉은 모시 새 치마 입고 / 머리엔 푸른 창포 꽂았었지. / 절하는 연습한다 예쁜 모습 보이고 / 술잔 건네며 고운 웃음 지었었지. / 오늘 같은 단옷날 밤에 / 누가 손에 구슬 쥐어주며 기쁘게 할까.

—「딸아이를 생각함」

그 외동딸이 순조 12년(1812)에 제자인 윤창모와 혼인했다. 윤창모 집은 강진에 있었지만 결혼하고 나서 북으로 멀리 이사했다. 부인이 시집올 때 입었던 치마를 강진으로 보내왔다. 그는 그 치마를 오려 책을

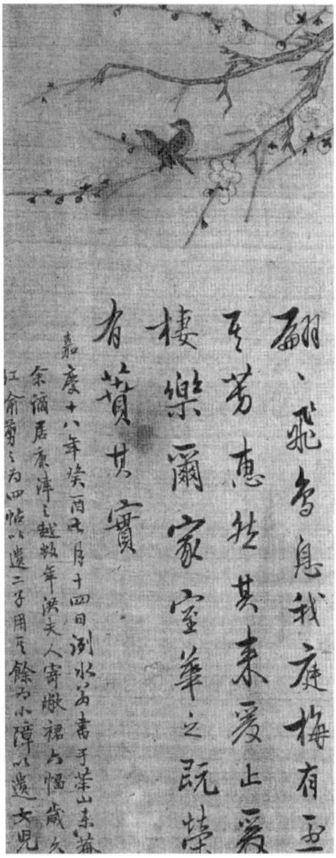

매화쌍조도 | 정약용 | 비단에 옅은 채색 | 44.9×18.5cm | 1813년 | 고려대박물관 소장.

만들어 두 아들에게 주고 남은 치맛폭에 「매화쌍조도(梅花雙鳥圖)」를 그려 딸에게 보냈다. 거기에 이렇게 썼다.

훨훨 날아 온 새 / 뜰 안 매화가지에 앉았네. / 진한 매화향기에 / 이끌려 여기 왔구나. / 여기 머물며 여기 둥지 틀어 / 네 가족 즐겁게 지내렴. / 꽃이 이제 활짝 폈으니 / 그 열매도 주렁주렁 열리겠지.

–「매화쌍조도」의 시

활짝 핀 꽃이란 딸아이의 아름다움과 행복한 결혼을 표현한 것이다. "열매도 주렁주렁 열리겠지"는 훌륭한 외손자를 많이 낳기를 기원하는 다산의 마음을 보여준다. 부정(父情)이 진하게 느껴진다.

혜장과 초의선사

강진 유배시절, 다산은 제자들도 길러냈지만 더욱 특별한 만남도 있었다. 혜장과 초의선사와의 사귐이다. 다산초당에서 백련사가 인근에 있어 다산은 주지 혜장과 『주역』을 논하고 다도(茶道)의 세계에 입문했다. 혜장은 근세에 보기 드문 학승이지만 고집이 세고 개성이 너무 강했다. 정약용은 그런 혜장을 보며 "갓난아이[嬰兒]처럼 유순할 수 없겠나?" 하고 충고했고 혜장은 '아암(兒菴)'으로 호를 삼았다. 또 정약용은 혜장을 통해 초의선사를 소개받고 이 둘의 스승이 되었다. 차에 매료된 정약용은 '다산(茶山)'이라 호를 짓고 차 문화에 젖어들었다.

STEAM의 원조, 정약용

다산유적지 앞쪽에 거중기 모형이 있고 그 앞 보도블록에 그림과 글로 거중기를 설명하고 있다. 정조는 화성 건설을 위해 『도서집성』과 『기기도설』을 정약용에게 하사했다. 전자는 청나라 강희제 때 만든 백과사전이고, 후자는 스위스 출신의 선교사이자 과학자인 요하네스 테렌츠 슈렉이 지은 물리학 책이다. 이 책은 물리학의 원리와 도르래를 이용해 무거운 것을 들어올리는 것을 다룬 과학도서였다. 정약용은 이 책들을 읽고 「기중가도설」을 지어 거중기와 녹로, 유형거 등을 만들어 화성 건설에서 4만 냥을 절약했다. 거중기는 '무거운 물건[重]을 들어올리는[擧] 기계[機]'라는 뜻이다.

교육현장에서는 4차 산업혁명에 대한 대비 교육으로 STEAM 교육을 강조한다. Science, Technology, Engineering, Arts & Mathematics

다산유적지의 거중기 모형.

의 줄임말로 융합창의교육을 말한다. 최재천 교수는 이를 '통섭'이라 했다. '큰 줄기[統]를 잡다[攝]'는 뜻으로 '서로 다른 것을 한데 묶어 새로운 것을 창출한다'는 말이다. 다시 말해 학문의 경계를 넘나드는 새로운 창조다. STEAM이나 통섭의 대명사로 다산이 많이 소개되었다. 학교에서도 다양한 분야의 저자들을 모시고 통섭 독서교육을 운영해 왔다. 한 학생이 소감문 말미에 STEAM을 'Special Time, Experiences, And Memories', 즉 특별한 시간, 경험, 그리고 뜻 깊은 기억으로 남을 것이라 썼다. 학교 현장에서는 문이과 구분이 없어졌지만 아직까지 입시제도가 뒷받침되지 않고 있다.

다산 생가와 사당

다산문화관과 기념관에서는 수원화성 축조나 다산의 생애, 저서 등 다산 관련된 내용들을 살필 수 있다. 이곳에 좀처럼 보기 어려운 다산의 그림들을 전시하면 좋을 텐데 아쉽다. 전에는 생가 영역으로 들어오면 다산 정약용 선생 상(像)이 있었는데 지금은 잔디밭이다. 오른편 건물이 생가다. ㅁ자 구조의 전형적인 사대부집으로 앞에 '여유당' 현판을 달고 있는 곳이 사랑채이고 그 뒤편이 안채다.

순조 18년(1818) 8월 14일, 18년 만에 다산이 고향 마재에 돌아왔다. 여유당에서 그는 저술에 힘쓰기보다는 억울하게 죽은 가까운 사람들의 묘지명을 주로 썼다. 누명을 벗겨 주려는 의도였을 것이다. 그 묘지명 중에는 자신의 것(자찬 묘지명)도 있었다. 천주교와 관련된 이야기도 숨김없이 썼고 자기 인생을 미화하거나 격하하지도 않았다. 있는 그대로 후세에 전해지기를 원했던 것이다. 당시 대리청정하던 효명세자가 다산

다산 생가. ㅁ자 구조의 전형적인 사대부집이다.

을 등용하려 했으나 그때까지도 조정에는 다산을 물어뜯으려는 이리들로 득실거렸다.

생가 왼편으로 나오면 다산을 모신 사당 문도사가 있다. 고종이 다산에게 문도공 칭호를 하사해서 '문도사'라 한다. 전에는 개방하지 않았는데 지금은 개방한다. 안에는 다산의 영정이 모셔져 있다. 그런데 얼굴이 매우 어두운 편이다. 그래서 편하지 않다.

문도사 오른쪽 계단으로 올라가면 다산의 묘가 나온다. 헌종 2년(1836) 2월 22일, 결혼한 지 60년을 맞는 회혼일(回婚日)이었다. 그날 다산은 75세로 하늘의 부름을 받았다. 그는 유언으로 풍수가를 부를 필요 없이 집 동산에 매장하고 석물(石物)을 지나치게 세우지 말라

다산 생가의 사랑채 여유당. 다산은 유배생활 18년 만인 순조 18년(1818) 8월 14일에 고향 마재에 돌아왔다. 여유당에서 그는 저술에 힘쓰기보다는 억울하게 죽은 가까운 사람들의 묘지명을 주로 썼는데, 자신의 묘지명도 직접 썼다.

고 당부했다. 묘는 아주 소박하다. 문인석도 없이 상석에 두 기의 비석만 있을 뿐이다. 답사객에게는 볼거리를 제공하지 않지만 그 뜻만은 뇌리에 각인된다.

유적지 맞은편에 실학박물관이 있다. 실학의 전반을 다루고 있으니 지식을 넓힐 수 있는 곳이다. 다산유적지 주차장 위쪽, 왼쪽 도로(다산로)를 따라 약 500m 올라가면 왼쪽으로 들어가는 도로길이 나온다. 여기서 약 200m 내려가면 마재성지다. 이곳은 다산의 셋째형 정약종 가족과 관련된 천주교 성지다. 다시 다산로 526번지 길로 나오면 삼거리에서 80m 지점에 주차장이 있다.

마재성지

정약용 삼형제, 천주신앙을 하다

마재성지는 현재 천주교 의정부교구다. 우리나라 천주교는 선교사들에 의해 신앙이 전파된 것이 아니라 자생적으로 먼저 싹텄다. 서학(西學)이라는 학문으로 남인 지식층에서 연구되다가, 남인학자 중 일부가 마테오 리치의 『천주실의』 등 신앙서를 읽으면서 신앙으로 받아들였다. 그 중요한 모임이 정조 3년(1779) 주어사 천진암 강학회였다(경기도 광주 퇴촌면). 권철신, 이가환, 정약전, 정약용, 권일신, 이벽 등이 참여한 이 모임에서 천주교 교리를 심도 있게 토론했고 함께 기도와 예배도 드렸다. 정약종은 이 모임에 참여하지 않은 것으로 보인다.

정약종은 정조 10년(1786) 3월 정약전을 통해 천주교에 입교한 것으로 「신유사옥죄인 추안」에 나와 있다. 도교에 심취해 있다가 천주교로 마음을 튼 것이다. 그의 세례명은 아우구스티노였다. 정약전과 다산은 진산사건(윤지충과 권상연이 부모의 신주를 불태운 사건, 1791년) 때 천주신앙을 버렸다. 마테오 리치는 『천주실의』에서 조상에 대한 제사는 우상숭배와는 별개의 문제라 정리했는데, 도미니코파가 중국 천주교를 장악하면서 제사를 미신으로 엄단했고, 마테오 리치적 관점에서 신앙생활을 해오던 조선에서 제사 금지는 1790년 무렵에 전해졌다. 그리고 그 첫 실천자가 윤지충과 권상연이었다.

성가정, 정약종

형제들 중 정약종만이 천주신앙을 지켰다. 정약종의 아버지 정재원은 첫째부인 남씨에게서 정약현을 얻고, 둘째부인 윤씨에게서 정약전, 정약종, 정약용을 얻었다. 정약현은 처음부터 서학을 멀리했으나 그의 딸 정명련과 사위 황사영, 정약종과 부인 유선임, 그의 첫째아들 정철상, 둘째아들 정하상 그리고 딸 정정혜 등이 모두 독실한 천주교 신자였다. 마재성지는 성가정(성스러운 가정)인 정약종 가족과 관련된 천주교회의 요람이다.

마재성지는 성가정인 정약종 가족과 관련된 천주교회의 요람이다. 성당은 경건하기보다는 참 편안한 느낌을 준다. 유교식 사당과 같은 곳에 한복을 곱게 차려입은 성모상이 있다.

성당은 경건하기보다는 참 편안한 느낌을 준다. 그냥 오래된 고택에 온 것 같다. 꽃담도 어여쁘다. 성전으로 들어가기 전 바로 옆에 아기를 안고 있는 여인상이 있다. 머리를 곱게 단장하고 한복을 입은 성모상이다. 전형적인 동양 미인의 모습이다. 성전 안쪽에는 부활하는 예수상이 있

마재성당의 성모상. 머리를 곱게 단장하고 한복을 입은 성모상이다.

는데 한복 마고자를 입은 모습이고, 그 옆에 이곳이 초기 천주교의 성지임을 말하는 벽화가 걸려 있다. 사제관 영역이라 여겨지는 곳으로 가니 묵주를 들고 손을 잡고 있는 부자 동상이 있다. 정약종과 그의 아들 정철상이다. 둘레로는 십자가를 배경으로 여러 종교적 조각들이 줄지어 있는 '십자가의 길'을 조성해 놓았다.

성인 3신도와 복자 2명

주차장 건너 한쪽에는 조선 선비마냥 한복을 차려입은 무쇠로 만든 예수상이 있고, 뒤로는 아우구스티노 정약종, 그의 아내 유선임(체칠리아), 첫째아들 정철상(가롤로), 둘째아들 정하상(바오로), 그리고 딸 정정혜(엘리사벳) 등 순교자의 얼굴들을 그림으로 표현해 놓았다. 입구 우측에는 정약종과 정철상, 왼편 담에는 정하상, 유선임, 정정혜가 있다.

그 안쪽에 담장을 두르고 유교의 사당인 양 또 하나의 공간이 있다. 한쪽 벽의 벽화는 성전의 것과 동일한데, 책을 끼고 십자가를 들고 있는 인물이 정약종, 그 뒤가 첫째아들 정철상, 그리고 손을 모은 이가 성모, 그 뒤에 부인 유선임, 그 뒤 책을 들고 있는 남자가 아들 정하상, 맨 뒤가 딸 정정혜다. 정하상, 유선임, 정정혜는 성자(聖子)이고 정약종과 정철상은 복자(福者)다.

정약종 가족의 순교

정약종은 조선 천주교인 중에서 처음으로 교리서를 한글로 썼는데, 그것이 『주교요지』다. 하느님을 증명하고 불교와 미신을 비판하며 예수의 행적에 관해 설명한 책이다. 정조 승하 직후인 순조 1년(1801)에 노론 벽파는 영조의 왕비 정순왕대비의 입을 빌려 천주교 탄압을 시작했다. 2월 11일 정약종이 체포되어 갖은 고문 속에 심문을 당했다. 노론 벽파는 정약전과 다산을 엮으려 했지만 정약종이 끝내 부인했다. 서소문 밖 형장(용산의 한강가)에서 망나니의 칼에 휘둘려 목이 떨어질 때, 그는 손을 벌려 십자 성호를 긋고 천주의 품에 안겼다.

정약현의 사위 황사영이 천주교 박해 사실을 비단에 적어 청나라 황제에게 보내려 했다. 황사영 백서(비단 帛, 쓸 書)다. 더군다나 황사영은 외국 군함으로 천주교를 탄압하는 조선을 압박해야 한다고까지 적었다. 이 해에 청나라 신부 주문모를 비롯하여 이가환, 권철신, 이승훈,

마재성지 주차장 근처 벽화. 책을 끼고 십자가를 들고 있는 인물이 정약종. 그 뒤가 첫째아들 정철상. 손을 모은 이가 성모. 그 뒤에 부인 유선임. 그 뒤 책을 들고 있는 남자가 아들 정하상. 맨 뒤가 딸 정정혜다.

황사영 등 300여 명이 순교했다. 정약종의 첫째아들 정철상도 아버지를 따랐다. 이를 '신유박해'(1801)라고 한다.

폭풍이 지나간 후 정순왕대비의 천주교 탄압이 완화되었다. 살아남은 천주교도 2세들이 각 지방으로 숨어들며 활동을 계속했다. 그중에 정약종의 둘째아들 정하상도 있었다. 조선 천주교회는 구심점이 필요했다. 정하상은 연행사 일행의 하인으로 위장하여 10여 차례 북경을 드나들며 신부 파견을 요청했다. 정하상의 간절한 편지가 교황 레오 12세에게 전달되었다. 교황청은 북경교회에서 독립하여 조선교회를 새로 세웠고, 초대주교로 프랑스 출신 신부 브뤼기에를 임명했다. 교황청은 자생적 조선 신자들의 신앙에 놀라워했고 무한한 성장 가능성이 있다고 여겼다. 이후 중국인 신부 유방제와 프랑스 출신 모방 신부가 정하상의 안내로 입국했다. 이어 프랑스 출신 신부 앵베르가 조선교회 2대 주교로 임명되어 입국하면서 세 명의 외국인 신부가 조선에서 활동했다. 1839년 신자 수가 9천여 명으로 늘어났다. 안동김씨는 천주교에 대해 유화적인 입장을 견지해 오고 있었다.

그런데 헌종이 즉위하면서 풍양조씨 세도정권은 권력을 확실하게 쥐기 위해 천주교 박해를 준비했다. 그 중심인물이 헌종의 장인인 조만영과 그의 아우이며 추사 김정희의 절친인 조인영이었고, 칼날은 이들과 밀접한 관계를 유지하고 있던 우의정 이지연이 휘둘렀다.

1839년부터 1841년까지 정하상과 어머니, 누이 정정혜, 그리고 세 명의 외국 신부를 포함하여 130여 명이 순교했다. 이를 '기해박해'(1839)라 한다. 이때 정하상은 「상재상서」를 써서 천주가 만물을 창조했고 십계명이 유교 윤리를 보충한다는 논리를 폈다. 신유박해와는 달리 기해박해 때 순교한 사람들 대부분이 민중들이었다. 즉, 정치적으로 소외되어 있던 중인층과 신분적, 경제적으로 억압받고 착취당하던 평민들이나 빈민들, 그리고 봉건적 굴레 속에서 굴종을 강요당하던 부녀자들이었다. 종교적 뿌리가 탄탄했기 때문에 탄압 속에서도 천주교는 희망을 품고 있었던 것이다.

다산유적지에 올 때마다 '또바기 식당'에 들렀다. 돌솥밥이 주 메뉴다. 그런데 어느 순간 없어지고 다른 건물이 섰다. 지금은 능내역 맞은편의 막국수집이나 능내역에서 차로 4분 거리에 있는 기와집 순두부(조안본점)에 간다. 이곳 외에도 다산길 2코스 산책길에서 다산생태공원 직전에 식당들이 몇 군데 있다.

참고문헌

이덕일, 『정약용과 그의 형제들 1』(김영사, 2006)
이덕일, 『정약용과 그의 형제들 2』(김영사, 2006)
이이화, 『문화군주 정조의 나라 만들기』(한길사, 2001)
이이화, 『문벌정치가 나라를 흔들다』(한길사, 2003)
이이화, 『조선의 문을 두드리는 세계 열강』(한길사, 2003)
석한남, 『다산과 추사, 유배를 즐기다』(시루, 2018)
박용규, 『한국기독교회사 Ⅰ』(한국기독교사연구소, 2018)
김정남, 『시인의 삶으로 역사를 읽다』(한권의책, 2020)
오주석, 『오주석의 옛 그림 읽기의 즐거움 2』(솔, 2008)

한용운과 님의 침묵을 찾아가는 백담로

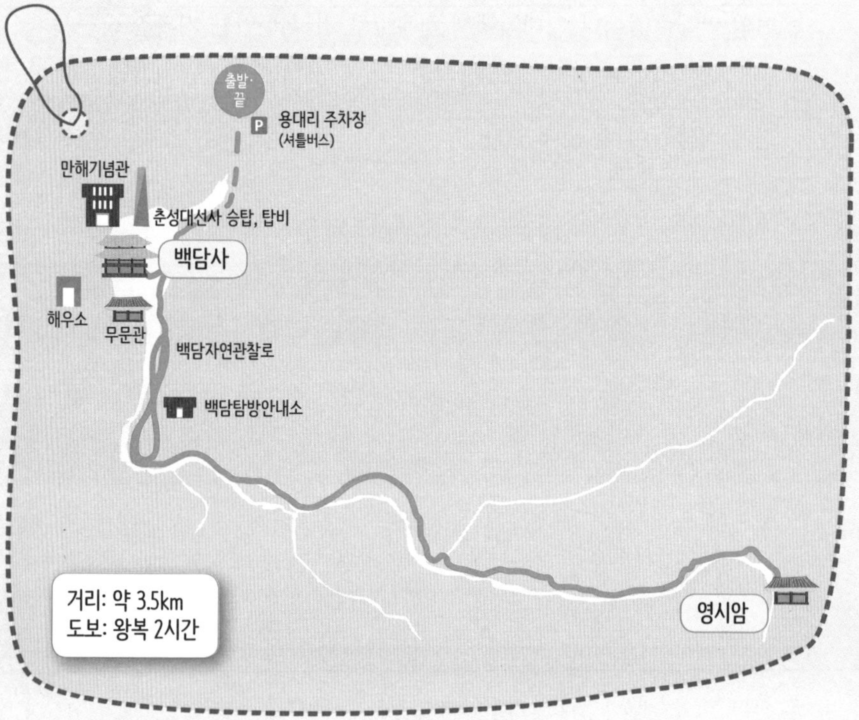

백담사

춘성대선사 승탑과 탑비

백담사 아랫마을 용대리 주차장에서 셔틀버스를 타고 가며 바라보는 백담계곡은 언제나 탄성을 자아내게 한다. 계곡과 바위가 어울려 내는 장관을 직접 느끼려고, 몇몇은 구불구불한 길을 버스를 피하며 걸어 올라간다. 바위 위를 흐르는 물은 맑고 투명하다.

사찰의 시작은 일주문부터인데 셔틀버스가 이미 일주문을 통과했다. '내설악 백담사(內雪嶽百潭寺)' 현판을 달고 있는 일주문은 우람하다. 촘촘하게 꽉 찬 다포가 길손에게 경건한 마음을 가지라고 하는 것 같다. 셔틀버스 주차장에서 내려 사찰을 향해 걷다보면 자연스럽게 왼쪽으로 눈이 간다. 춘성대선사 승탑과 탑비가 모셔져 있다.

춘성대선사는 만해 한용운 스님의 유일한 제자다. 1891년 설악동에서 태어나 13세 때 백담사로 출가하여 10여 년 간 만해에게서 선(禪)을 익혔다. 만해가 『조선불교유신론』을 탈고했을 때인 1910년 8월 경술국치 시기, 무더운 여름날 편한 옷차림으로 글을 쓰고 있었고 춘성이 시중을 들었다. 승복을 입은 춘성이 더워하자 만해는 "너도 벗어라. 다 벗어라"라고 말했다.

때마침 반가운 소낙비가 내렸다. 춘성은 속옷까지 벗어버리고 빗속에서 미친 듯 춤을 췄다. 비를 구경하러 나온 노승들도 한마디씩 했다.

"저놈이 미쳤나?"

"허허, 저놈이 벌써 활연대오(豁然大悟, 크게 깨달음)를 한 모양이구나."

만해도 제자의 광무(狂舞)를 바라보며 "그놈 장차 구산(九山) 제종(諸宗)을 습합(習合)할 대기(大器)로구나"라고 생각했다고 한다. 불교의 여러

일주문을 지나 백담사를 향해 걷다보면 춘성대선사 승탑과 탑비를 만난다.

종파를 모두 익혀 통합할 큰 그릇으로 본 것이다. 춘성은 거침없는 법문으로 유명했고 육두문자도 가리지 않았다. 한번은 이런 일도 있었다.

춘성은 추위에 떨고 있는 중생을 보면 옷을 모두 벗어준 적이 한두 번이 아니었다. 어느 늦가을 날, 공중화장실에서 떨고 있는 남자에게 옷을 모두 벗어주고 팬티 차림으로 해질녘까지 화장실에 있다가 비구니절인 성북동 팔정사로 뛰어들었다. 비구니들이 아직 노망들 나이가 아닌데, 생각했다 한다.

한번은 춘성이 입적을 앞두고 있을 때 『대한불교』 편집국장인 향봉이 물었다고 한다.

"사리가 안 나오면 신도들이 실망할 텐데요?"

그러자 스님은 "시팔 놈의 자식아, 신도 위해 사냐?"라 말하며 오직 수행에만 힘쓰라고 마지막 말을 남겼다. 춘성은 '無(없다)'를 화두로 평생 옷 한 벌, 바리때 하나만 가지고 무소유로 살다간 큰스님이었다. 그에게 권위의식이 없었던 것처럼 욕 법문은 언어적 집착에서 깨어나기 위한 그만의 선 수행이었다. 그는 한용운에게서 독립의식을, 만공선사에게서 선의 정법을 이어받았다. 주로 도봉산 망월사 주지로 평생을 살다가 1977년 나이 87세, 법랍 74세로 화계사에서 입적했다.

백담사라 지은 이유

사찰로 들어가는 관문 중 하나가 기다란 다리다. 이름은 '수심교(修心橋)'다. 보통 사찰 다리들은 피안교, 해탈교, 열반교라는 이름을 갖고 있다. 마음을 닦고 사찰에 들어오라고 안내하는 다리로, 현실세계에서 불국토로 들어가는 통로 역할을 한다. 수심교에서는 사람들이 계곡의 돌탑을 배경으로 추억을 남긴다. 금강문에서 금강역사와 보현보살, 문수보살이 사람들을 맞이한다.

금강문을 지나 솟을삼문이 나오는데 양쪽으로 담벼락이 없다. 사찰의 건축물로는 볼 수 없는데, 아마 인근의 사당이나 서원에서 가져왔을 거라 한다. 앞의 현판은 '백담사', 뒤의 현판은 '설악산'이다. 백담의 문자 그대로의 뜻은 백(百) 개의 작은 연못[潭]이다. 이 사찰의 첫 이름은 한계사였다. 신라 제28대 진덕여왕 원년(647)에 자장율사가 창건하고 아미타삼존불을 봉안했다 한다. 그래서 백담사의 주불이 아미타불

백담사 솟을삼문. 양쪽으로 담벼락이 없다.

이다. 영조 51년(1772)까지 운흥사, 심원사, 선구사, 영취사로 불리다가, 최붕과 운담 스님이 1783년에 백담사로 이름을 바꿨다. 설악산 대청봉부터 절까지 작은 연못이 100개가 있다 하는데 세어 보지는 못했다. 이름을 바꾼 이유는 아마 이전까지 여러 차례 화마(火魔)를 당한 까닭이었을 것이다. 백담사 하면 그냥 눈 덮인 산사가 연상된다. 강원도 오지라 일백 백(百)을 흰 백(白)으로 생각해서 그런 것 같다.

백담사 경내

사찰은 앞쪽으로 극락보전, 우측으로 범종루와 만해기념관, 좌측으로 백담다원 등이 중심을 이룬다. 극락보전은 정면 5칸의 팔작지붕이며 꽃살문이 어여쁘다. 안에는 관음보살과 세지보살을 협시로 하여 아미타불이 앉아 계신다. 목조 아미타불좌상은 백담사에서 유일한 보물(제1182호)이다. 복장유물인 삼화장저고리, 유리와 수정 등이 발견되면서 불상의 제작연대가 영조 24년(1748)으로 알려졌다. 뒤의 후불탱은 화소수 높

사찰 앞쪽의 극락보전은 정면 5칸의 팔작지붕이며 꽃살문이 어여쁘다. 중앙의 목조 아미타불좌상은 백담사에서 유일한 보물(제1182호)이며 옆은 관음보살과 세지보살이다. 불상의 제작연대는 영조 24년(1748)으로 알려졌다.

은 카메라로 찍은 양 선명해 인물 하나하나가 돋보인다. 극락보전 앞에 늘씬하지만 눈이 오래 머물지 않는 삼층석탑이 있는데, 옛 석재를 사용하여 지은 것이라 한다. 좌우에 화엄실과 법화실이 있다. 이로 미루어 보아 백담사는 불교의 최고 경전인 『화엄경』과 『법화경』을 공부하는 강원임을 알 수 있다. 특히 화엄실은 전두환 전 대통령 부부가 머물던 곳이다.

극락보전 좌우측에 산신을 모신 아담한 산령각이 있고, 감로수를 선물로 주는 관음보살상이 있다. 이 관음보살상은 낙산사의 해수관음상을 닮아 사람들이 옆에 서서 모델 삼아 사진을 남긴다. 또 그 옆에 석가모니의 제자들인 나한을 모신 나한전이 있다. 건물들은 모두 새로 지은 양 말끔하다. 백담사에 오면 백담다원에서 차 한 잔 앞에 놓고 창 밖 경치를 구경한다.

전두환 유배지

전두환의 유배지가 백담사인 것이 마음에 들지 않았다. 2019년 10월에 방문했을 때, 화엄실 앞에 '전두환 전 대통령이 머물던 곳입니다'라는 안내표지가 있어 사람들이 흥미롭게 기웃거렸다. 그러나 2020년 11월에 갔을 때에는 깨끗이 치워졌다. 기사를 찾아보니 2019년 12월에 철거되었다 한다. 1987년 6월 민주항쟁의 잔칫상을 노태우가 차지했지만 전두환 군부 세력은 여전한 실세였다. 새 정권과 마찰과 잡음은 당연했을 것이다. 하물며 이 두 세력 간에 6·29민주화선언 주체를 놓고 다툼도 있었다. 그런 상황에서 1988년 11월, 노태우 대통령 당시 여소야대 국회에서 5공청문회가 있었다. 이를 계기로 노태우 정부는 전두환 부부를 백담사로 유배 보냈다. 백담사에서 전두환은 1988년 11월 23일부터 1990년 12월 29일까지 769일 간 유배생활을 했고 그에 따라 백담사가 세인들에게 더 많이 알려졌다.

한용운 시비와 흉상

이제 만해기념관으로 가자. 기념관 앞에 한용운의 시비와 흉상이 있다. 시비가 곳곳에 있어 마치 백담사는 시비로 문인들을 기념하는 곳 같다. 만해의 시비에는 「나룻배와 행인」이 새겨져 있다.

> 나는 나룻배 / 당신은 행인, / 당신은 흙발로 나를 짓밟습니다. / 나는 당신을 안고 물을 건너갑니다. / 나는 당신을 안으면 깊으나 얕으나 급한 여울이나 건너갑니다. // 만일 당신이 아니 오시면 나는 바람을 쐬고 눈비를 맞으며, 밤에서 낮까지 당신을 기다리고 있습니다. / 당신은 물만 건너면 나를 돌아보지도 않고 가십니다그려. / 그러나 당신이 언제든지 오실 줄만은 알아요. / 나는 당신을 기다리면서 날마다 날마다 낡아갑니다. // 나는 나룻배 / 당신은 행인.
>
> –「나룻배와 행인」

흉상에는 '만해 용운'이라 쓰여 있다. 만해(卍海)와 용운(龍雲)은 1905년 백담사에서 스님이 되었을 때 받은 법호와 법명이다. 어릴 적 이름은 유천이고 자는 정옥이었다. 그 앞의 시는 「군말」 중 한 구절이다. 그의 시에서 화두는 '님'이었다.

'님'만 님이 아니라 기룬 것은 다 님이다. 중생이 석가의 님이라면 철학은 칸트의 님이다. 장미화의 님이 봄비라면 마시니의 님은 이태리다. 님은 내가 사랑할 뿐 아니라 나를 사랑하나니라.

-「군말」 중에서

한용운의 '님'은 다양하다. 중생, 철학, 자연(봄비), 조국(이태리) 등으로 말이다. 「군말」에서 정의하고 있듯, 님은 "내가 사랑할 뿐 아니라 나를 사랑하나니라"에서처럼 일방적인 것이 아니라 애착관계에 있는 쌍방적인 것이다. 그래서 석가, 칸트, 장미화, 마치니(이탈리아 혁명가, 1805~1872) 등도 대상에게는 님이 된다. 이처럼 한용운 시에서 님이란 사랑에 기반을 둔 쌍방향적 아가페인 것이다.

또 하나의 전제를 보자. "'님'만 님이 아니라 기룬 것은 다 님이다"라고 쓰고 있다. '기룬'은 '기르다, 키우다'라는 말이다. 사랑하는 대상만 님이 아니라 나를 키워준 모든 것이 님이 될 수 있다는 뜻이다. 석가는 중생의 깨달음을 이끌었고, 근본적 진리(철학)는 칸트의 고민을 확장시켰다. 자연은 식물을 성장케 하고, 분열된 조국 이탈리아는 마치니의 독립투쟁 의식을 키웠다.

위 시에서 주목되는 부분이 '마치니'와 '이탈리아'다. 다른 '님'은 종교, 자연, 학문 등이지만 마치니에게는 조국이 님이다. 아마 한용운이 말하고자 하는 님이 조국이 아닐까 하는 대목이다. 나폴레옹 전쟁이 끝난 직후 19세기 이탈리아는 국민국가 건설을 위해 두 가지 과제를 안고 있었다. 하나는 분열되어 있는 나라를 통일하는 거였고, 다른 하나는 오스트리아 등 강대국의 영토 점령과 간섭을 몰아내는 것이었다. 물론 이 두 과제는 맞물려 있었다. 중국의 량치차오가 『이태리 건국 삼걸

전』을 썼고, 신채호가 이를 번역했다. 이 책에서 이탈리아의 통일을 이끈 영웅으로 마치니, 가리발디, 카보우르를 소개했다.

한용운은 왜 하필 하고많은 세계사의 영웅 중에서 마치니를 선택했을까. 이탈리아 통일의 세 영웅 중 카보우르는 이탈리아 소국 사르데냐 왕국의 수상이었지만, 마치니와 가리발디는 자유주의자이며 통일주의자였다. 마치니나 가리발디가 근대적 개혁과 민족독립을 추구한 한용운과 한층 더 가까웠다. 결국 이탈리아와 마치니를 통해 한용운은 자기가 생각한 님을 구체적으로 명시하고 싶었던 것이라 생각된다. 「무제」라는 한용운의 시가 또 그 같은 사실을 지지한다.

> 이순신 사공 삼고 / 을지문덕 마부 삼아 / 파사검(破邪劍) 높이 들고 / 남선북마(南船北馬) 하여 볼까 / 아마도 님 찾는 길은 / 그뿐인가 하노라.
>
> –「무제」 1수

님 찾는 방법은 바다에서 이순신, 육지에서 을지문덕을 통해서 달성될 수 있다고 한다. 두 영웅에게 님은 '조국'이었다.

만해기념관

세상에서 제일 더러운 것

만해기념관에 들어서니 한용운 스님이 맞는다. 목각 전신좌상으로 오른손에 염주를 굴리고 있다. 전시된 유물은 주로 만해의 시집, 전기, 그가 주관한 잡지 『유심』과 『불교』, 연구자들의 논문 등이고 벽면에는 초상과 그의 글들, 그리고 활동 등이 게시되어 있다. 게시된 글들을 토대로 그의 활동을 잠시 정리해 보자.

그는 한학에 밝았다. 유학을 익히다가 일제의 국권 강탈기를 겪으며 불교를 통해 극복하고자 스님이 되었다. 그의 불교적 가치관은 백성을 위하고 나라를 구하는 것이었다. 이러한 뜻을 담아 불교 개혁안인 『조선불교유신론』을 썼다. 그는 이 책에서 불교의 평등주의와 구세주의를 강조했고 호국불교의 정신을 내세웠다. 경술국치 직후 이회광이 조선불교를 일본의 조동종과 영구히 연합하는 합의를 맺었다. 한용운은 박한영 등과 함께 순천 송광사에서 승려궐기대회를 개최하여 조동종의 의도를 분쇄하고 독립적인 한국 불교 교단을 이끌었다. 그때 그는 다음과 같이 연설했다.

만해기념관에 있는 한용운의 목각 전신좌상 중 얼굴.

> 세상에서 제일 더러운 것은 무엇인지 아십니까? 제일 더러운 것을 똥이라고 하겠지요. 그런데 똥보다 더 더러운 것은 무엇일까요? 나의 경험으로는 송장 썩는 것이 똥보다 더 더럽더군요. 왜 그러냐 하면 똥 옆에서는 음식을 먹을 수가 있어도 송장 썩는 옆에서는 역하여 차마 먹을 수가 없기 때문입니다. 송장보다 더 더러운 것이 있으니 그것이 무엇인지 아십니까? 그건 삼십일 본산 주지 바로 네놈들이다.
>
> – 3·1 본산 주지회의에서 한용운 선사가 한 연설문 중에서

깨달음을 노래한 시, 오도송

「오도송(悟道頌)」도 보인다. 한용운의 깨달음과 관련된 시다. 1917년 가을, 그는 백담사로 들어갔다가 겨울에 설악산 오세암에서 깊은 선정에 들었다. 12월 3일 밤, 참선 중 바람이 무엇인가를 떨구는 소리를 듣고 지금까지 의혹되는 마음이 일시에 가시었다. 오도는 진리[道]를 깨달았다[悟]는 뜻이다. 그는 마음속의 메시지를 게송으로 읊었다.

> 남아는 어느 곳이나 고향인 것을 / 몇 사람 나그네 시름 속에 오래 잠겨 있겠나. / 큰 소리 한 번으로 삼천세계 꾸짖느니 / 눈 속 복사꽃마다 붉게 피네.
>
> —「오도송」

3·1운동과 한용운

1918년 한용운은 불교 잡지 『유심』을 창간하여 불교 관련 글을 쓰면서 제1차 세계대전 직후 세계 정세를 눈여겨보고 있었다. 1919년 1월 말, 천도교 측 최린을 만나 독립선언식에 불교계를 대표하여 참여하기로 하고 백용성을 민족대표 33인에 참여시켰다. 한용운은 불교계에서 「기미독립선언서」 배포 책임을 맡았고 최남선이 작성한 독립선언서의 내용이 너무 온건하다고 주장하며 공약 3장을 직접 썼다. 3월 1일, 한용운과 민족대표들은 일경에 체포되었다. 일제는 「기미독립선언서」의 공약 3장을 내란죄로 엮으려 했다. 그럴 경우 사형선고가 내려질 가능성이 매우 높았다.

일부 인사들이 불안에 떨며 울먹이자 한용운은 똥통을 집어던지며

"이 비겁한 인간들아, 울기는 왜 우느냐! 나라 잃고 죽는 것이 무엇이 슬프냐! 이것이 이른바 독립선언서에 서명했다는 민족대표의 모습이냐!"라며 호통쳤다고 한다. 그는 옥중 투쟁으로 3대 원칙을 정했다. "보석을 요구하지 말라, 사식을 취하지 말라, 변호사를 대지 말라"였다. 민족의 독립을 위한 노력은 당당해야 한다고 생각한 것이다.

독립선언서 서명자들이 일제 법정에서 심문을 받을 때였다. 한용운은 판사의 질문에 일체 답변을 거부했다. 판사가 "왜 말이 없는가?"라고 묻자, 그는 "조선인이 조선 민족을 위하여 스스로 독립운동을 하는 것이 백번 마땅한 노릇인데 일본인이 어찌 감히 재판하려 하느냐"라고 꾸짖었다. 계속된 판사의 심문에 그는 지필을 달라고 하여 독립의 정당성을 담은 명논설 「조선독립이유서」를 작성해 제출했다.

신간회, 한용운이 열망했다

한용운은 한 치의 타협도 없이 3년 간의 옥살이를 마쳤다. 그는 어떤 마음으로 감옥생활을 견뎌냈을까. 잡지기사(실생활誌, 1922) 중 "성공하고 실패할 것을 먼저 보는 것보다 그 일이 옳은 일인가 그른 일인가를 보아야 한다"는 글이 한용운의 마음을 잘 나타내고 있다. 한용운은 이후 불교나 학생단체의 초청을 받아 강연도 하고, 「가갸날에 대하여」를 『동아일보』에 싣는 등 조선어연구회 활동에 힘을 실어 주었다. 그리고 그때부터 민족주의 세력과 사회주의 세력이 연대하는 민족운동에 많은 힘을 기울였다. 「사회운동과 민족운동-차이점과 일치점」(동아일보, 1925.1.2.)도 이러한 배경에서 쓴 글이다.

…… 그리고 우선 완전한 해방을 얻은 뒤에 혹은 사회주의적 국가로 할는지, 또는 봉건제도, 도시국가 등 무엇이든지 그때에는 또 달라질 줄 압니다. 요컨대 틀리다는 점은 다 해방이 완성된 뒤에 어느 길로 나갈 것인가 하는 날에 있는 문제인 줄 압니다. ……

–「사회운동과 민족운동–차이점과 일치점」(동아일보, 1925.1.2.)

이념이 중요한 것이 아니라 식민지 상황에서 독립이 우선이라는 것이다. 이 같은 입장에서 1927년 2월 신간회 결성에 중요한 역할을 담당했다. 중앙집행위원에 선임되고 경성지회 회장에 선출되는 등 누구보다 열심히 활동했다. 광주학생항일운동이 일어났을 때 홍명희와 함께 민중대회 연사로 선정되기도 했다.

들으라! 이천만 동포가 허덕이는 소리를!

신간회가 해소되고 나서 잡지 『불교』를 인수하여 불교 관련 글들을 계속 썼다. 암담한 시절, 그에게 불교는 삶과 독립운동의 의지처였다. 1931년 김법린·김상호·이용조·최범술 등이 조직한 청년 승려의 비밀결사인 만당(卍黨)의 영수로 추대되었다.

보라! 삼천년 법성이 허물어져 가는 꼴을. 들으라! 이천만 동포가 허덕이는 소리를! …… 우리는 안으로 교정을 확립하고 밖으로 대중불교를 건설하기 위하여 신명을 도(睹)하고 과감히 전진할 것을 선언한다.

–「만당 선언문」(김순석, 「3·1항일비밀결사 만당의 결성과 활동」, 법보신문, 2007.9.10. 재인용)

「회갑날의 즉흥」과 「알 수 없어요」

「회갑날의 즉흥」 시도 있다. 1937년 7월 12일(음), 한용운의 61세 회갑날이었다. 암담한 시절에 웬 회갑이냐고 거절했지만 김관호, 오세창, 권동진 등이 청량사에 와서 축하했다. 그때 쓴 한시다.

> 총총히 지나간 예순한 해를 / 인간세상에선 소겁*이라 이르나니. / 세월이 흰머리 짧게 했지만 / 풍상도 일편단심 늘 어쩌지 못해. / 가난을 받아들이고 범인(凡人)도 바뀌는 것을 알고 있나니. / 병에 가까우니 좋은 방문 누가 알리. / 흐르는 물 같은 여생, 그대여 묻지 말게. / 숲 가득 매미소리에 사양(저무는 해)으로 쫓아가는 것을.
>
> –「회갑날의 즉흥」

＊소겁(小劫): 불교에서 인간의 목숨이 100년마다 1세씩 줄어 8만 세부터 10세가 되기까지의 동안, 또는 같은 방식으로 10세에서 8만 세에 이르는 동안

마지막으로 「알 수 없어요」다. 많이 알려진 시다.

> 바람도 없는 공중에 수직의 파문을 내이며 고요히 떨어지는 오동잎은 누구의 발자취입니까 / 지리한 장마 끝에 서풍에 몰려가는 무서운 검은 구름의 터진 틈으로 언뜻언뜻 보이는 푸른 하늘은 누구의 얼굴입니까 / …… / 타고 남은 재가 다시 기름이 됩니다. 그칠 줄을 모르고 타는 나의 가슴은 누구의 밤을 지키는 약한 등불입니까.
>
> –「알 수 없어요」 중에서

죽어서도 독립운동을 하겠다는 의지가 잘 표현된 시다. 그는 1944

년 6월 29일, 영양실조로 '님'과의 만남을 1년여 남기고 눈을 감았다.

영시암 가는 길

천탑

백담다원 앞쪽 길로 내려가면 나오는 냇가의 천탑들. 각각의 소원을 담은 정성스러운 돌탑들이 장관이다.

백담다원 앞쪽 길로 걸어 냇가로 간다. 백담사 앞 냇가는 사람들이 가장 많이 몰리는 곳이다. 각각의 소원을 담아 정성스레 돌탑을 올린다. 나도 쌓여 있는 돌탑에 소원을 얹어본다.

여름철 불어난 냇물로 모두 무너지면 어느새 그만큼의 돌탑이 다시 쌓여 있다. 어떤 것은 높이가 경이롭다. 어떻게 그렇게 높게 쌓았을까 감탄하면서 그 정성에 마음이 닿으니 그 행복감이 느껴진다. 특별하지 않은 사람들의 마음이다. 그 특별하지 않은 사람들이 부처인데 코로나19가 가져온 현실의 생활은 그야말로 고(苦)였다.

백담로

맞은편으로 나와 백담계곡을 따라 오른쪽으로 들어서면 오세암 가는 길이다. 그냥 길을 발견한 느낌이다. 이 길을 걷지 않고 셔틀버스 타고 용대리로 나갔다면 분명 후회했을 것이다. 비포장이어서 맘에 든다. 또 길도 널찍하다. 조금 걷다보니 백담자연관찰로가 나온다. 백담탐방안내소를 가운데 두고 자연관찰로가 긴 8자형으로 조성되어 있는데 숫자 8을 그리듯이 도는 것도 좋다. 다음 일정이 있다면 자연관찰로만이라도 걸어보자. 돌탑계곡에서 600m로 왕복 1.2km다. 길이 삼삼해 다음에 올 때 더욱 욕심내게 한다.

백담계곡을 따라 오른쪽으로 들어서면 오세암 가는 길이고, 조금 걷다보면 백담자연관찰로가 나온다. 백담탐방안내소를 가운데 두고 긴 8자형으로 조성되어 있다.

그런데 미리 알아야 할 게 있다. 동절기에는 백담탐방안내소를 오후 1시 이전에, 하절기에는 오후 2시 이전에 통과해야 한다. 모르고 왔다간 낭패 보는 경우도 있다.

백담자연관찰로는 표지판으로 안내한다. 산사, 습지, 숲의 회복, 산림욕, 철새와 텃새에 대한 설명판이 있고, 백담탐방안내소를 지나 왼쪽 길로 수렴동 계곡, 단풍잎, 식물의 잎사귀, 자연휴식년제 등에 대한 설명을 만난다. 하나하나 읽으며 가다보면 그만큼 상식이 는다. 잘 알 것 같으면서도 모르고 있던 내용들이다. 유네스코 생물권 보전지역이라는 돌기둥에서 턴해도 되고 조금 더 걸어 올라가도 좋다.

백담사에서 오세암 가는 길의 영시암

영시암 가는 길에 길 양쪽의 나무들 키가 장난이 아니다. 설악산이 유네스코 생물권 보전지역임을 느끼게 한다. 한여름에도 걷기 좋은 길이다. 계곡을 옆에 둔 숲길이고 오솔길이다. 그래서 더 걷고 싶어진다. 길 곳곳에 '설악산 천연보호구역 자연·문화유산 이야기' 안내판이 있고 거기에 설악산과 관련된 옛 문인들의 시가 적혀 있다.

> 멀리 구름기운 머금고 섰느니 / 층층 봉우리 붉은 하늘에 닿는다. / 으레 알겠노라 태초의 눈이 / 6월까지도 녹지 않음을. – 이경석, 「설악산」

이경석이 썼다. 그는 병자호란 때 도승지 겸 예문관제학으로 할 수 없이 청나라 태종의 업적을 찬양하는 비문을 썼다. 그것이 삼전도비다. 그는 평생 글 배운 것을 후회했다 한다. 얼마나 마음고생이 심했을까.

한참을 걸어가니 철 데크다. 계곡과 딱 붙어 걷는다. 백담계곡 물이 유리알보다 더 맑고 소나무의 푸른빛을 담았는지 푸르다. 아마 계곡 바위들이 하얗기 때문일 것이다. 집사람은 딸에게 보낸다고 스마트폰의 셔터를 연신 눌러댄다. 계곡을 가까이 두고 돌길과 흙길이 반복된다. 계속 가면 한용운이 「오도송」을 읊고 시집 『님의 침묵』을 탈고한 오세암이다. 우리는 영시암에서 돌아섰다. 남겨둬야 다시 온다.

백담사에서 오세암으로 가는 도중에 있는 영시암. 앞에는 범종루가, 가장 뒤편 비로전 옆에는 약사여래좌상이 있다. 약사여래좌상이 고등학생처럼 앳돼 보인다.

영시암은 규모가 있는 암자다. 앞에 범종루가, 가장 뒤편에 비로전이 보여 비로자나불을 주불로 모시고 있는 암자인 줄 알았다. 물어보니 한 보살이 석가모니불을 주불로 모시고 있다고 하며 비로전 옆에 약사여래좌상도 보고 가시라 한다. 약사여래좌상은 고등학생처럼 앳돼 보인다.

안내표지판을 보니 영시암은 김창흡이 '영원한[永] 은거를 맹세한[矢] 당호'라 한다. 김창흡은 숙종 때 부친 김수항이 기사환국(1689)으로 사사된 후 벼슬에 뜻을 두지 않고 평생 산수를 즐기며 시를 썼고, 이곳에 영시암을 만들어 벗과 지냈다 한다. '김창흡' 하면 나는 겸재 정선이 떠오른다. 정선은 김창흡을 스승으로 모시며 우리 산천을 여행했다. 스승과 함께 금강산도 여러 번 올랐고 「금강전도」를 그려냈다.

영시암 가는 길.

일박을 할 경우 만해마을로 간다. 백담사 소유였다가 동국대로 이전된 곳으로 문인들의 워크숍이나 문학 관련 프로그램을 운영한다. 2019년 10월, 교직원 연수를 이곳에서 1박 2일 진행했는데 시설이나 음식에 칭찬이 자자했던 곳이다. 한용운 스님의 동상이 곳곳에 있고 문인들의 시비도 여러 군데 있다. 이곳에서 용대리 셔틀버스 주차장까지는 차로 5분 정도다.

참고문헌

고은, 『한용운 평전』(향연, 2004)

김삼웅, 『만해 한용운 평전』(시대의창, 2011)

김정남, 『시인의 삶으로 역사를 읽다』(한권의책, 2020)

사찰문화연구원, 『전통사찰총서 2 - 강원도의 전통사찰 Ⅱ』(사찰문화연구원, 2008)

김광식, 『춘성 만해제자·무애도인』(중도, 2015)

김순석, 「3·1항일비밀결사 만당의 결성과 활동」(법보신문, 2007.9.10.)

허난설헌의 시를 음미하며 걷는 경포호수길

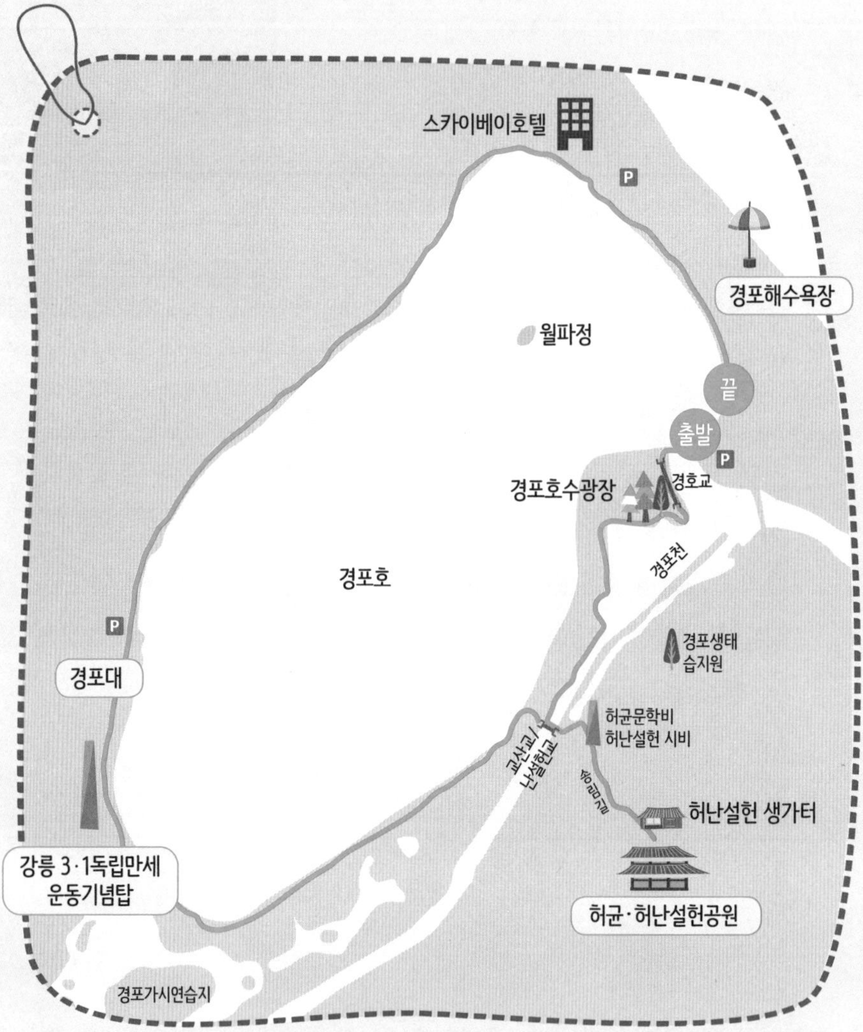

거리: 약 4.2km
도보: 1시간 내외

경포호 둘레길

'시계 방향으로 걷는 것이 더 좋은 것 같아'

약 4.2km의 경포호 둘레길은 전에는 약 2km만이 온전히 산책하는 기분이 드는 길이었으나 지금은 전 구간이 산책할 맛이 난다. 강릉시의 정성이 돋보인다. 스카이베이호텔 오른편 도로에 주차하고 둘레길에 들어섰다. 안쪽은 도보길, 바깥쪽은 자전거길이다.

5월 석가탄신일, 간만에 좋은 날씨다. 아내와 둘이 반시계 방향으로 돌았는데, 거의 완주할 즈음 아내가 시계 방향이 더 좋은 것 같다고 이야기한다. 그러고 보니 시계 방향으로 가다보면 경포호 건너편 멀리에 있는 가리왕산이나 오대산, 대관령, 선자령 등을 볼 수 있어 경치가 더 좋다. 또 홍길동 조각들이나 홍장과 박신의 사랑 이야기 조각들의 이야기 방향이기도 하다.

경포호 둘레길은 시계 방향으로 도는 것이 좋다. 이곳에서 바라본 경포호는 마치 바다와 같이 넓다.

이곳에서 바라본 경포호는 마치 바다와 같이 넓다. 산책을 즐기는 사람도 있고 연인이나 가족이 2륜 자전거나 4륜 자전거를 타는 사람들도 있다. 속도를 내지 않으니 도보길과 자전거길이 붙어 있어도 위험하지 않다. 자전거를 빌려 타고 싶으면 스카이베이호텔에서 반시계 방향으로 약 200m 가면 된다. 시계 방향으로 따라 걸어가 보자.

경포호변에 매력적인 숲속 산책길이?

경포는 '경호'라고도 하는데, '호수[湖]가 유리[鏡]처럼 맑다'는 뜻이다. 정말 물빛이 경포해수욕장의 바다색과는 다른, 하늘을 비추는 거울 같다. 경포호 동쪽에 치우쳐 있는 섬에 있는 정자 이름은 월파정이다. 사람들이 즐기기보다는 각종 철새들의 보금자리다.

시계 방향으로 스카이베이호텔에서 680m 지점에 공용주차장이 있

다. 앞에 있는 다리가 경호교다. 이 다리를 지나 허균·허난설헌기념관을 가리키는 왼쪽으로 접어들면 경포호수광장 뒤로 산책할 수 있다. 경포호변길은 얼마든지 접할 수 있으니 여기서만큼은 광장 뒷길에 양보하자.

조금 가다보면 조류관찰오두막과 수변데크를 안내하는 이정표가 나온다. 조류관찰오두막 쪽으로 가서 잠시 구경하고 나와 수변데크로 접어들면 경호호수광장이며, 경포호를 한눈에 담을 수 있다. 데크 끝 지점에서 솔잎으로 덮인 너무나 매력적인 흙길을 만난다. 조금 더 가면 경포호 쪽으로 소나무 숲을 두고 걸을 수 있다. 소나무 숲을 보는 것만으로도 솔향기가 내장 깊숙이 전해지는 것 같다.

다시 데크다리를 건너 데크길을 걸어가면 경포생태습지원이 나온다. 중간중간에 데크 갈림길이 나오는데 호변길과 평행을 두는 길을 택하면 된다. 숲으로 덮인 데크길이 끝나면 다시 흙길이 펼쳐지고, 조금 더 가면 왼편에 경포천을 두고 오른편에 큰 나무들이 도열한 비교적 넓은 흙길이 펼쳐진다. 호변 쪽으로는 흡사 '미스터리 서클'처럼 잘 정비된 공원도 있다.

저 앞에 보이는 다리(교산교) 쪽으로 계속 걸어가면 허균·허난설헌 유적지가 0.3km 남았다는 이정표를 만난다. 호변 쪽으로 오지 못한 아쉬움이 있을 수 있지만 단지 홍길동전과 관련된 여러 청동상들만 보지 못했을 뿐이다. 하지만 다리(난설헌교) 사방 모서리 위에 또 다른 홍길동의 청동상을 볼 수 있고, 허균·허난설헌공원을 걷고 호변길로 접어들면 홍길동상을 또 만날 수 있다. 허균·허난설헌공원으로 가기 위해서는 교산교와 난설헌교를 건너야 한다. 교산은 허균의 호다.

시대를 앞서간 혁명가, 허균

허균은 강릉에 있는 애일당을 사랑했다. 그는 「애일당기(愛日堂記)」라는 글에서 호조참판을 지낸 외할아버지 김광철이 어머니를 모시고 살기 위해 지었다고 밝히며, 그 장소에 대해 "개울 동쪽의 산줄기는 오대산 북쪽으로부터 용처럼 꿈틀거리면서 내려오다가, 바닷가에 와서 모래로 된 화산수가 우뚝 솟았다. 그 아래에 예전에는 큰 바위가 있었는데, 개울이 엇갈리는 곳 그 밑바닥에 늙은 이무기가 엎드려 있었다. 신유년(1561) 어느 가을날, 그 이무기가 그 바윗돌을 깨뜨리고 가 버렸다. 그 바위는 두 조각이 난 채 속이 텅 비어 마치 문처럼 되었으므로, 사람들이 교문암(蛟門岩)이라 불렀다"(신정일, 『조선의 천재 허균』, 23쪽 재인용)고 설명한다. 허균은 이 지명 설화에서 이름을 따와 호를 '교산(蛟山)'이라 지었다. 사전에 따르면 교룡은 때를 못 만나 뜻을 이루지 못한 영웅호걸을 비유적으로 이른다고 한다. 허균의 운명을 예견하는 듯하다. 그는 광해군 때 붕당정치를 타파하기 위해 혁명을 모의하다가 역적으로 몰려 처형되었다.

허균·허난설헌공원의 송림길

경포호 산책길은 자주 걷지 않지만, 강릉에 오면 허균·허난설헌공원은 반드시 온다. 송림길 때문이다. 길지는 않지만 송림길이 너무나 운치가 있고, 송림 한 곳에 앉아 있으면 기분도 맑아진다. 천변을 조금 내려와서 강릉바우길 안내 이정표를 따라 들어서야 한다.

허균·허난설헌기념관으로 갈 때에는 오른쪽 송림길을 택해 걷고,

나올 때에는 왼쪽 송림길이다. 이곳에 살면 이 송림길을 몇 바퀴 돌고 벤치에 앉아 독서에 몰입하고 싶다. 세어 보지는 않았으나 수백 그루는 될 것 같다. 우리처럼 이 송림길을 즐기는 사람들이 있다. 걸어갈수록 선계(仙界)에 드는 느낌이다. '허씨5문장가' 시비 뒤로 계속 걸어가면 주차장으로 이어진다. 허균·허난설헌공원 입구에서 차분차분 봐야 제대로 구경할 수 있다.

허균·허난설헌 공원

허균·허난설헌 공원은 문이 없다. 그래서 기념관을 제외하고 휴관일인 월요일에도 공원을 산책할 수 있다. 처음 만나는 건물은 ㅁ자 모양의 기와집이다. 이 집이 기념관이다. 기념관에는 '허씨5문장'에 대한 소개와 더불어 허균과 허난설헌 시비의 시, 『난설헌집』, 난설헌이 8세 때 지어 여신동으로 이름을 떨쳤던 「광한전 백옥루 상량문」 등과 홍길동전 책들이 전시되어 있다. 그중 허균의 「호정(湖亭)」이란 시를 보자. 호정은 '경포호 정자'라는 의미다.

> 푸르고 옅은 안개, 비취색과 어울려 호수 빛에 스며들고, / 가을 꽃 살며시 밟으며 대나무 방에 들었네. / 머리 희어진 지 팔 년만에 다시 오니, / 그림배에 홍장 태워 가고픈 마음 없어라. – 허균, 「호정」

난설헌의 시는 이태백이 미처 짓지 못한 시?

기념관에서 나와 공원 한가운데 허난설헌의 동상이 있다. 무릎 앉은 자세로 왼손에 책을 펴 들고 정면을 응시하고 있다. 가채를 한 20대로 보이고 옛 책에서 묘사한 것처럼 이지적 생김새다.

왼편으로는 중국에까지 소문이 자자했던 '허씨5문장가'의 시비가 있다. 1999년 강릉시와 강릉 예총이 건립한 것이다. 난설헌, 아버지 초당 허엽, 큰오빠 허성, 작은오빠 허봉, 그리고 남동생 허균이다. 이 중 난설헌의 시가 가장 주옥 같다고들 한다.

당시 난설헌의 시를 대한 사람들은 혜녀(慧女)를 넘어서 천녀(天女)라고 칭송했다. 하늘이 재능을 내리지 않고서야 쓸 수 없는 시라 했다. 그는 당시의 남성들도 구사하기 어려워 한 한시를 자유롭게 썼다. 둘째 오빠 허봉은 "배워서 그렇게 될 수가 없다"며 "이태백과 이장길이 남겨둔 글이라 할 만하다"고 평했다. 이태백과 이장길이 미처 짓지 못한 시들이라는 뜻으로 그만큼 빼어나다는 말이다.

허균도 한마디 보탰다. "작은 형님과 이익지도 누님의 시를 흉내냈지만, 모두 누님의 울타리 안에서 벗어나지 못했으니, 우리 누님은 참으로 하늘 선녀의 글재주를 가지고 있다고 말할 만하다."(장정룡, 『허난설헌 평전』, 56쪽 재인용) 조선 최고의 시인 중 한 명이라 평가받던 허균이 이처럼 말했으니, 시에서는 당대에 그 누구도 난설헌을 따라가지 못했을 것이다.

허균·허난설헌 공원 한가운데에 있는 허난설헌 동상. 가채를 한 젊은 여성의 모습이고 이지적인 생김새다.

가는 방향으로 직진하면 허난설헌 생가터다. 아버지 초당 허엽이 살았던 집으로 추정하고 있다. 이곳은 앞쪽으로는 대관령이 조망되고, 우측으로는 경포호가 펼쳐진, 연꽃이 물에 떠 있는 연화부수형의 명당터라고 한다. 본채에는 사랑채와 안채가 있는데, 사랑채에는 허균의 초상화가, 안채에는 난설헌의 초상화가 옛 주인인 양 자리하고 있다.

2018년 9월 초에 학생들을 인솔하고 이곳에 와서 허난설헌에 대해 이야기한 적이 있다. 더운 날씨였음에도 불구하고 여학생들이어서 그런지 집중도가 좋았다. 답사 때면 귀동냥하는 사람들도 있는데 설명이 다 끝나자 학생들과 함께 박수를 쳤다. 허난설헌에 대해 좀 길게 이야기하자.

난설헌의 시에 대한 당대의 평가

난설헌이 27세의 짧은 삶을 마감하자, 동생 허균이 시댁에 남아 있던 시와 자신이 외우고 있던 시들을 묶어 『난설헌집』을 펴냈다. 허균은 둘째형 허봉과 가깝게 지냈던 류성룡에게도 누이의 시집을 보여줬다. 류성룡은 "시어의 꾸밈새와 시의의 쓰임새가 마치 하늘에 핀 꽃과 물에 비친 달과 같아서, 밝고 맑고 영롱해서 가히 걷어잡아 감상할 수 없고, …… 물에서 우뚝 솟아난 듯하고, 봄 구름과 하늘의 아지랑이라고나 할까"(장정룡, 『허난설헌 평전』, 216~217쪽 재인용)라고 했다.

명나라에서 시에 일가견이 있던 주지번과 양유년이 사신으로 오자, 문장으로 접대 업무를 맡았던 허균이 누이의 시를 보여주었다. 난설헌의 시에 대해 주지번은 당나라 시에 버금간다고 했고, 양유년은 신선 세계의 시가 아닐까 한다고 했다. 허균의 『난설헌집』은 주지번이 중국에서 출간하여 국내에 알려졌고, 중국의 명사들과 조선의 사대부들, 심지어 일본에서도 널리 읽혔다. 이렇듯 난설헌이라는 인물은 시를 빼놓고서는 이야기할 수 없다.

여신동의 글, 정조까지 감탄하다

난설헌은 명종 18년(1563) 초당 허엽과 애일당 김광철의 장녀인 김씨부인에게서 초당 생가에서 태어났다. 첫째부인 청주한씨와 사별한 허엽은 김씨부인에게서 허봉, 허난설헌, 그리고 허균을 얻었다. 첫째부인의 자식으로는 큰오빠 허성과 두 언니가 있었다. 난설헌에게 강릉 초당은 항상 그리움의 대상이었다.

> 집이 강릉 땅 돌 쌓인 강가에 있어, / 문 앞 흐르는 물에 비단옷 빨았어요. / 아침이면 한가로이 목란배 매어두고, / 짝지어 나는 원앙새 부럽게 바라보았어요.
>
> –「죽지사(竹枝詞)」 3수

시집간 이후에 쓴 시이지만 초당에 대한 난설헌의 마음이 절절히 읽힌다. 아버지 허엽이 동인의 영수로 높은 벼슬에 오르자 난설헌은 한양 건천동에서 큰오빠 성과 작은오빠 봉, 그리고 7년 터울의 남동생 균과 함께 생활했다. 그런 그가 일을 냈다. 8세 나이에 「광한전 백옥루 상량문」을 쓴 것이다. 상량문(上梁文)은 집을 새로 짓거나 고친 내력 등을 적은 글이다.

"읊노니, 보배로운 일산(日傘), 하늘에 드리우니 구름수레가 색의 경계를 넘었도다. 은빛 누각이 해에 비치니 노을 기둥이 미혹의 티끌 병에서 나왔도다." 「광한전 백옥루 상량문」의 첫머리다. 실제 지은 건물을 대상으로 쓴 것이 아니라 신선이 산다는 백옥루를 상상하여 쓴 것이다. 이 글로 인해 그는 여신동으로 알려졌다. 후대에 정조도 이 상량문을 읽고 감탄해 마지않았다고 한다.

아버지 허엽은 난설헌이 학문을 익히는 것에 부정적이었다. 그도 봉건사대부였던 것이다. 그러나 같은 피붙이 허봉은 달랐다. 여동생의 천부적 재능을 알아보고 많은 책과 두보의 시집을 사주며 잠재력을 끄집어냈다. 그는 "희미해지는 두보의 소리가 동생의 손에서 다시 나오게 할 수 있을 것"이라고 확신했다. 또 삼당시인(조선 중종과 선조 대에 걸쳐 이름난 세 명의 시인)의 한 명인 친구 손곡 이달에게서 시를 지도 받도록 했다. 서자 출신인 이달로부터 사회현실을 직시하고 비판적으로 보는 안목을 배웠을 것이다. 난설헌이 이달과 허봉에게서 시를 배웠음을 암시하는 시도 있다.

> 오동나무 역양산에서 자라 / 추운 비바람 속에 몇 해나 견뎠을까. / 운 좋게 세상에 드문 장인 만나 / 베어져서 거문고 되었네. / 거문고로 한 곡조 타보았는데 / 세상에 아무도 음을 알아주지 않네. / 그래서 소리는 광릉에 흩어지고 / 끝내 자취도 없이 사라졌나 보다.
>
> –「견흥(遣興, 흥에 겨워)」1수

오동나무는 난설헌이다. 세상에 드문 장인은 이달과 허봉이고, 거문고 한 곡조는 난설헌의 시들이다. 그는 살아생전에는 알려지지 않았지만 사후에 동양에서 최고의 여류 시인으로 이름을 떨쳤다.

난설헌의 세 가지 한

허난설헌은 주옥같은 시를 쓰며 남동생 허균의 시 창작을 도우며 소녀기를 보냈다. 그리고 15세에 서당 김성립과 혼인하고 남소문동에 살았다. 행복 끝, 불행 시작이다.

> 강남마을에서 나고 자라 / 어릴 적에는 이별을 몰랐네. / 어찌 알았을까 열다섯에 / 조롱받는 어촌 사내에게 시집 갈 것을.
>
> –「강남곡」 4수

자신의 한을 한나라 때 규방여인의 한으로 읊은 시다. 일반적으로 난설헌의 불행한 삶은 '삼한(三恨)'에 있다고 한다. 중국이 아니라 조선에서 태어난 것이 첫 번째 한이고, 남성으로 태어나지 못한 것이 두 번째 한이며, 김성립을 남편으로 맞은 것이 세 번째 한이라 한다. 이 중 현실적으로 난설헌의 삶을 옥죈 것이 김성립이었다. 결혼 후 김성립은 과거 공부를 핑계로 친구들과 함께 기생들과 어울려 놀기를 즐겼다.

「견흥」 3수에서는 비단 한 필을 남편에게 주면서 "다른 여인의 치마감으론 주지 마세요"라고 당부한다. 또 「추한(가을날의 한)」이라는 시에서 "비단 창 너머 등잔불 붉게 보이고 꿈에서 깨어보니 비단 이불 한쪽이 비어 있네요"라고 써 외로운 심정을 표현했다. 남편 김성립이 밖으로 돌수록 난설헌은 시와 신선의 세계로 깊숙이 들어갔다. 그는 「유선사(遊仙詞, 신선계를 노니는 노래)」 37수에서 "청동이 과부로 천년을 홀로 살다 천수의 신선과 고운 연 맺었네"라고 써 이생에서 가망없는 부부 간 사랑의 정을 신선의 세계에서 찾으려 했던 것 같다.

더군다나 난설헌은 사랑하는 어린 딸과 아들마저 연달아 저세상으로 보내는 가슴이 찢어지는 슬픔을 겪었다.

> 지난해에 사랑하는 딸을 잃고 / 올해에는 아들마저 잃었소. / 슬프고 슬픈 광릉 땅이여. / 두 무덤 짝지어 서 있구나. / 백양나무 가지를 스치는 바람 쓸쓸하고 / 도깨비불만 주위 나무에서 번뜩인다. / 지전을 살라 너희들 혼 부르고 / 너희들 무덤에 술 부어 제사 지내네. / 너희 남매 가여운 영혼 / 밤마다 서로 어울려 놀아야 한다. / 뱃속에 어린아이 있건만 / 어찌 무사히 성장하기를 바랄까. / 하염없이 혼잣말로 읊조리다가 / 피눈물 흘리며 슬픈 울음 삼키네.
>
> –「곡자(哭子, 자녀의 죽음에 울다)」

남편과의 원만치 못한 결혼생활, 재능에 대한 시기 섞인 시어머니의 눈총에 이어 삶의 의지였던 자식들마저 가슴에 묻어야 했다. 거기다가 뱃속의 자식도 얼굴 한 번 비비지 못했다. 그의 삶은 시의 마지막에 언급한 것처럼 '피눈물'이었다. 그럴수록 난설헌은 도교의 세계에 더 깊숙이 발을 들여놓았다.

난설헌, 신선세계에 들다

1580년 아버지를 상주 객관에서 잃었고, 선조 16년(1583)에는 스승이며 삶의 의지처인 둘째오빠 하곡 허봉이 이이의 잘못을 탄핵하다가 선조의 미움을 사 함경도 갑산으로 유배를 갔다. 그런 오빠가 2년 후 해배되어 한양에 돌아오지 못하고 금강산 생창역에서 병으로 죽었다. 허봉의 나이 38세 때였다. 난설헌에게는 마지막 삶의 끈이 끊어진 것이다. 그는 광상산에서 노니는 꿈을 시로 표현했다.

> 짙푸른 바다는 구슬 바다에 스며들고, / 푸른 난새는 옥색 난새와 어울렸네. / 연꽃 스물일곱 송이, / 달빛 찬 서리에 붉게 떨어졌네.
>
> -「몽유광상산」 중에서

허균은 "우리 누님이 기축년(1589) 봄에 돌아가셨으니, 그때 나이가 27세였다. 그의 시에 '부용삼구타(芙蓉三九朶, 스물일곱 꽃송이 떨어지다)'란 말은 곧 이것을 증험함이다"(장정룡, 『허난설헌 평전』, 46쪽 재인용)라고 했다.

난설헌은 유언으로 자신의 모든 시를 불태우라 했다. 이 말은 난설헌과 그의 시가 동일체임을 말하고 있다. 육신의 목숨이 정신의 목숨과 하나라는 뜻이다. 그는 경기도 광주군(시에서 '광릉') 초월면의 두 자녀 옆에 누웠다. 남편 김성립은 문과에 급제 후 임진왜란 때 의병으로 왜군과 싸우다 전사했다. 그는 난설헌과 두 자식이 잠든 곳 근처에 둘째부인 홍씨와 함께 묻혔다.

난설헌의 시 중에서 압권은 신선세계를 노래한 「유선사(신선계를 노니는 노래)」 87수로 총 2,436자나 되는 연작시다. 그는 이 시들에 기대어 선계를 통해 여성의 자주의식과 평등사상을 밝혔다. 더불어 남성 중심적이며 봉건적인 예속에 반기를 들었다. 그는 죽어 신선세계로 들어갔다. 「몽유광상산시서」에서 두 여인이 그를 맞는다. "여기는 광상산입니다. 신선들이 사는 십주(十洲) 중 가장 아름다운 곳입니다. 당신에게 신선의 인연이 있기에 여기에 온 것입니다. 어찌 시를 지어 남기지 않겠습니까?"라고 꿈속의 사실을 그렸다.

노동소외론을 난설헌이 먼저 읊다?

난설헌의 관심사 중 하나가 봉건적 질곡에서 고통받는 가난한 서민들과 여인들의 삶이었다. 「감우(感遇, 우연히 느낀 대로)」라는 시에서 이렇게 읊었다.

> 동쪽 세도가 불처럼 성하던 날 / 드높은 누각에서 풍악소리 울리지만 / 북쪽 가난한 이웃 헐벗으며 / 주린 배 움켜쥐고 오두막에 쓰러지네.
>
> –「감우」 5수

또 그는 「빈녀음(가난한 여인의 노래)」 3수에서 밤 깊도록 쉴 새 없이 길쌈하지만 자기의 것은 아니라고 하며 4수에 이렇게 썼다.

> 손에 가위 쥐고 쉼 없이 자르니 / 밤도 차가워 열 손가락 굽지 않네요. / 딴 사람 위해 시집갈 옷 짓지만 / 난 해마다 홀로 잔답니다.
>
> –「빈녀음」 4수

조선의 가난한 여인들의 한을 대변했다. 이덕일 역사학자는 마르크스의 노동소외론이 나오기 300여 년 전, 이미 난설헌이 「빈녀음」에서 직관으로 노동자의 노동소외론을 말했다고 평했다.

남성 중심 사회에서 당당히 자·호·이름을 갖다

난설헌은 호다. 예부터 중국에서 고결하고 높은 경지의 사대부들이 즐겨 쓴 아호가 '난설헌'이었다. 아버지 초당 허엽이 지어준 이름이다. 초희는 이름이다. 그는 미녀였고 능력도 뛰어나 집안에서 어렸을 때부터 초희(楚姬)라고 불렀다. 경번(景樊)은 자인데, 난설헌이 스스로 지었을 것이라 한다. 중국 당나라 때의 시인 번부인(樊夫人)처럼 되고 싶다는 의미, 또는 도교에서 신선이 된 유강의 처 번부인처럼 살고 싶다는 뜻이 담겨 있을 것이다. 조선 여성 중에서 자나 호, 이름을 가진 사람은 극히 드물었다. 이는 곧 남성 중심 사회에서 그만큼 대접받았다는 뜻일 것이다. 또 그는 조선 사대부의 최고 지성인을 일컫는 '시·서·화 삼절'로도 이름이 높았다.

강릉 3·1독립만세운동기념탑과 경포대 가는 길

허난설헌 생가터에서 오른쪽 송림길로 걸어나가면 경포호변길이다. 호수도 호수지만 왼편 경포가시연습지에 흰색의 구절초들이 멋지게 피었다. 습지 쪽으로는 창포정원, 야생화단지 등으로 꾸며놓았고 보행데크도 있어 습지 가운데를 걷는 즐거움은 덤이다.

이제부터 호변길 옆으로는 노란 금계국, 하얀 구절초들과 조각상들이 반긴다. 호수를 바라보고 앉는 그늘가 벤치에는 어김없이 부부나 연인들이 자리했다. 또 흰돌 원영동 시비 등 여러 시비들이 곳곳에 있어 시를 읽는 재미도 있다. 그러나 뭐니뭐니 해도 꽃이다. 붉은색 작약이나 보라색 붓꽃도 자태를 뽐낸다.

왼편에 넓은 경포가시연습지가 펼쳐진다. 습지광장은 공연장인지 넓은 잔디밭이고 그 너머에 또 다른 호수(습지)가 펼쳐져 있다. 억새가 만발한 가을날에는 장관이겠다. 여기서 경포대까지는 0.4km다.

허난설헌 생가터에서 오른쪽 송림길로 걸어나가면 경포호변길이다. 호수도 호수지만 왼편 경포가시연습지에 흰색의 구절초들이 멋지게 피었다.

이곳에 '강릉 3·1독립만세운동기념탑'이 있다. 강릉보통학교, 강릉청년회, 강릉감리교회 등 비밀조직이 주도하여 1919년 4월에서 5월까지 연인원 만여 명이 만세운동에 참여했다고 한다. 기념탑 앞 만세운동을 하는 조각 중 웃통을 벗고 두 팔 올려 만세 하는 남성의 모습이 인상적이다. 오른쪽에 남녀 어린아이가 앉아서 만세 장면을 지켜보고 있다. 산교육이다. 교육은 이렇게 해야 한다. 두 아이는 저절로 독립의식을 가질 것이다. 또 그 옆으로 일본 대사관 앞 소녀상과 똑같은 위안부 소녀가 외롭게 앉아 있다.

경포대 가는 길, 금계국들이 꽃말처럼 상쾌한 기분이 들게 하고 초록의 억새들도 미리 가을을 준비하고 있다. 도로가로는 수령이 좀 됨직한 벚나무들이 즐비하다. 벚나무들이 가로수 역할을 하며 도로가를 막아주니 옆에 차가 다니는지 의식되지 않는다. 실은 벚꽃이 한창일 때

강릉 3·1독립만세운동기념탑. 오른쪽에 남녀 어린아이가 앉아서 만세 장면을 지켜보고 있다.

오고 싶었으나 기회를 잡지 못했다. 벚꽃 계절에 경포 산책길은 함박눈이 쌓여 있는 겨울과 구분이 어려울 정도로 흰색의 파노라마를 연출한다. 언덕 위에 경포대가 치맛자락을 펄럭이듯 보인다. 경포대에서 바라보는 전망을 그려본다.

경포대

오래전, 강릉의 대명사는 경포대였다. 관동팔경 중 첫손가락에 꼽히며 시인 묵객들이 그 아름다움을 노래한 시를 남겼고 화성(畫聖) 김홍도도 이곳의 풍광을 진경산수로 그려냈다. 고려 충숙왕 때 안찰사 박숙정이 방해정 뒷산에 세운 것을 조선 중종 때 강릉부사 한급이 이곳에 옮겨 지었다. 정면 5칸, 측면 5칸의 팔작지붕 누각으로 경포호 방향으로 한 단을 높여 조망을 중시했으며, 양옆으로 또 단을 높여 상석을 만들었다.

현판을 찍고 있을 때 아내가 오른편 상석에 올라앉아 있다. "거기가 상석인 줄 어떻게 알았어?"라고 물어보니 익숙하다고 대답한다. 덧붙여 바람도 시원하고 보이는 경치도 훌륭하다고 한다.

관동팔경 중 첫손가락에 꼽는 경포대. 정면 5칸, 측면 5칸의 팔작지붕 누각으로 경포호 방향으로 한 단을 높여 조망을 중시했다.

경포대(鏡浦臺) 현판이 두 개 있는데, 전서체는 유한지, 해서체는 이익회의 글씨다. 또 제일강산(第一江山) 현판은 주지번이 썼다 하나 확실하지 않다. 江山 글자는 지워져 후대에 다시 써 넣었다고 전한다. 내부에는 숙종의 어재시, 안축의 시 등 여러 시들로 채워져 있다. 그리고 율곡 이이가 10세 때 이곳에 올라 지었다는 시 「경포대부」도 있다. "여기에 한 누각이 호수에 임하여 / 마치 발돋움 자세로 날 듯하다. ……" 이이가 묘사한 것처럼 이곳에서는 해맞이나 달맞이 풍경, 그리고 야경이 일품이다. 그 순간 속세를 잊어버린다. 더군다나 송림에 둘러싸여 있어 더욱 그렇게 느끼게 된다.

홍장과 박신의 사랑 이야기를 쓴 정다산의 속내는?

이제 홍장과 박신의 사랑 이야기를 담은 조각품들이 눈에 들어온다. 이야기의 전개에 따라 열한 개의 조각품들인데, 조각품마다 해당 내용을 적어 놓았으니 읽는 재미가 쏠쏠하다.

고려 말 강원도 안찰사 박신이 강릉에 와서 강릉 기생 홍장과 사랑에 빠진 일화를 담았는데, 정약용의 『목민심서』「율기(律己)」 6조에 나온다. 강릉시는 한 편의 아름다운 사랑 이야기를 관광객들에게 보여주려 했으나, 정약용은 관리는 음주가무를 멀리해야 하며 즐기더라도 방탕해서는 안 될 것이라는, 즉 경계하는 뜻으로 이 이야기를 수록한 것이다. '율기'라는 말도 '자기 스스로[己]를 다스리라[律]'는 뜻이다. 여기서 스카이베이호텔까지는 약 450m다.

스카이베이호텔 넘어 경포해수욕장이 있다. 트렁크에서 그늘막과 캠핑의자 두 개를 가지고 해수욕장 한쪽에 자리를 잡는다. 이곳에서 하는 물 바라보기가 즐겁다. 그냥 아무 생각 없이 파란 하늘과 바다만 30

고려 말 강원도 안찰사 박신이 강릉 기생 홍장과 사랑에 빠진 일화를 담은 조각품. 열한 개의 조각품마다 사연을 적어 놓아 읽는 재미가 쏠쏠하다.

분 넘게 바라본다. 햇살이 따가운 여름에는 송림 안 그늘에 자리를 잡는다. 차와 과일을 먹으며 시간을 보내니 이런 여유는 덤이다. 식당은 선교장 인근 또는 허균·허난설헌공원 근처에서 순두부를 먹는다. 한번은 TV에서 소개한 순두부 맛집을 찾아갔는데 젊은 사람들 취향 같다. 느끼기에 음식이 자극적이었다. 우리는 슴슴한 순두부 맛이 더 좋다.

참고문헌

신정일, 『조선의 천재 허균』(상상출판, 2015)

장정룡, 『허난설헌 평전』(새문사, 2020)

이덕일, 『이덕일의 세상을 바꾼 여인들』(옥당, 2011)

허난설헌 지음/허경진 옮김, 『허난설헌 시집』(평민사, 2020)

이이화, 『조선인은 조선의 시를 쓰라』(김영사, 2008)

김정남, 『시인의 삶으로 역사를 읽다』(한권의책, 2020)

정약용, 『역주 목민심서 Ⅰ』(창작과비평사, 1988)

신동엽문학관에서
궁남지로 가는 백마강길

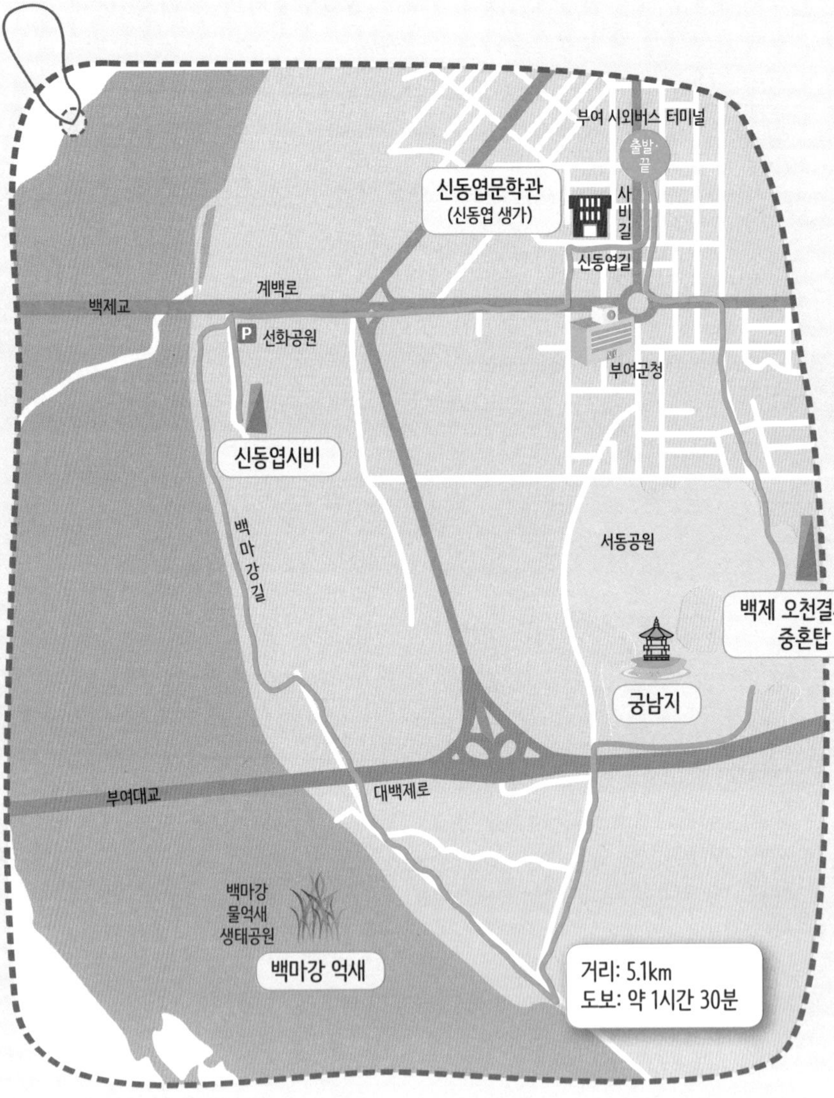

신동엽문학관

오늘은 백제의 고도 부여다. 신동엽문학관, 그리고 서동과 선화공주의 사랑 이야기를 담고 있는 궁남지, 이 둘을 연결하는 산책길이 백마강길이다. 부여 시외버스 터미널에서 신동엽문학관으로 가는 도로명은 사비길인데 평범한 읍길이다. 340m 올라가다가 부여성당 옆길로 들어서 걷는 길이 신동엽길이며, 100m 지점에 신동엽 생가와 문학관이 있다.

신동엽이 39세의 짧은 생을 마감하자 독자를 잃은 부친의 마음은 말이 아니었을 것이다. 그는 자식이 너무나 그립고 보고 싶어 아들의 생애를 더듬으며 노트에 한 자 한 자 쓰면서 아들의 환영이 남아 있던 집을 홀로 지켰다. 또 아들의 육필원고를 모아두고 신문기사도 스크랩했다. 신동엽문학관이 준공되자 가족은 부친이 모아둔 자료들을 포함하여 부인 인병선과 주고받은 연애편지 등 시인의 문학과 삶을 알 수

신동엽 생가. 뒤편에 신동엽문학관이 있는데 문학마당, 안마당, 옥상마당 등으로 구성되어 있다.

있는 자료 모두를 기증했다. 시인의 육필원고 737점에 편지와 사진 등 모두 2,114점이다.

신동엽길 도로가에 생가가 있고 뒤편의 문학관은 지하 1층, 지상 1층 규모다. 문학마당, 안마당, 옥상마당으로 구성되어 있는데 승효상 건축가가 설계했다. 문학관 오른편에 신동엽의 대표 시 구절들이 바람에 휘날리듯 서 있다. 부여 출신 화가 임옥상의 설치미술이다. 문학관 첫머리에서 만나는 것은 신동엽의 「서둘고 싶지 않다」 중 일부다. 시인은 시에서 내 인생을 시로 장식하고 사랑으로 채우고 혁명으로 불질러 봤으면 하고 바라지만, 그렇다고 서둘고 싶진 않다고 한다.

시, 민중에 대한 사랑, 그것을 위한 혁명, 이 세 단어에 신동엽의 인생관과 철학관이 함축되어 있다. 이 시 외에도 「껍데기는 가라」 등 대표적인 시가 해설과 함께 게시되어 있다. 기획전시관 문을 밀고 나가면 안마당과 옥상마당으로 이어진다.

신동엽, 그리고 시의 사상적 기저

신동엽은 1930년 6월 10일 충남 부여읍 동남리에서 태어났다. 그의 집은 매우 가난했고 한평생 가난과 함께 삶을 이어나갔다. 가난이 그의 가정만의 어려움은 아니었겠지만, 그에게 가난은 민중적 정서를 갖게 하는 주요 요인 중 하나였을 것이다. 그의 민중적 인식에는 동학사상도 큰 역할을 한 것으로 보인다. 시 「금강」에 따르면 어릴 적 그는 할머니의 등에 업혀 누나와 함께 「파랑새」 노래를 배웠다 한다. 그의 시 속에서 동학은 단순히 이념적 취향을 넘어 그 이상의 의미를 지니고 있다. 가정이지만, 할아버지가 어떤 식으로든 동학과 관련되고 동학농민혁명에 참여했을 개연성도 있다. 동학농민혁명의 해인 1894년에 할아버지가 경북 금릉(현 김천)에서 부여로 이사 왔다. 정부의 탄압을 피하려는 조치였을 것이다. 동학농민혁명 당시 경북이나 충청 지역은 2대 교주 최시형의 관할 아래 있었고 동학이 널리 퍼져 있었다. 그는 동학의 이념이나 동학농민혁명 이야기를 들으며 자랐을 것이다. 동학사상적 세계를 잘 표현하고 있는 시가 서사시 「금강」과 「수운(水雲)이 말하기를」이다. 이 시에서 신동엽은 동학의 반봉건, 반침략의 성격을 강하게 분출시키고 있다.

신동엽은 부여초등학교에서 6년 간 내리 우등생이었고 1942년(12세) 내지성지참배단으로 뽑혀 보름 동안 일본을 다녀왔다. 1945년 수재들만 간다는 전주사범학교에 입학했다. 해방공간에서 민주학생연맹 사건에 연루되어 전주사범학교에서 퇴학당하는데 좌익과 우익 학생들로부터 심한 린치를 당했다. 분단으로 치닫고 있던 역사 현장에서 좌도 아니고 우도 아닌 중립적 입장에서 목소리를 내고 있었기 때문이었을 것이다. 그는 전주사범학교 시절 아나키즘에 매료되어 있었다. 이 사상은 사회를 아나키 상태로 만들려는 정치적 철학사상이다. 아나키 상태란 사회적, 경제적, 정치적 지배자가 없는 것을 말한다. 여기서 지배자란 정부, 국가, 자본, 종교, 이데올로기 등등일 수 있다. 아나키즘은 자본주의에 대한 반발에서 비롯된 만큼 평등의 가치를 중요시한다. 한편으로는 국가나 권력에 대해 자유

신동엽문학관 오른편 담 모서리에 어딘가를 꿰뚫을 것 같은 시선의 양복 입은 신동엽의 모습. 구본주 작가의 작품 「위기의식」이다.

를 추구한다는 점에서 공산주의와도 대립된다. 자유와 평등의 공동체적 삶과 사회가 아나키즘에서 추구하는 이상이다. 「금강」에서도 "반도는 평화한 두레와 평등한 분배의 무정부 마을" 등 여기저기에 아나키즘이 녹아들어 있다. 그가 아나키즘에 흠뻑 빠져들 수 있었던 이유는 어떤 면에서 동학의 인내천 사상과도 통한다고 여겼기 때문일 것이다. 그에게 중요한 가치는 민족과 민중이었다. 이데올로기보다는 현재의 민족문제나 민중문제를 더 중요하게 봤다. 그래서 그의 시나 글은 참여문학이 될 수밖에 없었던 것이다.

1949년 9월, 신동엽은 단국대 사학과에 입학했다. 이듬해 한국전쟁 때에는 인민군 치하의 부여에서 민청 선전부장으로 부역하다 서울 수복 직후 부산으로 피신했다. 이후 국민방위군에 징집되어 죽을 고비를 넘기다 부여로 귀향했다. 대전 전시연합대학에서 학업을 이으며 친구와 함께 백제 사적지와 동학농민혁명 전적지를 답사했는데 이것은 그의 역사의식에 기저로 자리잡았다.

아사달·아사녀가 이룩한 귀수성 세계

> 사월십구일, 그것은 우리들의 조상이 우랄고원에서 풀을 뜯으며 양달진 동남아 하늘 고흔 반도에 이주 오던 그날부터 삼한으로 백제로 고려로 흐르던 강물, 아름다운 치마자락 매듭 고흔 흰 허리들의 줄기가 3·1의 하늘로 솟았다가 또 다시 오늘 우리들의 눈앞에 솟구쳐 오른 아사달 아사녀의 몸부림, 빛나는 앙가슴과 물굽이의 찬란한 반항이었다.
>
> –「아사녀」 6수

그는 4·19혁명을 아사달과 아사녀의 몸부림, 격동하는 역사의 반항이라고 평했다. 아사달·아사녀는 역사 속 유민들이고 3·1혁명의 중심이었다. 즉, 혁명의 주체인 민중이었던 것이다.

신동엽문학관 안마당에는 만년필을 움켜쥐고 있는, 인상 좋은 신동엽의 흉상을 만난다. 조각가 심정수의 작품이다.

신동엽은 1961년에 쓴 「시인정신론」에서는 나름의 역사관을 제시한다. 인류역사를 '원수성(原數性)-차수성(次數性)-귀수성(歸數性)' 세계로 구분했다. 원수성은 인간과 자연과 신이 하나의 공동체를 이룬 시대이고, 차수성은 물질문명에 의해 원수성이 파괴된 시대, 즉 계급과 착취의 시대를 말한다. 물론 그가 살았던 일제강점기나 이승만·박정희 독재도 이 시대에 속한다. 귀수성은 원수성 세계의 회복이다. 귀수성 세계의 인간을 그는 '전경인(全耕人)'이라 표현했다. 전경인은 원수성의 인간상이며 자연을 되찾은 인간이다. 그의 역사관은 흡사 마르크스 유물론의 부정의 부정의 법칙(무계급사회에서 계급사회, 다시 무계급사회)을 연상시키나, 귀수성 세계는 아나키즘의 사회이고 동학의 인내천 사회를 말한다. 신동엽은 귀수성 세계는 혁명으로 달성된다고 말했다. 그에게 역사 속 혁명이란 동학농민혁명이었고 당대에는 4·19혁명이었다.

4월의 시, 아사녀

1959년 1월 1일, 조선일보 신춘문예에 「이야기하는 쟁기꾼의 대지」가

입선작으로 뽑히면서 문인으로 데뷔했다. 4월혁명을 예감했는지 1960년 『교육평론』 1월호 권두시로 「싱싱한 동자(瞳子)를 위하여」에서 "얼음 뚫고 새 흙 깊이 씨 묻어두자 / 새봄 오면 강산마다 피어날 / 칠흙 싱싱한 눈동자를 위하여"라고 말했다.

교육평론사에 재직하고 있을 때 4·19혁명을 맞이했다. 곧 중·고등학생 시와 대학생, 박두진·조지훈·박목월 등 문인들의 시로 『학생혁명시집』을 엮어냈다. 그도 이 시집에 「아사녀」를 썼다.

> 어느 누가 막을 것인가 / 태백줄기 고을고을마다 봄이 오면 피어나는 / 진달래, 개나리, 복사
>
> 알제리 흑인촌에서 / 카스피해 바닷가의 촌아가씨 마을에서 / 아침 맑은 나라 거리와 거리 / 광화문 앞마당, 효자동 종점에서 / 노도처럼 일어난 이 새피 뿜는 불기둥의 / 항거…… / 충천하는 자유에의 의지……
>
> 길어도 길어도 다함없는 샘물처럼 / 정의와 울분의 행렬은 / 억겁을 두고 젊음 쳐 뒤를 이을지어니
>
> 온갖 영광은 햇빛과 함께, / 소리치다 쓰러져간 어린 전사의 / 아름다운 손등 위에 퍼부어지어라.
>
> –「아사녀」 8~11수

자유와 정의를 이념으로 하는 4월혁명의 환희가 잘 느껴지는 시다.

껍데기는 가라

그러나 이듬해 5·16군사쿠데타로 그 환희가 땅에 묻혔다. 그 시기에

쓴 시 중 하나가 「빛나는 눈동자」다. "너의 세상을 밟아 디디며 / 포도알 씹듯 세상을 씹으며 / 뚜벅뚜벅 혼자서 / 걸어가고 있었다." 1964년 6·3학생의거를 체험하고 1965년에 한일협정 비준반대 문인 서명운동에 참여할 정도로 그의 눈동자는 빛나고 있었다. 「삼월」에서는 "때는 아직도 미처 못다 익었나본데. // 소백으로 갈거나 / 사월이 오기 전, / 야산으로 갈거나 / 그날이 오기 전, 가서 / 꽃창이나 깎아보며 살거나" 라고 하여 여전히 혁명을 준비하며 갈구하고 있다. 그리고 1967년 1월에 「껍데기는 가라」를 발표했다.

> 껍데기는 가라. / 사월도 알맹이만 남고 / 껍데기는 가라.
>
> 껍데기는 가라. / 동학년 곰나루의, 그 아우성만 살고 / 껍데기는 가라.
>
> 그리하여, 다시 / 껍데기는 가라. / 이곳에선, 두 가슴과 그곳까지 내논 / 아사달 아사녀가 / 중립의 초례청 앞에 서서 / 부끄럼 빛내며 / 맞절할지니
>
> 껍데기는 가라. / 한라에서 백두까지 / 향그러운 흙가슴만 남고 / 그, 모오든 쇠붙이는 가라.
>
> –「껍데기는 가라」

「껍데기는 가라」는 민중민족주의를 표현한 것으로 1980년대 무던히도 애창되었던 시다. 알맹이는 새로운 씨앗이 되고 또다른 껍데기가 된다. 시대적 소명이 끝나면 또다른 알맹이에게 자리를 내주어야 한다. 시에서 신동엽은 단호하게 명령한다. 그만큼 그에게 민중이 어우러진 민족 공동체는 확신이었다. '껍데기'는 민중을 착취하고 억압하는

모든 세력이고, '쇠붙이'는 제국주의적 성격을 띠고 있는 한반도 주변의 강대국들이다. '알맹이'와 '흙가슴'은 전경인과 귀수성 세계이며 이는 곧 민중이 하늘로 대접받는 자주적 독립국가다. 시에서 귀수성 세계의 모습을 '중립의 초례청'이라는 시어로 표현했다. 신동엽은 남과 북의 민중으로 대변되는 아사달과 아사녀가 모든 가식을 벗어버린 중립의 혼례식을 통해 이데올로기 대립과 분단을 극복하고 통일을 염원하기를 원했다. 그는 이러한 시대를 열기 위해 "살아가리라 / 누가 하늘을 보았다 하는가, 누가 구름 한 자락 없이 맑은 / 하늘을 보았다 하는가."(「누가 하늘을 보았다 하는가」 중에서)라고 하며 후천개벽의 혁명의 길을 걷고자 했다.

마지막으로 죽음을 예감한 시 「담배 연기처럼」을 보자. "사랑해 주고 싶은 사람들은 / 많이 있었지만 / 하늘은 너무 빨리 / 나를 손짓했네." 여기서 '사랑해 주고 싶은 사람들'은 이 땅의 민중들이다. 그는 그 민중들을 위해 나가야 할 역사의 방향을 직시하며 시로써 말했다. 부여읍 나성지 금강 기슭에 있는 시비를 보면 그인 양 눈인사나 해야겠다. 시에 문외한인 나 같은 사람에게 그의 시는 직설적이어서 좋다.

신동엽 시비

선화공원으로 가려면 계백로로 나와야 한다. 백제교 방향으로 부여경찰서, 건양대학교 부여병원을 지나 왼쪽길로 접어들면 백마강길이다. 그곳에 선화공원이 있지만 별 볼 것이 없다. 백마강변에서 공원 이름 중 하나를 선화공원이라 했다. 그냥 이곳은 백마강길을 따라 걷는 한적한 산책길이다.

백제교 초입, 선화공원에 들어서면 이정표를 만난다. '백마강 물억새 생태공원 1.3km'와 '백마강길(궁남지)'이다. 이정표 방향으로 가지 말고 왼쪽 흙길로 가야 신동엽 시비를 만날 수 있다. 네 개의 네모 구성으로 만들어진 시비는 아담하다.

시인은 1969년 4월 39세의 너무나 짧은 생을 살다 갔다. 한국전쟁 때 국민방위군으로 징집됐다가 탈출하여 귀향길에 배고픔을 견디지 못하고 민물 날게를 먹은 것이 화근이었다. 간디스토마에 걸려 고생하다가 간암으로 요절한 것이다. 시비에는 그의 대표작인 「껍데기는 가라」가 아니라 「산에 언덕에」 시가 새겨져 있다.

> 그리운 그의 얼굴 다시 찾을 수 없어도 / 화사한 그의 꽃 / 산에 언덕에 피어날지어이.
>
> 그리운 그의 노래 다시 들을 수 없어도 / 맑은 그 숨결 / 들에 숲속에 살아갈지어이.
>
> (……)

신동엽 시비. 네 개의 네모 구성으로 아담하게 만들어져 있다. 사후 1주기를 맞아 문인들이 세웠는데 「산에 언덕에」 시가 새겨져 있다.

그리운 그의 모습 다시 찾을 수 없어도 / 울고 간 그의 영혼 / 들에 언덕에 피어날지어이.

-「산에 언덕에」

사후 1주기를 맞아 문인들이 세웠다. 시에서 신동엽에게 '그리운 그'는 그가 사랑했던 이 땅의 민중들이지만 문인들은 '그'를 '신동엽'으로 치환시켜 절절한 그리움을 표현하고 있다. 누가 시를 골랐는지 모르겠지만 딱 맞는 선택이다. 이제, 흙길에서 넓은 포장도로(백마강길)로 나와야 한다. 흙길로 계속 가면 마을의 개들로 인해 놀랄 수 있다.

백마강길

공주와 부여를 활처럼 흐르면서 서해로 빠져나가는 강이 금강이다. 금강은 비단[錦]을 펼쳐놓은 것처럼 아름다운 강이다. 금강 중에서 부여를 감싸고도는 곳을 백마강이라 한다. 백제 멸망 당시 소정방의 당나라군

백마강 물억새생태공원. 억새들이 바람 따라 몸을 흔들며 물결친다.

이 부소산성 아래 금강 하구에서 폭풍 때문에 애를 먹고 있었다. 이유인즉, 무왕이 용이 되어 강을 지키고 있었기 때문이다. 소정방은 백마를 미끼로 용을 잡아죽이고 사비성을 함락했다. 이러한 이야기를 담고 있는 강이 백마강이다. 줄여 '백강'이라고도 한다.

생태공원 방향으로 계속 걷다보면 백마강변에 푸른 잔디 위에 골프장, 축구장, 야구장이 이어진다. 강가에서 둑까지는 푸른 녹색의 평지다. 백마강 물억새생태공원에서는 눈이 즐겁다. 이제 갓 만개할 준비를 하는 억새들이 바람 따라 몸을 흔들며 물결치고 있다. 시간이 좀더 있었으면 들어가 그 품에 안기고 싶었지만 아쉬움을 뒤로 남겨뒀다. 곳곳에 풍경화 속 원두막이 자리하고 있고 기와를 올린 정자도 있다.

억새 바다는 계속 이어지지만, 궁남지로 가려면 부여대교(대백제로) 밑을 지나 만나는 정자에서 530m 지점, 화장실을 앞두고 약 60m 지점에서 몸을 90도 돌려 시내 방향으로 걸어가야 한다. 이정표에 궁남지 방향을 안내하는 화살표 하나가 아쉽다.

연꽃으로 유명한 궁남지. 연못을 가로지르는 다리 반대편에는 빅토리아연이 군락을 이루고 있다. 어떤 빅토리아연은 지름이 180cm가 넘는다고 한다.

궁남지로 가는 길과 초가을 궁남지 풍경

도로 좌우에 벼가 누렇게 익어가고 있고 저 앞 약간 높은 곳에 대백제로가 보인다. 건너 오른편이 궁남지다. 궁남지와 물억새생태공원을 묶어 산책한다면 궁남지에 주차하고 나서 역방향으로 물억새생태공원으로 걸어가도 좋다. 580m이며 9분 정도 걸린다.

궁남지는 연꽃이 유명한데 7월 중순부터 자태를 뽐내기 시작한다. 지금은 말라 앙상하지만 연못 중심 둘레는 전혀 다른 풍경이다. 연못 남쪽에는 녹색의 연잎들 위에 나무다리며 물무궁화, 꽃무릇 등 다양한 꽃들, 다리 반대편 연못에는 빅토리아연이 군락을 이루고 있다. 어떤 빅토리아연은 지름이 180cm가 넘는다고 한다. 오리들의 정원인 양 오리들이 노닌다. 동문광장 쪽 연못들에는 노란색의 물양귀비 떼들, 고고한 자태를 뽐내는 여러 종류의 수련이 사람들의 시선을 사로잡는다.

궁남지(宮南池), 사비성 남쪽의 연못이라는 뜻이다. 『삼국사기』 무왕 35년(634)조에 "3월, 대궐 남쪽에 못을 파고 20여 리 밖에서 물을 끌어 들였다. 그리고 사방의 언덕에 버들을 심고 못 가운데 섬을 쌓아서 방장선산(方丈仙山, 신선이 사는 곳)에 비겼다"(김부식 지음/신호열 역해, 『삼국사기』, 509

우리나라 최초의 인공연못 궁남지. 궁남지는 사비성 남쪽의 연못이라는 뜻이다. 백제 무왕이 뱃놀이를 했다는 얘기가 전해진다.

쪽)라는 기록을 통해 우리나라 최초의 인공연못이었음을 알 수 있다. 당시 무왕이 뱃놀이까지 했다고 한다. 가운데 섬에는 포룡정(抱龍亭)이 있다. '용을 품고 있는 정자'라는 뜻이다. 현판은 박정희 정부 시기 김종필 씨가 국무총리를 지낸 첫해(1971년)에 썼다.

포룡정으로 가기 직전 다리 앞에 '서동과 선화공주의 사랑 이야기'가 한글, 영어, 일어로 안내되어 있지만 『삼국유사』의 내용과 많이 다르다. 이에 반해 궁남지 출입구 매점 맞은편에 '서동요비'가 있는데 『삼국유사』의 내용 그대로다.

무왕의 출생 비밀

서동과 선화공주 이야기는 『삼국유사』 「기이」의 무왕편에 기록되어 있다. 일단 그 현장 속으로 들어가 보자.

> 제30대 무왕의 이름은 장(璋)이다. 그의 어머니가 서울(부여)의 남지(南池)라는 못 둑에 집을 짓고 홀어미로 살더니 그 못의 용과 관계하여 그를 낳았다. 아명은 서동이니 그의 재능과 도량을 헤아릴 수 없었다. 그는 평소에 마를 캐어 팔아서 생업을 삼았으므로 나라 사람들이 이렇게 이름을 지었다.
>
> – 『삼국유사』 「기이2」(일연 지음/리상호 옮김, 『사진과 함께 읽는 삼국유사』, 199~200쪽)

백제 제29대 법왕이 2년 정도 왕좌에 있다가 살해당했다. 그 뒤를 이어 무왕이 즉위했다. 어머니는 부여의 남쪽 연못가에 살았고 용과 관계하여 무왕을 낳았다 한다. 백제 왕실에서는 왕족이 용으로 표현되는데, 직계는 흑룡, 방계는 황룡이다. 그리고 다른 왕족이나 몰락한 왕족은 지룡(池龍)이다. 무왕은 지룡에 해당된다. 『삼국사기』에는 무왕이 법왕의 아들이라고 기술되어 있다. 또 위덕왕의 아들이지만 적자가 아니라 서자 출신으로 왕실의 방계라고도 한다. 위덕왕이 죽자 동생 혜왕이 즉위했는데, 모종의 정치 변란이 있었을 것이라고 짐작하는 학자도 있다. 그래서 무왕은 혜왕과 법왕 시기에 신분을 속이고 익산에서 마를 캐면서 살아야 했다는 것이다. 서동이라는 말 자체가 마[薯 마 서]를 캐는 아이[童 아이 동]라는 뜻이다.

서동과 선화공주의 결혼

> 그가 신라 진평왕의 셋째 공주 선화가 아름답고 곱기 짝이 없다는 소문을 듣고 머리를 깎고 신라의 서울(경주)로 가서 동리 아이들에게 마를 나눠 먹였더니 여러 아이들이 그와 친해져 따르게 되었다. 이래서 그는 동요를 지어 여러 아이들을 달래어 이를 부르게 하였는데 그 노래는 다음과 같다.
>
> 선화공주님은 / 남 몰래 정을 통해두고 / 서동방을 / 밤에 몰래 안고 간다.
>
> –『삼국유사』「기이2」(일연 지음/리상호 옮김, 앞의 책, 202쪽)

서동은 지략이 뛰어났다. 진평왕의 셋째 딸 선화공주를 아내로 맞으려고 마를 아이들에게 나눠주며 19금에 해당하는 노래를 경주 전역에 퍼지게 했다. 진평왕은 선화공주를 내쫓았고, 왕비가 순금을 약간 챙겨줬다. 호위병사나 시녀도 없이 공주가 궁궐에서 쫓겨나 먼 길을 가고 있었다. 서동이 지켜보고 있다가 기회를 포착하여 인사를 하고 보호해 주겠다고 한다. 공주는 그가 어떤 사람인지 알지 못했지만 끌리는 매력이 있어 동행을 허락했다. 동행하면서 가까워져 잠자리도 함께했다. 그가 알고 보니 서동이었다.

서동의 작전에 따라 선화공주는 백제 익산까지 왔다. 서동과 살림을 꾸리기로 했는데 먹고살 일이 걱정이다. 일단 모친이 준 순금으로 살림살이를 장만할 생각이었다. 먼저 생각해 볼 것이 선화공주와 서동의 결혼이 가능했겠느냐는 것이다. 신라는 삼국 중에서 신분적 위계질서가 가장 엄격했다. 그것이 골품제다. 선화공주는 성골 출신이고 서동은 글 속의 내용으로 봤을 때 평민이다. 일단 여기까지는 공주와 평민 간 국경과 신분을 초월한 아름다운 사랑 이야기다.

황금을 보자 서동이 자기에게는 황금이 흙더미처럼 쌓여 있다고 말한다. 그래서 서동이 큰돈을 다루는 장사꾼이라는 주장도 있다. 거상(巨商)의 신분으로 공주를 아내로 맞이했다는 말이다. 선화공주의 부탁에 따라 서동은 황금들을 지명법사의 놀라운 신통력으로 신라 왕궁에 보냈다. 이를 두고 예물이라고 보는 주장도 있다. 황금을 보고 놀란 진

궁남지에는 서동요비, 서동과 선화공주 이야기, 조각 등이 있다.

평왕은 선화공주의 편지를 읽고 나서 둘의 결혼을 승낙했을 뿐 아니라 사위 서동이 백제의 왕이 되는 데 큰 역할을 한다. 진평왕의 지지를 받고 있던 서동이 백성들의 마음을 얻어 왕이 된 것이다. 서동과 선화공주의 드라마틱한 결혼이 역사적 사실을 담고 있다면 논리에 비약이 심하고, 단편소설적인 설화라면 엉성하기 짝이 없다.

무왕, 왜 신라에 화력을 집중했나?

554년, 백제가 신라와 벌인 관산성 전투에서 성왕이 전사하면서, 동성왕 이후 성왕 때까지 유지되어 오던 왕권 중심의 정치체제가 귀족 중심의 정치운영으로 바뀌었다. 위덕왕이 죽자 동생 혜왕이 왕위를 이었으나 불과 1년 만에 사망했다. 아들 법왕이 즉위했으나 그도 2년 만에 죽었다. 혜왕과 법왕의 단명은 왕권을 강화하는 과정에서 귀족들에게 살해당했을 가능성도 있다.

법왕이 사망하자 귀족들은 몰락한 왕족 출신인 무왕을 즉위시켰다(600). 약 50년 동안 귀족연립체제를 유지하던 귀족들이 허수아비 권력을 만들고자 했으나 무왕은 능력을 발휘해 왕권을 회복하는 데 힘을 모았다. 그가 왕권 강화 방법으로 택한 것이 전쟁이었다. 602년 남원에 있는 신라의 아막성에 대한 공격으로 전쟁을 시작했다. 602년부터 636년까지 신라와 전쟁을 벌인 해만도 12년에 달한다(『삼국사기』). 신라보다 백제의 공격이 더 많았기 때문에 군사적으로 백제가 우위에 있었다는 것을 알 수 있다. 612년 금강 상류지역의 신라 가잠성에 화력을 집중시켜 점령했다. 이제 전쟁에서 백제가 주도권을 확실하게 잡았다.

627년, 무왕은 한강유역을 회복하기 위해 크게 군대를 일으켜 웅진에 주둔시켰다. 다급했던 신라의 진평왕은 당나라에 사절을 파견하여 무왕을 압박하도록 했다. 당의 압력으로 한강유역 회복은 무산되었지만, 무왕은 사망할 때까지 신라에 대한 공격의 고삐를 늦추지 않았다.

미륵사에 대한 삼국유사의 기록

선화공주는 미스터리 한 인물이다. 진평왕의 셋째 딸이라고 하지만 진평왕의 딸들로 천명공주와 덕만공주만이 역사에 기록되어 있다. 천명공주는 김춘추의 어머니이고 덕만공주는 신라 제27대 선덕여왕이다. '진평왕의 셋째 딸 선화공주'라는 말은 『삼국유사』 서동설화에만 나온다. 가공의 인물일 가능성이 농후하다. 더군다나 서동과 선화공주의 결혼은 당시 상황에 비추어 봤을 때 외교관계에서 굉장히 중요한 사건이다. 그러나 『삼국유사』보다 140년 앞서 발간된, 합리적 관점에 따라 쓰였다는 『삼국사기』에는 단 한 마디 언급도 없다.

이제 미륵사 창건과 관련된 이야기로 옮겨보자. 미륵사는 백제 무왕 때 창건됐다. 7세기 당시 국운을 건 삼국 간 대립이 최고조에 이르렀다. 무왕은 미륵사상을 통해 국력을 하나로 모아 신라를 압박해 다시 세력을 떨치려 했다. 서동설화에 언급된 미륵사 창건 관련 내용을 보자.

> 하루는 무왕이 부인(선화공주)과 함께 사자사로 가고자 용화산 밑 큰 못가에 이르니 미륵불 셋이 못 속에서 나타나므로 왕이 수레를 멈추고 치성을 드렸다. 부인이 왕에게 말하기를, "여기에 꼭 큰 절을 짓도록 하소서. 진정 저의 소원이외다" 하니 왕이 승낙하고 지명법사를 찾아가서 못을 메울 일을 물었더니 법사가 귀신의 힘으로 하

룻밤 사이에 산을 무너뜨려 못을 메워 평지를 만들었다.

이리하여 미륵 불상 셋을 모실 전각과 탑과 행랑채를 각각 세 곳에 따로 짓고 미륵사라는 현판을 붙였다. 진평왕이 각종 장인들을 보내어 도와주었으니 지금도 그 절이 남아 있다.

–『삼국유사』「기이2」(일연 지음/리상호 옮김, 앞의 책, 203쪽)

무왕이 왕비 선화공주와 함께 사자사에 가는 길에 큰 연못에서 세 미륵불을 목격했다. 선화공주는 무왕에게 연못을 메워 절을 짓자고 말했다. 무왕의 부탁을 받은 지명법사가 신통술로 하룻밤 만에 절터를 만들었다. 거기에 진평왕이 보낸 전문 건축기술자들의 도움을 받아 미륵 불상 셋을 모실 전각과 탑, 행랑채를 짓고 '미륵사'라 이름을 지었다 한다. 지금의 미륵사지와 똑같은 구조다. 그래서 일연은 미륵사를 보고 '그 절이 지금도 남아 있다'고 글을 덧붙여, 서동설화가 사실을 기록한 것이라 여겼던 것이다. 그런데 2009년 미륵사지탑 해체 조사과정에서 사리장엄구와 「금제사리봉안기」가 발견되었다. 미륵사 창건과 관련하여 「금제사리봉안기」의 기록은 『삼국유사』의 기록과 다르다. 독실한 불교도인 좌평 사택적덕의 딸인 왕후가 정성을 다해 재물을 내어 미륵사를 세웠다고 한다. 일연이 참고했다는 옛 책에서는 사택적덕 대신 선화공주로 주인공이 바뀌어 있다. 또 하나의 의문점이 있다.

서동설화에서는 미륵사를 만들 때 진평왕이 신라의 전문 건축기술자들을 보내 도와주었다고 한다. 그런데 당시 건축기술은 백제가 더 뛰어났다. 예를 들어 황룡사 9층 목탑을 건축할 때 선덕여왕이 백제의 장인 아비지와 기술자 200여 명을 초빙했다고 한다. 그러면 왜 서동설화에는 신라의 전문 건축기술자들의 도움을 받았다고 했을까? 당시 백제 백성들이 신라의 국력을 더 높게 인식하고 있었다고 할 수 있다. 성왕 이후 백제의 정치는 혼란 속에 있었고 대외적으로도 신라에 밀리고 있었다. 이러한 시대 상황이 서동 즉위나 미륵사 창건에 진평왕이 영향력을 미쳤을 것이라는 관점에서 이야기를 전개했다고 추측된다.

일연은 왜?

일연은 『삼국유사』에서 서동을 무왕이라고 고쳐 썼다. 그가 참고한 옛 책에는 무강왕이라고 되어 있었던 모양인데 이를 지적했다.

> 옛 책에 무강(武康)이라고 한 것은 잘못이다. 백제에는 무강왕이 없다.
>
> –『삼국유사』「기이2」(일연 지음/리상호 옮김, 앞의 책, 199쪽)

일연은 역사를 기록하는 자가 어떠한 자세를 가지고 있어야 하는지에 대해 알고 있었던 것 같다. 그냥 무왕이라고 적으면 되는데, 무왕에다 주(註)를 붙여 '무강왕'이라고 서술했다. 혹, 자신이 잘못 알 수도 있다는 염려였을 것이다.

일연은 서동설화를 적을 때 옛날 책을 참고했다고 하는데, 그것이 무엇인지는 쓰지 않았다. 따라서 서동과 선화공주 이야기는 일연이 처음 기술한 것이 아니다. 아마 그 옛 책은 백제 백성들 사이에 구전되던 것을 기록한 것으로 보인다. 앞서 말했듯이 '선화공주'는 가공의 인물로 여겨진다. 또한 무강왕이 되는 '서동'도 가공의 인물일 것이다. 일연은 옛 책에서 진평왕의 셋째 딸 선화공주라는 글에 주목하여 진평왕 시기를 염두에 두고 무강왕을 무왕으로 보았다. 그러다 보니 무왕 때의 역사적 사실과 서동설화 속의 역사적 사실이 맞지 않는 것이다. 서동설화가 주는 메시지를 중심으로 조금 단순하게 접근해 보자.

서동설화는 결과적으로 백제와 신라 왕실 간 결혼이다. 서동이 선화공주와 결혼하기를 원해 작전을 짰고 그대로 줄거리가 전개됐다. 황금을 진평왕에게 보냈고, 진평왕의 지지를 받은 서동이 백제 백성들의 마음을 얻어 왕위에 올랐다. 곁가지를 치고 본다면 진평왕과 서동은 장인과 사위이며 서로 도움을 주고받는 관계였다. 신라와 백제 간에 협조가 있을 뿐이지 싸움은 보이지 않는다. 무왕 당시의 백제 백성들은 이 같은 평화의 시대를 갈구하지 않았을까? 서동설화는 백제 백성들의 평화에 대한 염원에 의해서 민간에서 일정 정도 사실을 토대로 창작되었을 가능성이 있다.

무왕은 진평왕의 신라에 대항해 거세게 전쟁을 몰아붙였다. 성왕 이후부터 무왕 이전까지의 백제왕들에게서는 볼 수 없었던 공세적 전쟁이었다. 그러나 백성들의 입장에서 볼 때 전쟁은 삶의 고단함과 죽음을 의미한다. 그들에게는 백제 왕실이니 신라 왕실이니 하는 문제는 큰 의미가 없었다. 죽음과 삶이 그들의 현실이었다. 삶에 대한 집단적 열망이 민간에서 서동설화를 태동시킨 것은 아닐까?

무왕 당시의 시대 상황을 설정하기 위해 진평왕에게 실재하지 않았던 선화공주라는 셋째 딸을 만들어냈다. 백제 쪽에서는 무왕의 이름을 차용하여 '무강왕'이라 했다. 어릴 적 이름을 '서동'이라 한 것은 매우 어렵게 살았다는 것을 나타내며, 어머니가 연못의 용과 관계하여 서동을 낳았다고 한 것은 무왕이 몰락 왕족이었다는 사실을 은연중에 암시한다고 할 수 있다. 그리고 백성들은 서동과 선화공주 간 러브스토리를 통해 전쟁이 아닌 평화를 염원한 것이다.

일연은 왜 서동설화를 『삼국유사』에 인용했을까? 설화 속 지명법사의 신통력이 그 힌트가 될 것 같다. 지명법사가 불력(佛力)을 이용하여 금을 하룻밤 사이에 신라 궁중에 옮겨주었고, 하룻밤 사이에 연못을 메워 평지로 만들었다 한다. 지명법사를 통해 부처의 능력을 보여주고자 한 것이다. 즉, 승려 일연에게 옛 책에 수록된 서동설화는 백성들에게 부처의 위대함을 보여줄 수 있는 중요한 소재였던 것이다. 서동설화의 이야기가 역사적 사실인지 아닌지에 대해 일연은 판단을 보류한 것 같다. "백제에는 무강왕이 없다"는 주를 통해, 그는 사실 여부는 후대의 역사가들에게 맡기고자 했음을 알 수 있다.

백제 오천결사대 충혼탑

궁남지 한쪽에 백제 오천결사대 충혼탑이 있다. 충혼탑은 부여 부소산 절터에서 출토된 백제의 아름다운 치미를 양 날개로 삼고 앞면, 뒷면 중앙연결부에는 강한 생명력을 의미하는 인동초, 날개에는 백제의 무늬벽돌 중 위로부터 산경치봉황무늬, 연꽃구름무늬, 연꽃도깨비무늬 벽돌에 이어 연꽃무늬 수막새를 조각해 백제예술문화의 우수성을 표현했다. 연꽃도깨비무늬는 앞면 상석에도 조각되어 있다. 부여시대 백제 문화를 대표하는 치미와 무늬벽돌, 수막새를 여기서 보니 시간이 나면 국립부여박물관에 가서 실물을 대하고 싶어진다. 계백과 보병, 기병 군상들은 죽음을 각오한 결의가 잘 표현되어 있다.

당나라 소정방 군대가 백강으로 밀고 들어왔다. 또 김유신이 이끈 신라 5만 군사가 탄현을 넘어 황산벌로 진격 중이었다. 당시 의자왕이 모두 긁어모을 수 있는 병력은 3만 정도였지만 대부분 지방에 있었다.

의자왕은 지방에 있는 병력들을 사비로 불러들이기 위해 신라군을 어느 지점에 묶어두어야 했다. 그래서 계백에게 5천결사대로 황산벌에서 신라군을 막으라고 명령한 것이다.

처음부터 계백의 황산벌 전투는 김유신의 신라군에게 승리하는 것이 목표가 아니었다. 신라군이 사비로 오는 것을 막아 시간을 벌면 되는 것이었다. 계백과 5천결사대는 모두 죽을 수밖에 없는 싸움터에 있었던 것이다. 660년 7월 9일부터 이틀 동안 황산벌에서 처절한 전투가 시작됐다. 계백은 처음 네 번의 전투에서 신라군을 격퇴했다. 다급해진 쪽은 김유신이었다. 7월 10일에 당나라군을 사비에서 만나기로 약속되어 있었기 때문이다. 그는 화랑 반굴과 어린 관창을 죽음으로 내몰아 신라군을 충동질했다. 그 결과 5만으로 5천을 그냥 깔아뭉개 힘겨운 승리를 거두었다. 계백과 5천결사대는 승산 없는 싸움에 임해 죽음으로 의자왕과 백제 백성들에게 충성을 다한 것이다.

동문광장으로 나가 사거리에서 궁남로를 따라 궁남사거리로 걷다 보면 연잎밥 식당들이 보인다. 그중 백제향도 보인다. 2014년 10월 말,

궁남지의 백제 오천결사대 충혼탑. 부여시대 백제문화를 대표하는 치미와 무늬벽돌, 수막새 등을 볼 수 있다.

학생 74명을 인솔해 공주·부여 역사문화답사를 한 적이 있다. 사전답사 때 이 식당에 들러 학생들에게 향토식을 맛보게 하고 싶다고 부탁했다.(전에도 가족여행 때 이 식당에 왔지만 대기줄이 길어 포기했었다.) 할인된 가격인데도 학생들이 부족한 음식을 주문하면 주문량보다 더 많이 서비스로 준 기억이 난다. 학생들이 맛있게 먹는 모습이 예뻤나 보다. 학생들 평도 좋았다. 이번에 다시 가 봤는데 찻집으로 업종이 변했다. 궁남사거리에서 좌측으로 꺾어 걷다가 계백장군 동상이 있는 군청로터리에서 우측으로 400m 곧장 내려가면 부여시외버스터미널이다.

참고문헌

일연 지음/리상호 옮김, 『사진과 함께 읽는 삼국유사』(까치, 2008)
김부식 지음/신호열 역해, 『삼국사기』(동서문화사, 2018)
노중국, 『백제의 사회사상사』(지식산업사, 2011)
문안식, 『백제의 왕권』(주류성, 2008)
이이화, 『삼국의 세력다툼과 중국과의 전쟁』(한길사, 2015)
임병주, 『한권으로 읽는 삼국왕조실록』(들녘, 2000)
박영규, 『한권으로 읽는 신라왕조실록』(웅진, 2004)
「서예로 찾은 우리 미학(14) 서동요와 미륵사지 '금제사리봉안기'」(경향신문, 2014. 1. 3.)
신동엽, 『누가 하늘을 보았다 하는가』(창작과비평사, 1989)
신동엽, 『금강』(창작과비평사, 1989)
김준오, 『신동엽』(건국대학교출판부, 1997)
신동엽기념사업회 엮음, 『다시 새로워지는 신동엽』(삶창, 2020)
김학동, 『문학기행 시인의 고향』(새문사, 2000)
위키백과 - 아나키즘
전진식, 「그리움이 꽃이 되어 신동엽이 왔다」(한겨레신문, 2013. 4. 29.)

하회마을에서 병산서원 가는 유교문화길

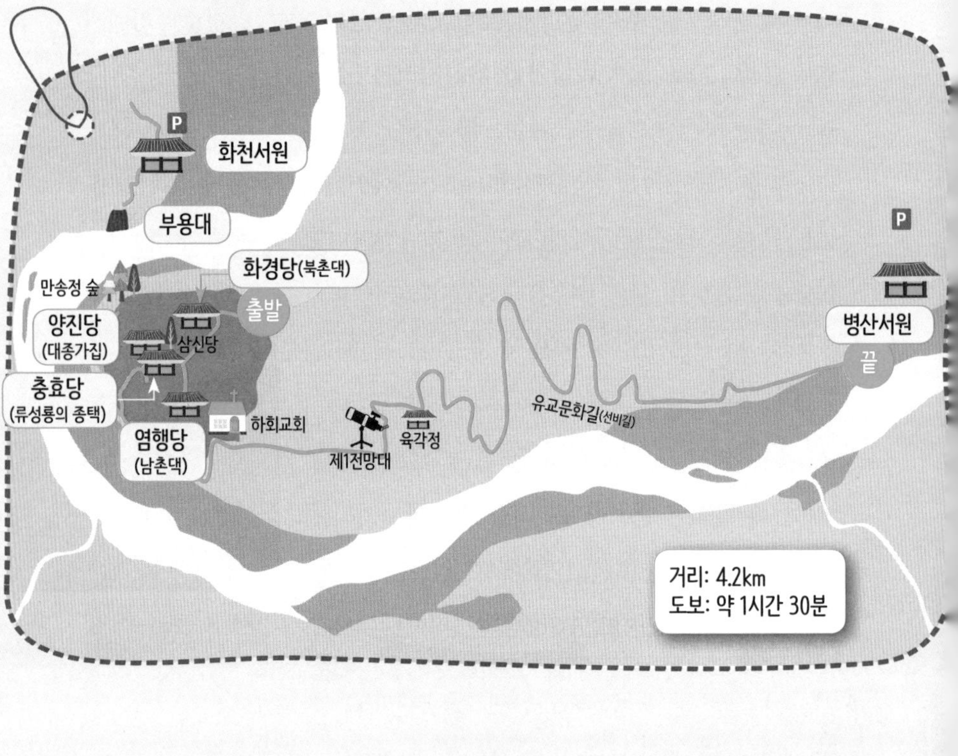

부용대와 하회마을의 풍수지리, 그리고 류씨 배반

8월 초, 동료 교사 두 명과 함께 하회마을을 다시 찾았다. 화천서원 주차장, 예쁜 배롱나무들이 마음을 흔든다. 굳이 더운 계절에 찾은 이유는 배롱나무 때문이다. 특히 배롱나무의 꽃들이 병산서원을 덮는 계절이 이때다. 화천서원은 류성룡의 형인 겸암 류운룡의 학덕을 흠모하여 지은 서원이다. 돌비석이 이곳에서 부용대가 250m라고 안내한다. 채 7분도 걸리지 않는 소나무 숲길이다. 오르막을 올라야 한다고 마음먹었던 동료가 "뭐야 벌써 정상이잖아!" 한다. 부용대에서 내려다보는 하회마을의 정경은 하회마을 산책의 맛 중에서 최고다. 그리고 전체를 조망하니 숲을 보는 느낌이다. 그런데 잔뜩 흐리고 빗방울이 한 방울씩 인사하기 시작한다.

하회(河回), 물돌이 마을이라 한다. 이중환은 『택리지』에서 시냇가에 살 만한 곳으로 예안의 도산과 안동의 하회를 첫째로 꼽았다. 하회마을에 대한 소개를 잠시 보자.

> 하회는 하나의 평평한 언덕이 황강(黃江) 남쪽에서 서북쪽을 향하고 있는데, 그곳에 서애의 고택이 있다. 황강 물이 휘돌아 흘러서 마을 앞에 머물면서 깊어진다. 수북산(水北山)은 학가산에서 갈라져 나와 강가를 돌았는데, 모두 석벽이고 돌빛이 온화하고 수려하여 조금도 험악한 모양이 없다. 그 위에 옥연정(玉淵亭)과 작은 암자가 바위 사이로 점점이 이어졌으며, 소나무와 전나무로 덮여 있어서 절경을 이룬다. — 이중환 지음/신정일 옮김, 『신정일의 새로 쓰는 택리지』, 217쪽

부용대에서 바라본 하회마을. 강물이 마을을 휘돌아 흘러서 나간다.

황강은 낙동강이고 수북산은 강 건너 북쪽의 산이니, 현재 우리가 서 있는 하회마을 북쪽 부용대가 있는 산이다. 부용대는 하회마을에서 북쪽이고, 멀리 있는 산 중에 앞산이 화산(花山)이다. 화산은 하회마을 남쪽에 있다. 화산과 하회마을 사이가 풍산들로 농경지가 위치한다. 화산을 남쪽에 둔 하회마을을 서에서 북으로 낙동강이 돌아나간다. 그래서 하회, 즉 물돌이 마을이라 하는 것이다. 또 산태극수태극(山太極水太極)의 지형이라고도 한다. 하회마을의 모양이 마치 연꽃이 물 위에 뜬 형상처럼 보인다고 하여 연화부수형(蓮花浮水形), 자루가 달린 옛날 다리미 같다 하여 다리미형, 떠다니는 배 모양 같다 하여 행주형(行舟形)이라고도 한다.

흔히들 하회마을의 역사와 관련하여 "허씨 터전에 안씨 문전에 류씨 배반(杯盤)"이라고 한다. '김해허씨가 터를 닦아 놓으니 광주안씨가 집을 짓고 풍산류씨가 잔치를 벌였다'는 뜻이다. 고려시대에 허씨들이 배산임수에 따라 화산 아래 낙동강 언저리에 자리했다. 이어 안씨들이 내륙에 위치한 화산 북쪽 기슭에 삶터를 정했다. 고려 말에 류운룡과 류성룡의 6대조인 전서공 류종혜가 허씨나 안씨의 마을을 피해 지금의 하회에 들어와 살기 시작했다. 당시 허씨 집안은 명당을 찾기 위해 지사(地師)에게 의견을 구했고, 지사는 3대 동안 적선을 해야 명당을 찾을 수 있을 것이라 했다. 그래서 하회마을 입구에 관가정(觀稼亭)을 짓고 3대 동안 적선을 베풀었다.

풍산류씨가 터를 잡은 곳은 버려진 절터였고 잡목이 우거졌으며, 더군다나 하천의 범람도 감당해야 했던, 그래서 주거 조건이 별로인 자리였다. 늦게 하회마을에 들어왔으니 감내해야 할 부분이었다. 겸암 류운룡과 서애 류성룡 이후 풍산류씨의 정치적, 사회적 위상이 커지고, 가문이 쇠한 허씨와 안씨들이 이곳을 뜨면서 지금의 하회마을이 된 것이다.

하회마을에서 가운데 기와집들이 모여 있는 곳이 지대가 가장 높다. 이곳을 중심으로 안쪽에는 기와집이, 주변부에는 초가집들이 방사선처럼 펼쳐진다. 그곳에 삼신당, 류운룡의 양진당, 류성룡의 충효당, 북촌댁과 남촌댁 등 하회마을을 대표하는 양반집들이 있다. 특히 류씨 대종가집인 양진당은 연화부수형에서 연꽃의 꽃술에 해당되는 지점이다. 그래서 자손들이 번창하게 되었다 한다. 이제 마을로 들어가 보자.

남촌댁과 북촌댁

하회마을 주차장에서 하회장터를 지나 매표소 근처에 셔틀버스가 있다. 하회마을 입구까지 운행되는데 입장권에 이미 왕복버스비가 포함되어 있다. 거리로는 채 1km가 안 되며 걸어 15분 이내다. 도로 우측으로 산책길이 있으니 버스를 타도 되고 걸어서 가도 된다. 하회마을은 마을 중앙을 가로지르는 큰길인 하회종가길을 기준으로 북촌과 남촌으로 구분된다. 골목이 많으니 항상 종가길을 염두에 두며 걸어야 한다. 여기서 반드시 봐야 할 것이 북촌 지역에서는 화경당(북촌댁), 삼신당, 양진당이며, 남촌 지역에서는 염행당(남촌댁), 충효당이다. 시간이 맞는다면 하회별신굿탈놀이전수관에서 하회별신굿을 관람해도 좋다. 오후 2시에 공연한다.

하회종가길을 가다가 하동고택을 끼고 좌측 골목으로 들어가면 염행당(남촌댁)을 만날 수 있다. 하회마을 산책의 재미 중 하나는 골목을 구경하는 것이다. 토담길이어서 더욱 좋다.

염행당으로 가는 담장은 밑은 여러 단의 돌로 쌓아 기초를 튼튼하게 했고 흙벽을 주벽으로 삼아 기와로 마무리했다. 새로 단장했는지 상

염행당 가는 토담길. 돌을 쌓아 기초를 튼튼히 하며 흙벽을 주벽으로 삼고 기와로 마무리했다.

당히 깔끔하다. 염행당은 1797년 형조좌랑을 지낸 류치목이 지은 집이다. 증손자 류영우가 사당, 별당, 정자 등으로 크게 확장했지만 1953년 화재 후 지금은 별당채에서 생활하고 있다고 한다. 이 집은 중요민속자료 제90호로 지정되어 있다.

종가길로 다시 나가 조금 올라가서 우측 골목으로 들면 화경당(북촌댁)이 나온다. 화경당으로 들어가는 골목길 담벽은 한쪽은 흙벽, 다른 한쪽은 돌벽이다. 화경당은 중요민속자료 제84호로 몸체, 별당, 사당, 행랑채 등등 모든 집을 합쳐 54칸이다. 하회에서 가장 큰 살림집이다. 류성룡의 7대손인 류사춘이 염행당을 지은 해에 처음 지었으며, 경상도 도사를 지낸 류도성이 1862년에 안채와 별당, 사당을 지었다 한다. 당시에는 '아흔아홉 칸집'이라 불렀는데 그만큼 부유했음을 알 수 있다.

하회마을의 중심, 삼신당

다시 종가길로 나와 조금 더 올라가다가 우측 골목길로 들어서자. 골목길은 비록 좁지만, 돌담과 흙담이 같은 높이로 안정감과 편안함을 느끼게 하는 길이다. 개인적으로 이 골목길이 가장 마음에 와 닿는다. 이 골목길 끝에서 좌측으로 꺾어 들어가면 하회마을의 정상, 중심지다. 그곳

삼신당 가는 골목길. 돌담과 흙담이 같은 높이로 안정감과 편안함을 준다.

마을의 중심인 삼신당. 600년이 넘은 느티나무로 풍산류씨 입향시조인 류종혜가 심었다고 한다.

에 삼신당이 있다.

삼신당은 수령이 600년이 넘는 고목의 느티나무로 풍산류씨 입향시조인 류종혜가 심었다 한다. 사람들은 삼신당에 마을의 신이 깃들어 있다고 여겨 마을의 안녕과 풍요, 그리고 잉태의 소원을 빌곤 했다.

하회마을은 이 삼신당을 중심으로 동서남북 사방으로 집들이 들어섰고 그 집들 따라 길을 내었다. 집 정면이 낮은 쪽으로 향해야 하기 때문에 집의 향 또한 동향, 남향, 서향, 북향 등 제각각이다. 대문도 집의 향에 따라 내어야 했으므로 골목길이 어느 집 근처에서는 심하게 꺾이는 경우도 있다. 이러한 것이 하회마을 골목길 산책의 묘미다.

원래 이곳에는 돌담을 쌓지 않았다. 하회는 행주형, 즉 떠다니는 배 모양이라 했다. 배에 돌이 많으면 가라앉아 버린다. 우물을 파지 않고 화천의 물을 길어다 먹은 것도 같은 이유에서였다. 그러나 요즘 흙담 대신에 돌담이 늘어나고 있다. 흙담이 빗물에 잘 무너지기 때문이다. 전통적이고 풍수적인 것보다 현실적이고 실용적인 것이 현대인의 삶이다.

풍산류씨 대종가집, 양진당

종가길로 나와 걸어 올라가면 우측에 하회마을을 대표하는 양진당이 자리잡고 있다. 양진당(보물 306호)은 류운룡의 6대조 류종혜가 처음 자리잡은 곳이다. 또 류운룡의 아버지 류중영이 지은 집이기 때문에 조선

풍산류씨 대종가집 양진당 사랑채. 정면 5칸, 측면 2칸으로 10칸 규모의 팔작지붕 집이고, 왼쪽 한 칸은 옆 건물과 닿아 있고 두 칸은 서재와 온돌방, 사랑방이고, 나머지 세 칸은 대청마루로 되어 있다. 앞면과 우측면에 툇마루를 두고 계자난간을 둘렀다.

중기 민가건축을 직접 볼 수 곳이기도 하다.

입구부터가 여느 집과 다르다. 솟을대문이지만 옆으로 마굿간, 행랑채가 붙어 있다. 안으로 들어가면 사랑채가 눈에 들어온다. 기단을 높이 쌓아올린 사랑채는 정면 5칸, 측면 2칸으로 10칸 규모의 팔작지붕 집이다. 왼쪽 한 칸은 옆 건물과 닿아 있다. 보는 방향에서 왼쪽 두 칸은 서재와 온돌방, 사랑방이며 나머지 세 칸은 대청마루로 되어 있다. 내부의 장지문들을 위로 올려 고정시킬 수 있어 넓은 공간을 확보할 수 있다. 앞면과 우측면에 툇마루를 두고 계자난간을 둘렀다. '입암고택(立巖古宅)' 편액은 한석봉의 글씨고, 내부의 '양진당(養眞堂)' 편액은 겸암의 6대손 류영의 당호다. 왼편 건물은 ㅁ자 구조를 갖춘 양진당의 안채다.

류성룡의 종택, 충효당

양진당 맞은편에 서애 류성룡의 종택인 충효당(보물 414호)이 있다. 양진당이 남향인데 반해 충효당은 서향이다. 솟을대문에 행랑채를 연결한 것은 양진당과 동일한데, 행랑채가 독립된 구조로 되어 있다. 솟을대문을 들어서면 사랑채를 곧바로 만난다. 사랑채 왼쪽으로 ㅁ자 모양의 안채가 붙어 있다. 사랑채는 정면 6칸, 측면 2칸의 12칸 집이며 안채 쪽으로 방 두 개, 바깥쪽으로 방 하나를 두었고 나머지는 모두 대청마루다. 양진당에 비해 기단이 높지 않으며, 기단 위에 막돌을 놓고 그 위에 짧은 나무기둥들로 건물을 받쳤다. 높지 않은 기단은 풍산류씨 대종가집에 대한 배려였을 것이다. 전면과 측면의 툇마루와 계자난간은 양진당과 동일하다.

단, 양진당과 차이점은 후원으로 통하는 문이 있다는 것이다. 그 문

서애 류성룡의 종택인 충효당. 서향집으로 솟을대문을 들어서면 바로 사랑채가 나온다. 양진당에 비해 기단이 높지 않다. 후원으로 통하는 문에 미수 허목이 전서체로 쓴 '충효당(忠孝堂)' 편액이 걸려 있다. 보면 볼수록 아름다운 글씨체다.

강가에 펼쳐져 있는 소나무 숲 만송정. 하회마을에서 서북쪽이 지기가 약해 소나무 숲을 조성해 보완했다는 설도 있다.

위에 미수 허목이 전서체로 쓴 '충효당(忠孝堂)' 편액이 걸려 있다. 보면 볼수록 아름다운 글씨체다. 대쪽 같은 선비 정치가이며 우의정을 지낸 허목에게서 야리야리한 글씨체가 나온 것이 이채롭다. 忠 자를 보면 해(임금)를 받드는 모양이고, 孝 자는 자식이 노인을 공경하는 것처럼 보인다. 또 堂 자는 사람이 지붕 아래 앉아 있는 모습이다. 이와 관련된 『서애집』에 실린 류성룡의 시 한 편을 보자.

> 숲 속 한 마리 새, 쉼 없이 우는데 / 문 밖 나무 베는 소리 정정히 들린다. / 한 기운 모였다 흩어지는 것 역시 우연이기에 / 다만 한평생 부끄러운 행동 많아 뉘우칠 뿐. / 권하니, 너희 자손들아 모름지기 삼갈지니 / 충효 외에는 아무것도 없느니라. – 류성룡

오른편에는 유물전시관인 영모각이 있다. 건물 이름은 서애 류성룡이 쓴 『영모록(永慕錄)』에서 취했다. 이 책은 풍산류씨의 계보를 모아 기록한 것이다. 영모는 영원히 그리워하면서 기다린다는 뜻이다. 이곳에 올 때마다 느낌이 별로였다. 시멘트 건물이어서 그런 것 같다. 현판은 박정희 대통령의 친필이다. 이곳에는 『징비록』(국보 132호)을 비롯하

여 임진왜란 당시에 류성룡이 도체찰사로 쓰던 투구, 갑옷, 가죽신, 갓끈 등 많은 저작물이나 유품이 전시되어 있다.

하회마을에서 마지막으로 가야 할 곳이 만송정(萬松亭) 숲이다. 큰길 끝에서 오른쪽으로 돌아가면 강가에 펼쳐져 있는 소나무 숲이 장관이다. 이곳에 소나무 숲을 조성한 사람이 류운룡이다. 풍수지리적으로 하회마을에서 서북쪽이 지기(地氣)가 약해 소나무 숲을 조성해 보완했다 한다. 다른 견해도 있다. 부용대가 산살(山殺)의 기운이 있으니 이를 막기 위해 소나무 숲을 길게 조성했다는 것이다. 일종의 비보림(裨補林)이다. 더불어 북서풍을 막아주는 방풍림, 강물의 범람으로부터 마을을 보호하는 방수림 역할도 하고 있다.

병산서원 가는 길

하회마을 답사를 빗속에서 시작했는데 어느새 맑게 갰다. 여기저기서 만나는 배롱나무의 붉은 꽃들을 대하니 벌써 마음은 병산서원에 가 있다. 하회마을에서 풍산들을 지나 병산서원으로 가는 길을 '유교문화길'이라 한다. 이정표는 '유교문화길'이라 되어 있지만 하회마을에서는 '선비길'이라 부른다. 이 길은 화산 오른쪽으로 우측에 낙동강을 끼고 걷는 경사도가 급하지 않은 산길이다.

하회마을에서 병산서원으로 가는 화산 초입까지는 두 가지 길이 있다. 첫째는 일반적인 코스로 하회마을 안내표지판 왼쪽 삼거리에서 마을길이 아닌 좌측 풍산들로 가는 길이다. 삼거리에 '유교문화길'이라는 이정표가 있다. 약간 구불구불한 길이지만 앞 방향만 보고 걸으면 화산 초입까지 약 800m(도보 11분)다.

병산서원 가는 유교문화길. 첫 번째 전망대에서 바라본 하회마을.

둘째는 하회교회 오른쪽 길로 가는 코스다. 하회마을 안내도에서 하회교회를 봤을 때 좀 생뚱맞다는 느낌이 들었는데, 이 교회는 하회마을 외곽에 있고 한옥으로 지어 민속마을과도 잘 어울린다. 만송정 숲에서 낙동강을 오른편에 두고 쭉 걸어 내려오다가, 왼편에 하회교회를 보고 그 길로 걸어오면 교회 오른쪽에서 풍산들 길로 가는 길을 만난다. 교회에서 화산 언저리 11시 방향의 소나무 군락지가 병산서원으로 가는 초입이다. 화산 방향으로 교회 오른쪽 직선 길을 700m 정도 가서 전봇대가 줄지어 있는 왼쪽 직각 길로 접어들어 200m 걸으면 '유교문화길'을 안내하는 이정표를 만난다. 약 900m로 도보로 15분 정도 걸린다. 하회마을에서 병산서원까지의 산책길은 4km 또는 4.2km로 소요시간은 1시간 30분 내외다.

병산서원 가는 길의 초입.

병산서원 가는 길 초입이다. 이정표가 안내하는 방향으로 오른쪽에 산소를 끼고 700m 정도 오르막이 이어진다. 완만하니 산책하는 기분이다. 차량으로 욕심을 내면 낭패를 본다. 오른편으로 낙동강이 있으나 나무들에 가려 볼 수는 없다. 그냥 한적한 둘레길을 걷는 느낌이다. 첫 번째 전망대에서 하회마을을 조망할 수 있다. 부용대에서 보는 하회마을의 풍경과는 다른 풍경에 탄성이 절로 나온다. 지난 가을에는 날씨가 흐려 보지 못했다. 길은 비교적 넓은 편이다. 이 길은 가을에 오면 운치가 있다. 이 운치가 병산서원까지 가는 내내 이어진다.

육각정에 이르렀다. 길에서 이곳이 정상이다. 비교적 넓은 공터지만 나무들에 가려 전망은 시원하지 않다. 육각정부터 병산서원으로 내려가는 하산길은 평지길까지가 1.3km다. 더 완만한 굽이굽이 내리막길이다. 더군다나 이제부터 낙동강이 잘 보인다. 풍경 속에 내가 있는지, 풍경이 내 안에 있는지 잘 분간이 되지 않는다. 여기서부터 병산서원까지는 2.5km다.

조금 내려오니 전망대가 있고 낙동강이 환하게 조망된다. 나처럼 늦게 병산서원 방향에서 오는 사람들이 있다. 반갑게 인사를 건네니 답례한다. 그들도 이 길에 매료된 것 같다. '전통이 휘감아 흐르는 유교문화길'이라는 입각판들에서 '허도령과 하회탈 이야기', 김남주 시인의 「함께 가자 우리 이 길을」, 안도현 시인의 「낙동강」이라는 시를 만난다. 흡사 시화전 길을 연상시킨다.

병산서원 가는 오솔길. 왼쪽에 바위벽이 있고 마주 오는 사람이 있으면 비켜 가야 하는 길이다. 약 600m 정도 된다.

"아아 나는 아버지가 모랫벌에 찍어놓은 / 발자국이었다." 안도현 시인의 시 「낙동강」에 나오는 구절이다. 그의 고향은 경북 예천이다. 예천도 낙동강을 끼고 있다. 어느 정도 내려오자 평지길이나 다름없는 길이 이어진다. 왼쪽으로 꺾어지는 넓은 터에 평상까지 있다. 그늘막 하나 있다면 낙동강을 하염없이 바라보며 한나절을 보내고 싶다. 이곳까지는 왼쪽에 바위벽을 두고 걸었는데, 지금부터는 오른쪽에 나무난간을 두고 걷는다. 나무 데크 계단을 올라서면 오솔길이다. 이정표가 병산서원이 1.3km 남았다고 안내한다. 마주 오는 사람이 있으면 비켜 가야 하는 길이다. 마치 깊은 산중에 있는 암자를 찾아가는 길 같다. 이제 완전 평지길로 내려섰다. 이곳부터 병산서원까지는 0.7km다. 병산서원 종점길, 가을날 은행나무 가로수길이 멋지다. 차가 하회마을 주차장에 있다면 콜택시를 불러도 택시비가 아깝지 않을 것 같다.

병산서원, 지금의 명문 사립대학교

병산서원, 자연이 서원을 품고 있으며, 또 서원이 자연을 끌어안고 있는 듯한 곳이다. 한번 이곳을 경험한 사람들은 그 풍광이 잔잔한 물결마냥 여운으로 남아 있어 다시 가고파진다. 2009년 5월에 처음 봤고 이후 학생들 역사문화답사로 2013년 10월, 2017년 10월에 또다시 방문했다. 병산서원은 배롱나무 꽃이 만발한 여름철이 절경이다.

병산에서 내려다본 병산서원(김창현 사진).

병산서원은 병산과 낙동강, 모래사장 등을 앞에 둔 화산 자락에 복례문(외삼문)-만대루(누각)-동재·서재(기숙사) - 입교당(강당)-내삼문(신문) - 존덕사(사당)가 중심축을 이루고 좌우에 장판각과 전사청, 고직사 등으로 구성되어 있다. 화산을 배후에 두었기 때문에 전형적인 전학후묘(前學後廟), 즉 앞쪽에 강학 공간, 뒤쪽에 제향 공간을 두었다. 또 이곳에서는 서원의 구조물 중 홍살문과 하마비만 볼 수 없다. 서원은 조선 후기 정치와 문화가 창출해낸 문화유산이다. 선현에게 제향하고 그 선현의 학문의 뜻을 받들어 교육하는 곳이다. 그래서 서원은 크게 제향 공간과 강학 공간으로 나뉜다. 지방의 사림들이 설립 주체이기 때문에 서원은 오늘날 사립고등학교나 사립대학교에 해당된다.

배롱나무 꽃들로 점점이 붉다. 하회마을보다는 관광객이 많다. 배롱나무는 선비들이 사랑했던 나무인데 껍질이 벗겨져 속살을 드러내는 특징이 있다. 선비들은 하루하루 자신의 생활을 되돌아보고 반성하려는 뜻으로 배롱나무를 심었다.

외삼문인 복례문은 『논어』「안연」편의 "자기의 사욕을 누르고 예로 돌아감이 인이다(克己復禮爲仁)"에서 취한 이름으로 '예[禮]의 본질로 되돌아간다[復]'는 뜻이다. 솟을삼문으로 아담하며 경건한 마음이 들게 한다. 안으로 들어가면 왼쪽에 광영지라는 연못이, 오른쪽 담벼락 모퉁이에 유생들이 이용했던 화장실이 있다.

병산서원의 추억에 대해 많은 사람들이 만대루(晩對樓)를 이야기한다. 이름은 두보가 쓴 「백제성루」의 시 중 "푸른 절벽 저녁 무렵 마주하기 좋으니(翠屛宜晩對)"에서 따왔다. 정면 7칸, 측면 2칸으로 서원의 누(樓)

병산서원의 외삼문인 복례문은 솟을삼문으로 아담하고 경건한 마음이 들게 한다. 복례문 뒤로 보이는 긴 건물이 만대루다.

중에서 가장 길고 크다. 입교당은 복례문에 들어서서는 보이지 않지만, 계단을 하나하나 밟고 오르면 시야에 잡히도록 연출했다. 만대루 1층은 막돌초석에 휘어진 나무 그대로 기둥을 삼았으며, 2층은 둥글게 다듬은 나무기둥으로 지붕을 받쳤다. 오르는 계단은 굵은 나무 하나를 다듬어 만들었기 때문에 미적 감각과 안전성도 돋보인다. 특히 입교당에 앉아 만대루 각 칸을 창틀 삼아 보면 병산의 풍경을 7폭 병풍으로 보는 듯하다.

그런데 동재와 서재, 입교당에 비해, 또 병산서원의 아담함에 비해 만대루는 지나치게 큰 편이다. 복례문 밖에서 보면 만대루가 서원을 완전히 막아버린다. 마치 담벼락 같다. 풍수적으로 병산이 산살(山殺)의 기운이 있기 때문에 만대루를 길게 세워 병산서원을 보호하려 했다고 한다.

강학 공간, 입교당

만대루와 일직선상에 강학당인 입교당이 있다. 『소학』「입교」편의 '하늘로부터 부여받은 착한 본성에 따라 인간윤리를 닦아 가르침[教]을 바

입교당에서 바라본 만대루. 입교당은 강학 공간이며 양옆으로 오늘날의 원장실인 명성재, 교무실 격인 경의재가 있다. 입교당 왼쪽 뒤편에는 인쇄 목판을 보관하는 장판각이 있어 책을 찍어냈음을 짐작케 한다.

르게 세운다[立]'는 뜻이다. 전면 5칸, 측면 2칸의 팔작지붕집으로 양옆 전면 한 칸에는 명성재와 경의재가 있다. 명성재는 원장실이고 경의재는 교무실에 해당되며 교수관이나 유사(학생회장)가 사용했다. 세 칸의 대청마루는 교실이다. 앞에 동재인 동직재와 서재인 정허재가 있다. 이곳은 학생들의 기숙사에 해당된다. 정허재 대청마루 오른편에 '장서실'이라는 현판이 붙어 있는 것으로 보아 도서관도 갖추고 있음을 알 수 있다.

입교당 왼쪽 뒤편에 장판각이 있다. 책을 찍을 목판을 보관하는 곳으로 서원이 출판사의 기능까지 하고 있다. 습기를 예방하기 위해 전면 세 칸에 모두 판문을 달았고 기단 위 건물 하단에 통풍구를 설치했다. 또 화재로부터 안전하게 보호하려고 다른 건물들과 거리를 두었다. 사당 오른편에는 담장을 따로 두른 전사청이 있다. 높인 지대 위에 세 칸의 건물로 우측부터 부엌, 온돌방, 마루방으로 구성했다. 이곳은 평소에는 제기를 보관하며, 제향 때에는 서원의 관리인들이 고직사에서 준비한 제사음식을 차례대로 임시로 진열했다가 사당인 존덕사로 옮겨가는 곳이다.

제향 공간, 존덕사

사당 영역은 단순하다. 신문(내삼문)과 존덕사만 있다. 신문(神門)은 평삼문으로 꾸몄으며 사당 입구임을 표시하기 위해 홍살 기둥 네 개를 받쳤다. 그리고 세 문에는 태극문양이 선명하며 신성한 지역임을 강조하기 위해 지대를 높게 했다. 네 개의 팔각기둥 초석에는 주역의 팔괘가 상하로 각각 하나씩 새겨져 있다.

병산서원의 사당 존덕사.

사당인 존덕사라는 이름에는 '서애 류성룡의 학문과 덕행[德]을 높이 우러러 받든다[尊]'는 뜻이 들어 있다. 서애뿐만 아니라 셋째아들 수암 류진의 위패도 함께 봉안되어 있다. 철종 때 사액(賜額, 임금이 내리는 현판)을 받았고, 1871년(고종 8) 흥선대원군이 600여 개의 서원을 철폐할 때에도 제외대상 47개소에 들었다.

관리인의 공간

병산서원 우측 밖에는 고직사가 있다. 고직사는 서원의 관리인(보통 결혼한 사노비)이 머물며 평소에는 서원을 관리하며 유생들의 식사를 준비하는 곳이다. 제향 때에는 문중 어른들이 대기하는 장소 역할도 했기 때문에 초가집이 아니라 기와집이며, 특히 이곳의 고직사는 ㅁ자 모양의 살림집으로 조성했다.

그 앞에 '달팽이 뒷간'이 있다. 하인들이 이용한 화장실이다. 돌아 들어가기 때문에 출입문이 없어도 급한 용변을 보는데 아무 문제가 없다. 지붕도 없어 냄새는 잘 빠져나갈 것 같지만 비가 오면 어쩌나 하는

병산서원 오른쪽 밖에 사노비들이 머물던 고직사의 달팽이 뒷간. 하인들이 이용한 화장실이다.

생각이 들었다. 고직사와 달팽이 뒷간이 있는 곳은 상대적으로 병산서원 영역에서 지대가 낮은 곳이다. 그래서 하인들의 공간을 이곳에 둔 것이다.

임진왜란 전, 류성룡

서애 류성룡은 1542년(중종 37) 류중영의 둘째아들로 태어났다. 어릴 적 아버지를 스승으로 모시다가 21세부터 퇴계 이황에게서 학문을 익혔다. 25세 때(명종 21년, 1566) 대과에 급제했다. 그는 동인 계열이었고, 동인이 북인, 남인으로 갈릴 때 남인에 속했지만 자기 당파만 고집하지는 않았다.

일본 혼란기인 전국시대, 도요토미 히데요시가 일본을 통일했으나 여전히 내분의 불씨는 남아 있었다. 도요토미는 더 큰 전쟁을 일으켜 내분을 흡수해 버리고자 했다. 그것이 명나라 정벌이었고 조선 침략이었다. 일본이 쳐들어올 것이라는 소문이 무성했다.

선조는 일본의 동향을 살피기 위해 통신사로 서인 황윤길, 동인 김성일을 보냈다. 조정에 돌아온 둘은 상반된 보고를 했다. 황윤길은 일본의 침략이 확실하다고 했고, 김성일은 말만 그렇다고 했다. 선조가 두 의견 중 하나를 선택해야 했다. 그는 자기가 바라는 것, 즉 김성일의 보고를 택하고 그렇게 믿고 싶어 했다. 류성룡이 김성일을 따로 불러 일본의 동정을 물어보니, 김성일은 일본이 반드시 침략해 올 것이라 말했다. 백성들이 불안에 떨까봐 반대로 보고했다고 털어놓았다. 그는 왜란 중 의병을 조직해 싸우다 전사했다.

전시 군 최고사령관이 되다

선조 25년(1592) 4월 일본군이 부산으로 대거 쳐들어왔다. 부산이 쉽게 함락되자 선조는 류성룡을 도체찰사로 임명했다. 도체찰사는 전시 군 최고사령관이다. 믿었던 신립이 탄금대에서 어이없게 패하자 선조는 한양을 버렸다. 그때부터 선조는 오직 하나, 의주로 도피해 여차하면 명나라의 요동으로 피신하겠다는 생각만이 머릿속을 가득 채웠다. 아

병산서원에서 서애 류성룡과 셋째아들 수암 류진의 위패를 함께 모신 존덕사.

직 바다에 이순신이 있고 호남이나 강원도, 함경도도 남아 있으며 사대부들이 의병을 일으키고 있었다. 이들의 분발을 위해서라도 선조가 압록강을 건너면 안 되는 것이었다. 류성룡은 강력 반대했다. 이 일로 류성룡은 선조의 미움을 샀다.

신하들은 선조의 파천을 주도했던 영의정 이산해에게 비난의 화살을 퍼부었다. 선조는 이산해를 방패막이 삼아 이용하다 그를 버렸다. 그리고 내키지는 않았지만 신하들의 불만을 무마하기 위해 류성룡을 영의정에 앉혔다가, 곧이어 자신의 앞길을 가로막았던 그를 파직하고 도체찰사직까지 빼앗아 버렸다.

임진강 방어선도 무너지자, 선조는 류성룡에게 풍원 부원군을 제수해 명나라 사신과 장수 접대 임무를 맡겼다. 명나라 사신은 조선이 일본과 한 패가 아닐까 의심하고 있었다. 전쟁 발발 한 달도 되지 않아 한양 도성을 내어준 것이 믿기지 않았던 것이다. 류성룡의 노력으로 명사신 임세록은 자국에 원병을 요청하는 공문을 보냈다. 자칫 잘못하다가는 명나라까지 전쟁터가 될 것이 뻔하다고 생각했던 것이다.

바다에서는 조선 수군이 제해권을 쥐었다. 일본군의 북상 속도가 더뎌졌지만 평양까지 일본군 손에 떨어졌다. 6월 중순부터 명군이 압록강을 넘어오기 시작했다. 류성룡이 다시 도체찰사로 임명받고 이여송의 명군 4만 명과 함께 1593년 1월, 7개월 만에 평양성을 탈환했다.

이제 육지전에서도 전세가 역전되기 시작했다. 이여송의 명군은 벽제관 전투에서 패한 후 평양에 눌러앉아 버렸다. 류성룡에게는 한성수복이 전쟁의 향배에 무엇보다 중요했다. 그때 권율이 지휘한 행주산성 전투에서 1만의 조선군이 고니시 유키나가의 일본군 3만여 명을 궤멸시켜 버렸다. 조선군이 단독으로 행한 육지전 최대 승리였다.

이후 명나라와 일본 간 강화회담이 진행되었고 이여송은 이대로 전쟁이 끝나길 원했다. 류성룡은 일본군의 완전한 섬멸을 주장하며 이여송을 설득했다. 이런 와중에 선조는 류성룡을 강화론자로 몰아 내치려 했다. 류성룡이 한성수복 작전에 고심하고 있을 때였다. 그는 관군과 의병들에게 일본군 공격계획을 짜고 그대로 실시할 것을 명했다. 그러나 명군이 막아서자 불발로 끝났다.

승리를 견인한 류성룡의 정책과 선조의 배신

강화회담 기간을 이용해 류성룡은 군사력 강화에 심혈을 기울였다. 중앙군인 훈련도감을 포수·살수·사수의 삼수병으로 편제하여 이후의 전쟁에 대비했다.

선조는 류성룡을 다시 영의정으로 복직시켰다. 아직까지 이용가치가 충분했던 것이다. 류성룡은 향토방위의 성격이 짙은 진관체제로 지방군을 다시 편성했다. 또 속오군을 실시하여 지방군에 양반과 천인을 하나의 부대 속에 섞어 버렸다. 국가 위급상황에서 양반층의 특권을 없애고 면천을 조건으로 천인들의 입대를 독려했던 것이다.

또 류성룡이 취한 정책 중 하나가 대동수미법이었다. 지방의 특산물로 바치던 공납을 쌀로 통일하여 토지의 과다에 따라 내게 하자는 것인데, 이렇게 될 경우 양민층의 공납 부담이 줄고 양반지주층의 부담이 늘어나게 된다. 류성룡이 민정과 군정을 총괄하면서 양민들과 천민들이 의병에 적극 가담한 이유 중 중요한 것이 바로 류성룡의 이 같은 정책에 있었다.

정유재란이 발발하던 시기에 이순신은 백의종군하고 원균의 조선 수군이 풍비박산되었다. 이순신이 삼도수군통제사로 복귀되어 노량해전을 치른 날, 선조와 반류성룡 세력이 류성룡을 파직시켰다. 그들은 속오군이나 면천등용법, 대동수미법 등에 의견을 달리했고, 전쟁 막바지에 류성룡 지우기에 나선 것이다.

류성룡은 하회마을로 돌아왔다. 남인 좌의정 이원익, 서인 우의정 이항복 등이 류성룡의 삭탈관작에 크게 항의했다. 이들의 항의는 선조로 하여금 류성룡을 향한 마수의 손길을 멈추게 했다. 전쟁 후 류성룡은 호성공신 2등에 책봉되었으나 사양했다. 선조가 몇 차례 화해의 제스처를 보냈으나 모두 사양했다. 마음의 병이 깊어 몸으로 나타나면서 선조 40년(1607) 5월 6일, 류성룡은 조용히 숨을 거두었다. 향년 66세였다.

허목은 「서애유사」에 시민들이 4일 간이나 시장 문을 닫고 "선생이 없었던들 우리들은 지금 어떻게 살아남았겠는가"라고 말한 것을 기록으로 남겼다. 하회마을에 있는 류성룡 집의 당호가 충효당이다. 그가 진정 충과 효를 다한 존재는 종묘사직이었으며 이 나라 백성이었던 것이다.

참고문헌

이덕일, 『난세의 혁신리더, 류성룡』(역사의아침, 2013)

임지해, 『안동 하회 마을』(대원사, 1992)

김환대, 『경주 양동·안동 하회 마을』(지식파수꾼, 2010)

유홍준, 『나의 문화유산답사기3』(창작과비평사, 1997)

안동시청문화예술과, 『세계유산 한국의 역사마을 하회』(안동시, 2016)

한국문화유산답사회, 『답사여행의 길잡이10·경북 북부』(돌베개, 1997)

이호일, 『조선의 서원』(가람기획, 2006)

장영훈, 『조선시대의 명문사학 서원을 가다』(담디, 2007)

김창현, 『누정산책』(민속원, 2019)

이중환 지음/신정일 옮김, 『신정일의 새로 쓰는 택리지』(다음생각, 2012)

팔만대장경을 찾아 떠나는
가야산 소리길

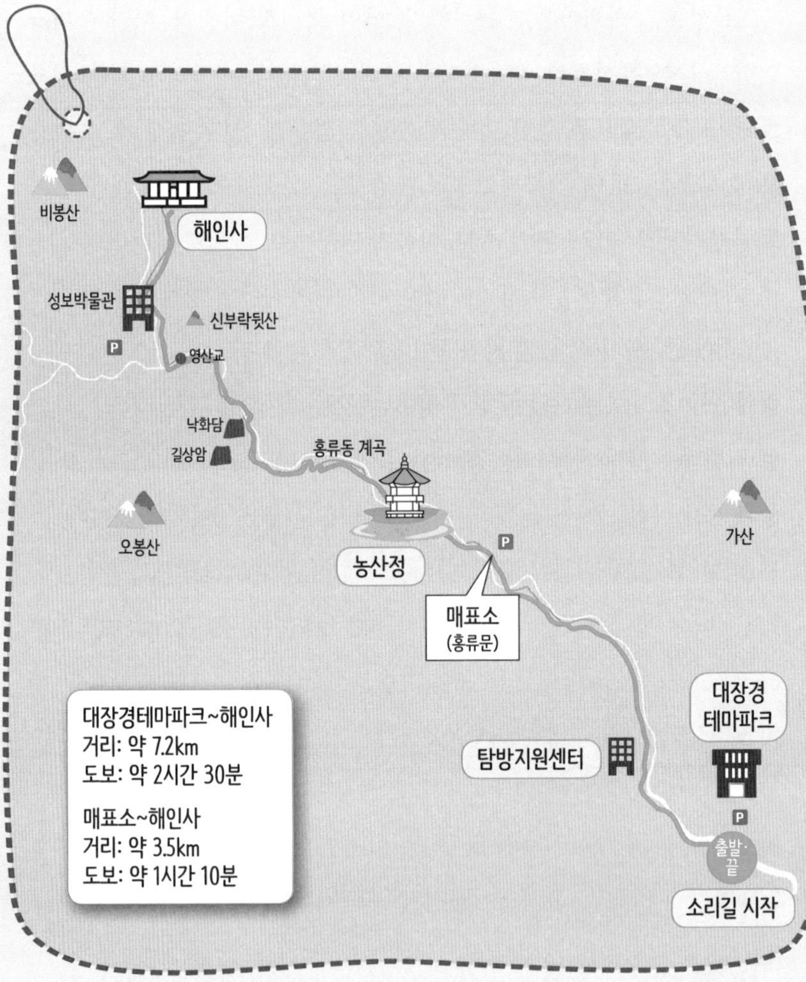

가야산 소리길과 1·2구간

가야산 소리길은 '해인사 소리길'이라고도 한다. 대장경테마파크 4주차장에서 도로 건너, 계곡 한쪽에서 시작된다. 이곳에서 해인사까지는 7.2km로 적어도 2시간 30분은 잡아야 된다. 시작은 데크길이지만 흙길과 산길, 데크길이 번갈아가며 이어진다. 또 마을도 통과하는 길이어서 지루하지가 않다. 그리고 계곡과 소나무 숲을 걷는 길이다. 이곳이 '소리길'이라 이름 붙은 이유는 산새소리, 물소리, 바람소리를 들을 수 있기 때문이다. 자연의 소리를 들으며 우주만물과 소통하고 자연과 교감하는 생명의 소리를 들을 수 있다고 한다. '소리'에서 소(蘇)는 '쉬다, 되돌아오다, 소생하다'는 뜻이고, 리(利)는 '화합하다, 통하다'는 뜻이다. '쉬면서 통하다'라는 말로 생각해 보면 바쁜 일상을 멈추고 혹은 자연과, 혹은 자기 내면과 소통하라는 의미를 띠고 있는 길이다.

가야산 소리길은 '해인사 소리길'이라고도 한다. 시작은 데크길이지만 흙길과 산길, 마을을 통과하는 길, 계곡과 소나무 숲을 걷는 길이어서 지루하지 않다. 산새소리, 물소리, 바람소리를 들을 수 있다. 소리길은 '쉬면서 자연과 통하는 길'이라 생각하면 된다.

가야산 소리길은 총 5구간으로 나뉜다. 1구간은 소리길 입구에서 무릉교탐방지원센터까지, 2구간은 홍류문까지, 3구간은 길상암까지, 4구간은 영산교까지, 그리고 마지막 5구간은 해인사까지다. 군데군데 입각판으로 가야 19명소를 알리고 관련 시들을 적어 놓았다. 각 명소에 멈춰 입각판에 있는 사진자료의 명소를 실물로 확인하는 것도 하나의 재미며 시를 음미하는 것도 즐거움이다. 그런데 시를 지은 사람이 누구인지를 적어 놓았더라면 더 좋을 것 같다. 혹 아는 역사 속 문인이면 그 느낌이 더하지 않을까 한다.

소리길 1구간은 무릉교탐방지원센터까지 2km로 약 40분 걸린다. 입구의 '소리길'이라는 현판이 걷고 싶은 욕망을 자극한다. 글자들을 서로 연결시켰고 길 자의 ㄹ 받침이 현판 끝까지 길게 늘어져, 길이 계속 이어짐을 시각적으로 표현했다. 출발길은 보도블록이고 가운데 물이 흐르며 하우스 길은 계절별로 꽃으로 단장하는 것 같다. 이어 데크가 시원하게 뻗어 있고 첫 명소는 갱멱원이다. '다시[更] 찾은[覓] 계곡[源]'이라는 뜻으로 해석해 봤다. '무릉도원을 상상하며 가야산을 바라보는 곳'이라 소개되어 있다. 흙길로 이어지며 듬성듬성 건너편에 민가도 보인다.

다음 명소는 축화천이다. '계곡에서 흘러온 꽃잎을 따라 올라가는

소리길 1, 2구간에는 군데군데 데크다리가 있다.

곳'이라는 말처럼 '꽃[花]잎을 좇는[逐] 내[川]'라는 뜻이다. 입각판에 소개된 시 마지막에도 "졸졸졸 푸른 물에 꽃잎이 떠내려오네"라고 되어 있다. 산길로 올라가지만 경사가 심하지 않다. 군데군데 나무데크 다리가 있어 걷기 편하다. 제1구간은 호젓한 시골길이다. 마치 고향을 찾아가는 느낌이다. 토기도자기체험장으로 가는 다리도 나온다. 근래에 만들었는지 아주 튼실하다. 시골마을을 통과하면 소리길 탐방지원센터다.

소리길의 시작은 사실상 탐방지원센터부터다. 이곳이 소리길 2구간으로 홍류문까지 1.8km, 40분 거리다. 이 길은 계곡을 옆에 둔 산길이다. 그러나 오르막과 내리막이 높낮이가 크지 않다. 걷기에 딱 좋은 길이다. 소나무들이 많다. 이곳의 명소 중 하나가 무릉교다. 무릉도원으로 가는 다리라 설명하지만, 철로 만든 출렁다리는 지난 태풍으로 상처를 입었나 보다. 무너진 채 방치되어 있다. 계곡물에 비친 늙어가는 단풍나무들이 현실보다 더 가을 분위기를 연출한다. 한동안 데크길로 이어지다 소나무들이 도열한 평평한 흙길로 연결되고 칠성대에 가 닿는다.

입각판 시에는 "북두(北斗)에게 예향(禮香)하고 빈걸음으로 서성거리"다가 "좋은 술 옥잔에다가 받들길 바"란다고 한다. 비교적 평평한 바위들이 물가에 연해 있다. 길을 걷다보면 팔베개한 와불상도 만난다. 박상희 조각가의 작품이다. 또 '꽃길'이라는 작은 연못도 지나친다. 꽃무늬를 조각한 돌들로 연못 가운데 나무데크 물고기 모양 섬에 가는 징검다리를 놓았다. 반대편으로 가는 징검다리에는 개구리며 거북 등도 조각해 놓았다.

소리길 3구간, 홍류동 계곡과 고운 최치원

매우 큼직한 일주문에 '법보종찰 가야산 해인사'라 써 있는 곳이 매표소다. 소리길 출발점을 이곳에서 해도 좋다. 매표소 바로 뒤편 왼쪽 가에 몇 대 댈 수 없지만 주차공간이 있다. 소리길에서 홍류동 계곡은 꼭 봐야 할 곳이다. 매표소에서 해인사까지는 3.5km로 1시간 10분 정도 걸린다. 이곳부터 길상암까지는 1.4km로 소리길 3구간이다. 시간은 25분 정도 걸린다. 홍류동 계곡은 해동 10승지 또는 조선팔경 중 하나다. 계곡 중 일정한 곳을 이르는 말이 아니라 여기서부터 해인사까지의 계곡 전체를 말한다. 봄에는 진달래나 철쭉으로, 가을에는 단풍으로 계곡물을 붉게 물들인다 하여 붙은 이름이다. 수석과 산림이 가장 아름다운 계곡이라고도 한다.

"봄바람에 철쭉이 온 산봉우리에 피어나니 / 거울 같은 물 속에 붉은 연지 가득하구나……" '붉게 흐르는 계곡'이라는 뜻의 홍류동(紅流洞)을 소개한 입각판의 시도 음미해 보자. 홍류동을 너무나 잘 표현한 시인 것 같다.

조선팔경 중 하나인 홍류동 계곡. 농산정 오른쪽 계곡가에 '고운최선생둔세'라는 비석이 있다. 최치원이 세상과 인연을 끊고 생활한 곳이라 한다.

농산정(籠山亭)을 왼편에 둔 회색의 바위는 여기저기 새겨 있는 이름들로 어지럽다. 이곳은 고운 최치원과 관련이 깊다. 농산정은 최치원이 독서하며 시간을 보내던 정자다. 정자 오른쪽 계곡가에 '고운최선생둔세(孤雲崔先生遯世)'라는 비석이 있다. 최치원이 세상[世]과 인연을 끊고[遯, 달아나다] 생활한 곳이라 한다. 이 계곡의 바위 어디엔가 최치원이 지어 새긴 시 한 수가 있다고 하지만 찾지 못했다.

> 첩첩 바위 사이로 미친 듯 산골짝에 울리니 / 사람 말소리, 지척에서도 알아듣기 어렵네. / 항상 시비하는 소리 귀에 닿을까 두려워 / 일부러 흐르는 물로 온 산을 둘러싸 버렸네. – 최치원, 「제가야독서당」

정자 이름은 마지막 시구 '고교류수진롱산(故敎流水盡籠山)'에서 농산(籠山)을 따왔다. 신라 말, 최치원은 진골 귀족들 간의 권력다툼에서 신라 왕조가 서산 너머 저물어가고 있다고 느꼈을 것이다. 그는 경주를 떠나 신선처럼 이곳에서 살다가 신선처럼 홀연히 자취를 감추었다 한다. 흡사 최치원인 양 걷기 시작했다. 광풍뢰·취적봉·음풍뢰, 분옥폭, 제월담이라고 안내하는 명소들을 지나쳤다. '뢰(瀨)'는 급류 또는 여울을 말한다. 취적봉은 선인이 내려와 피리를 불던 바위라고 하는데 도로 저편에 있다. 분옥폭은 옥(玉)을 뿜듯이 쏟아지는[噴] 폭포[瀑]이고, 제월담은 달빛[月]에 잠겨 있는[霽] 연못[潭]이다.

4구간은 길상암에서 영산교에 이르는 산책길로 0.8km에 20분 정도 걸린다. 소리길 중 가장 경치가 볼 만한 길이다. 길상암은 아담한 암자처럼 보이지만 올라서면 대웅전, 나한전, 종각 등을 갖춘 번듯한 사찰이다. 특히 이 암자는 석가모니의 진신사리를 안치한 적멸보궁이다. 명진교를 건너 좌측길로 들어서면 데크길이 나온다. 데크길 한쪽에 전망대를 만들어 놓았는데, 이곳에서 낙화담을 감상할 수 있다.

낙화담은 '꽃[花]이 떨어지는[洛] 소[潭]'라는 말처럼 떨어진 낙엽들이 여기저기 둥둥 떠 있다. 암석이 층층이 쌓여 있는 바위인 첩석대(疊石

臺)가 도로 한편에 서 있고, 이제 산죽(山竹)들이 길손을 반긴다. 조금 더 걷다보면 홍류동 간이발전시설을 만난다. 1950년대 지역 주민들이 계곡수를 끌어올려 필요한 전기를 자체 생산하던 시설이라 한다.

소리길 5구간과 김영환 대령

5구간은 해인사까지로 1.2km, 25분 정도다. 비교적 넓은 산책길을 걷다보면 데크길을 만난다. 데크로 잘 만들어 놓은 다리가 유혹하지만, 그쪽 방향은 남산제일봉 가는 코스다. 도로 건너 상가들을 지나 성보박물관을 넘어서면 조릿대들이 소리로 맞는다. 그곳에 '김영환 장군 팔만대장경수호공적비'가 있다.

김영환 대령은 한국전쟁 때 해인사에 주둔하고 있던 인민군 잔병 900여 명을 소탕하기 위해 지상군 작전에 공습으로 지원하라는 명령을 받았다. 1951년 9월 18일, 그는 편대를 이끌고 해인사 상공으로 출격했는데, 상부의 거듭된 명령에도 불구하고 편대에 자기의 명령 없이는 절대 폭탄을 투하하지 말라는 지시를 강한 어조로 내렸다. 네이팜탄 한 발이면 해인사와 팔만대장경판이 잿더미가 될 절체절명의 위기였다. 그는 해인사 넘어 먼 곳에 폭탄을 투하하고 귀대했다.

미군사령부와 이승만 대통령은 크게 분노했고 사형까지 언급했다. 그는 "사찰이 국가보다 중요한 것은 아니지만 공비보다는 중요하다"고 명령 불복종 이유를 밝혔다. 해인사와 팔만대장경의 가치를 누구보다도 잘 알고 있었다. 그는 그전까지의 공로와 동료들의 증언으로 전투기 조종대를 다시 잡을 수 있었고, 전쟁이 끝난 1954년 3월 강릉기지로 가던 도중 기상악화로 동해 상공에서 실종됐다. 그의 나이 34세였다.

법보사찰, 해인사

이제 해인사 일주문에 닿았다. '가야산 해인사(伽倻山海印寺)' 현판은 단정한 해서체의 글씨로 해강 김규진이 썼다. 보통 사찰의 중심 건물에는 팔작지붕 측면(합각)에 원이 있고, 그 안에 세 개의 점이 찍혀 있는 문양을 볼 수 있다. 세 개의 점은 불교에서 중시하는 세 가지 보물[三寶], 즉 불(佛)·법(法)·승(僧)을 표현한 것이다. 부처, 부처의 가르침, 그리고 그것들을 따르는 승려다. 우리나라는 삼보사찰로 통도사(석가모니의 사리를 모신 불보사찰), 송광사(고려시대 국사 16명을 배출한 승보사찰), 해인사가 있다. 해인사는 법보사찰이다. 팔만대장경판을 모시고 있기 때문이다.

해인사는 신라 애장왕 3년(802)에 화엄십찰 중 하나로 창건되었다. 화엄십찰은 의상대사와 그 제자들에 의해 세워졌는데, 해인사는 의상

해인사 천왕문으로 가는 길. 양옆으로 잣나무들이 세월을 간직한 채 서 있다.

대사의 손자 제자뻘인 순응스님이 세웠다. 해인사라는 절 이름은 화엄종의 근본경전인 화엄경에 나오는 '해인삼매(海印三昧)'에서 따온 것이다. 해인삼매는 '있는 그대로의 세계를 한없이 깊고 넓은 바다에 비유하여, 거친 파도, 곧 중생의 번뇌 망상이 비로소 멈출 때 우주의 갖가지 참된 모습이 그대로 물[海] 속에 비치는[印] 경지'를 말한다.

비로자나불과 화엄사상

'해인총림'이라 씌어 있는 천왕문에 이르는 길은 양옆으로 잣나무들이 세월을 간직하고 서 있다. 천왕문의 사천왕상은 일반 사찰과 달리 벽화로 되어 있다. 강당인 구광루(九光樓) 앞에는 미로처럼 돌길을 내었고, 그 길 따라 사람들이 한 방향으로 걸어간다. 사람들이 걸으며 부처에게 소원을 비는 장소다. 구광루 건물 오른편의 북카페와 갤러리 옆 계단으로 올라서 들어가면 대적광전 영역이 펼쳐진다. 마당에 석등과 삼층석탑이 있는데, 가운데가 아니라 약간 오른편에 있다. 그런데 놀랍게도 구광루에서 계단을 올라서서 대적광전을 보면, 마치 가운데 위치한 것처럼 보인다. 시각적 효과를 고려한 배치였을 것이다. 석등과 정중삼층석탑은 해인사 창건 당시의 것이라 한다.

대적광전 앞에 섰다. 법전으로 오르는 계단의 소맷돌 중 가운데에는 사자상이, 양옆에는 태극문양이 선명하다. 해인사는 화엄경의 중심 사찰이기 때문에 주 법전은 비로자나불을 모신 대적광전이다. 대적광전은 '크고[大] 고요한[寂] 빛[光]을 가지고 있는 세계'라는 뜻이다. 비로자나불에서 '비로(보탤 毘, 화로 盧, 화로에 불을 보탠다는 뜻)'도 확산되는 큰 빛을 나타낸다. 비로자나불은 태양빛처럼 우주에 가득 비치는 진리, 즉

해인사 대적광전. 해인사는 화엄경의 중심 사찰이다.

석가모니가 깨달은 진리 그 자체를 상징한다. 그래서 법신불(法身佛)이라 한다. 비로자나불은 화엄종의 핵심 부처다. 의상의 「화엄일승법계도」의 한 부분을 보자.

> 하나 속에 일체가 다 들어 있고, 만물 속에 하나가 있으니, 하나가 곧 모든 것이요, 모든 것이 하나이다. 한 티끌 속에 우주가 들어 있고, 모든 티끌이 또한 그러하다. 헤아릴 수 없이 멀고 먼 시간이 한 찰나에 불과하고, 한 찰나가 곧 길고 긴 시간이다.
>
> – 의상, 「화엄일승법계도」

불교 교리적으로 표현하자면 석가모니불, 약사불, 아미타불, 여러 보살 등은 비로자나불의 속성들이며, 여러 부처나 보살들은 결국 비로자나불로 모아진다는 것이다. 해인사는 왜란이나 호란 때에도 무사했는데, 숙종 이후 고종 때까지 7차례나 화재에 휩싸였다. 그런 와중에도 대장경판전은 무사했다.

순조 17년(1817) 큰 화재 후 이듬해 대적광전을 비롯하여 해인사의 전각들을 다시 지었다. 당시 경상 감사가 추사 김정희의 아버지 김노경이었다. 김노경이 해인사의 중창을 돕고 당시 33세인 추사가 상량문을 썼다. 추사 집안은 원찰(죽은 사람의 명복을 빌던 법당)을 둘 만큼 불심이 돈독했다. 추사는 금색의 중후한 해서체로 「가야산 해인사 중건 상량문」을 썼다. 화재가 귀중한 문화유산을 가져온 것이다.

대적광전은 사면에 현판을 달고 있다. 뒷면에 대방광전, 왼쪽에 법보단, 오른쪽에 금강계단이다. 대방광전, 법보단은 대적광전과 같은 뜻이다. 대방광은 『화엄경』의 본래 이름인 '대방광불화엄경'에서 따온 말이고, 금강계단은 금강석처럼 무엇으로도 깨뜨릴 수 없는 계법을 전수하는 곳을 말한다. 법보단과 금강계단, 그리고 대방광전 글자 왼편에 세로로 '해강 김규진'이라 써 있다. 대적광전에는 이름이 없어 누가 썼는지 모르겠다. 안에는 비로자나불을 중앙에, 좌우측에 지장보살과 석가모니불을 모셨다. 그런데 크기로 비로자나불을 돋보이게 했다.

해강 김규진은 젊을 적 중국 이곳저곳을 다니며 중국 서화가와 교유하며 서화의 세계에 발을 들여놓았다. 전서·예서·해서·행서·초서의 모든 서법에 통달했고 화방한 필력으로 이름이 높았다. 또한 화가로서 대나무 그림을 잘 그렸고 창덕궁 희정당의 「내금강만물초승경」과 「해금강총석정절경」도 그의 작품이다. 영친왕 등 제자도 여럿 두었다.

대적광전 왼편에 '대비로전'이 새로 섰다. 전에는 명부전이 있던 곳이다. 이곳의 비로자나불은 9세기 통일신라 때 조성된 국내에서 가장 오래된 목조 동형쌍불 비로자나불이다. 관람객들의 눈은 대적광전의 비로자나불에 멈춰 있지만 문화재적인 가치는 이곳 두 비로자나불이 더 크다.

해인사는 여러 차례 화마의 슬픈 역사를 간직하고 있다. 명법스님의 말씀에 따르면 대비로전은 화재에 대비하여 두 비로자나불을 보호하는 시설이 되어 있다 한다. 화재 발생 시 두 부처를 지하로 내려보내고 그 위를 완전 차단하는 시설이라 한다. 대비로전의 꽃창살문이 눈길을 붙잡는다. 대적광전 오른편에 있는 응진전과 명부전의 기둥은 민흘림이다. 아래로부터 위로 올라갈수록 지름이 일정하게 줄어드는데 시각적 안정감을 준다. 이제 장경판전으로 들어가자.

해인사 장경판전

해인사 장경판전의 월문.

수다라장(修多羅藏)으로 들어가는 월문이 이채롭다. 그래서 더욱 그 안으로 빨려 들어가고 싶어진다. 법보전의 비로자나불이 정면으로 보이니 저절로 예를 갖추게 된다. 장경판전은 남쪽 건물이 수다라장, 북쪽 건물이 법보전이며 팔만대장경판이 보관되어 있다. 동서의 작은 건물에는 해인사에서 자체 제작한 판본을 보관하고 있다.

남북으로 길게 뻗은 두 건물은 꾸밈이 없다. 꾸밈이 없기에 더욱 원초적인 아름다움이 느껴진다. 우진각지붕에 각각 정면 15

칸, 측면 2칸이다. 또 각 칸을 가운데 횡으로 연결된 나무로 구획하고 위아래에 살창을 두었다. 특히 수다라장과 법보전 현판의 예쁜 글씨는 추사의 수제자 위당 신관호(신헌의 개명)가 쓴 것이다. 해인사 장경판전은 1995년 12월 유네스코 세계문화유산으로, 팔만대장경판은 2007년에 세계기록유산으로 등재되었다. 세계문화유산은 인류문화적 가치가 큰 부동산을 대상으로 한다. 먼저, 팔만대장경판에 대해 살펴보자.

세계기록유산 팔만대장경

고려가 거란의 침입을 격퇴한 뒤 만든 첫 번째 대장경(초조 대장경)이 몽골의 2차 침입 때 불타 버렸다. 이에 고려 조정은 없어진 대장경을 다시 만드는 일에 착수했다. 왕실과 재상, 관료들이 어머어마한 경비를 냈고 수많은 승려, 장인, 백성들도 대장경 만드는 대사업에 적극 동참했다. 부처의 권위와 힘으로 몽골군의 말발굽 아래 고통받는 것으로부터 벗어나고자 하는 바람, 그것이 대장경을 만드는 일로 모아졌다.

작업은 몽골군이 침입할 위험이 적은 경상도 남해의 분사대장도감에서 했다. 나무를 정성스럽게 다듬어 경판(經板)을 만들고 정확한 원고를 작성하기 위해 여러 나라의 경전도 참고했다. 또 똑같은 글씨체로 쓰기 위해 많은 관료와 문인들이 열심히 연습했다. 그런 다음 종이에 정성스럽게 한자 한자 써 내려갔다. 쓴 면을 반대로 뒤집어 경판에 붙였다. 장인들은 부처께 정중하게 예불을 올리고, 정성을 모아 뒷면에 배어나온 거꾸로 된 글자를 조각했다. 이렇게 한 지 16년 만에 8만 1,258장의 경판이 완성되었다. 경판 양쪽에 편목(片木)을 끼워 붙였고 뒤틀리지 않도록 동판으로 띠를 둘렀다. 경판은 잘 포장되어 남해, 서해 바닷

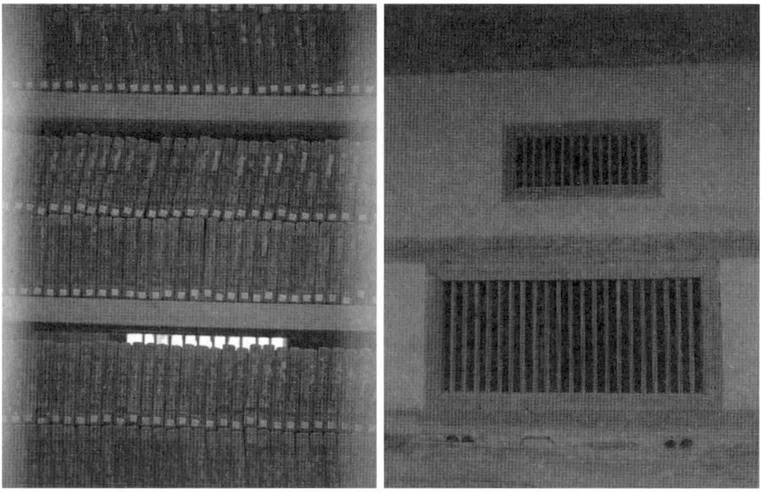

수다라장은 통풍과 환기를 위해 살창의 아래가 위보다 4배 크며, 경판이 빽빽히 꽂혀 있는 것 같지만, 편목들로 인해 통풍이 잘 된다.

길을 통해 강화도로 운반되었다.

대장경은 경(經)·율(律)·논(論)의 삼장, 즉 불교경전의 총서를 말한다. 팔만대장경은 중생의 8만 4천 번뇌에 해당된다. 이 대장경은 현재 없어진 송나라 북송관판이나 거란 대장경의 내용을 알 수 있는 유일한 것이다. 더군다나 약 5,200만 자가 한자 한자 오탈자도 없이 모두 고르고 정밀하다. 현존하는 대장경 중에서 역사가 가장 오래되었고 내용도 완벽하다. 이 같은 역사적 가치로 인해 유네스코 세계기록유산으로 등재된 것이다.

세계문화유산 장경판전

대장경판은 강화도성 서문 밖의 대장경판당에 보관되어 있었다. 고려 말 조선 초, 섬이나 해안가 지방에 왜구의 노략질이 심해지자 조선 조정은 대장경판을 급히 옮기도록 결정했다. 합천 해인사로 옮겨진 이유는 두 가지로 생각해 볼 수 있다.

첫째는 재난을 피할 수 있는 곳이었기 때문일 것이다. 합천 해인사는 내륙에 있어 왜구들의 발길이 미치지 않은 곳이다. 후대지만, 영조 당시의 지리학자 이중환은 『택리지』에서 "임진왜란 당시에 금강산·지리산·속리산·덕유산은 모두 왜군이 들어오는 화를 면치 못하였으나, 오직 오대산과 소백산에는 이르지 않았다. 그러므로 예부터 삼재(三災)가 들지 않는 곳이라 한다. 산속에 해인사가 있다"(이중환 지음/신정일 옮김, 『신정일의 새로 쓰는 택리지』, 190쪽)라고 기록하고 있다. 둘째는 해인사가 화엄십찰 중 한 곳이었기 때문일 것이다. 대장경은 부처의 말씀, 즉 법이며, 법신불이 곧 화엄종의 비로자나불이다. 불교 이론의 측면에서도 해인사가 제격이었던 것이다.

태조 7년(1398) 5월, 이번에는 대장경판이 서해와 남해의 바닷길을 거쳐 고령 개경포에 도착했고 심원사 등의 육로를 거쳐 해인사까지 운반되었다. 이곳에 이운순례길도 있다. 이운(移運)은 대장경판(부처)을 옮겨 모신다는 말이다.

장경판전의 자연과학적 원리

이제 대장경판을 완벽하게 보존해 온 해인사 장경판전의 비밀을 좀 살펴보자. 이운 당시 장경판전이 언제, 어떤 모습으로 지어졌는지는 확실하지 않다. 기록에 따르면 세조 3년(1457)에 크게 다시 지었고, 성종 19년(1488)에 학조대사가 왕실의 후원으로 다시 지어 '보안당'이라 했다 한다. 현재 입구 쪽 현판은 팔만대장경(八萬大藏經)이라 씌어 있고, 안에 보안당(普眼堂)이라는 현판을 달고 있다.

장경판전의 비밀에서 중요한 요소가 적정한 온도와 습도 유지, 직사광선 차단, 원활한 통풍과 환기 등이다. 이것과 관련되어 현재 네 가지로 정리되고 있다.

첫째는 수다라장과 법보전에서 앞뒷면의 살창이다. 두 건물에서 남쪽 면의 살창은 위쪽이 작고 아래쪽이 크며, 북쪽 면의 살창은 위쪽이 크고 아래쪽이 작다. 일단, 이러한 차이는 내부로 들어온 공기의 순환, 즉 공기 유입량과 유출량을 조절하여 적당한 습도를 유지하도록 한 것이다.

둘째는 장경판전을 배열한 경판꽂이다. 마치 책꽂이에 책을 꽂듯 경판꽂이에 장경판전을 꽂았는데, 지면에서 30cm 정도 높여 설치했다. 그리고 각 장경판전 사이에 편목들로 틈을 주어 통풍이 잘 되도록 했다.

셋째는 건물 내부 바닥이다. 일단 배수가 잘 되는 토질에 석회, 숯,

수다라장과 법보전에서 남쪽 면의 살창은 위쪽이 작고 아래쪽이 크고, 북쪽 면의 살창은 위쪽이 크고 아래쪽이 작다. 산자락에서 불어오는 습한 바람이 잘 빠지도록 한 것이다.

소금을 다져넣고 그 위에 황토로 마감했다 한다. 이는 습도조절 기능과 함께 해충을 막는 역할도 했다. 그러나 바닥 구성에 대해 이견도 있다. 박상진 경북대 명예교수가 2002년에 해인사 측의 허락을 받아 내부 바닥 7군데를 사방 깊이 1m로 팠으나 숯이 없었다 한다. 습도 유지를 위해 바닥을 맨흙으로 했다고 한다(박상진, 「팔만대장경 760년 보존의 비밀은 바람과 흙」, 조선일보, 2013.11.14.).

넷째는 서남향 건물 배치다. 이는 직사광선을 피하기 위한 조치다. 더불어 내부에서 남북쪽 면의 경판꽂이를 설치할 때에는 아예 햇볕이 닿지 않도록 벽에서 멀리 떨어지게 했다. 수백 년 전 옛 기술자들의 지혜와 경험에 고개를 숙이게 된다.

장경판전에서 수다라장과 법보전, 동서 작은 판고의 기둥 수를 모두 합하면 108개라 한다. 108은 백팔염주, 백팔번뇌 등 불교와 친숙한 숫자다. 한쪽 끝에 서서 가까운 칸부터 멀리 있는 칸까지 천천히 눈맞춤을 해보자. 각 칸들이 15칸에서 끝난 것이 아니라 계속 이어지는 듯한 착각이 든다. 장식이 없지만 단순미에서 느끼는 감동이 매우 크다.

내려가는 길, 부도밭과 비석들을 지나 성철스님 승탑에 들렀다. 성철스님은 해인총림의 방장과 대한불교 조계종의 6대, 7대 종정을 역임하셨다. 3층의 사각형 기단에 반구형 두 개로 층을 삼고 그 위에 구를 하나 얹었다. 설명을 보니 통도사의 적멸보궁을 기본으로 하여 현대적 조형미를 가미했다고 한다. 맨 위의 구는 완전한 깨달음을, 반구는 활짝 핀 연꽃을 표현했으며, 3단의 기단은 각각 계(戒)·정(定)·혜(慧)의 삼학과 수행과정을 의미한다고 한다. 성철스님은 계율을 지키고 선정으로 수행했으며 깨어 있는 마음의 눈으로 세상을 고민했다는 뜻일 것이다. 그 결과 연꽃대좌 위에 깨달음의 존재로 영원 속에 드셨다는 것을 표현한 것이 아닐까 한다.

해인사의 암자인 국일암에 들렀다가, 명법스님에게 차 한 잔을 대접받고 고령의 지산동 고분군으로 향했다.

참고문헌

이재창 외, 『해인사』(대원사, 1993)

법보종찰 해인사, 이형준 사진, 『사진으로 보는 해인사·팔만대장경』(터치아트, 2011)

한국문화유산답사회, 『답사여행의 길잡이 13·가야산과 덕유산』(돌베개, 2000)

최완수, 『명찰순례 1』(대원사, 1994)

김봉렬, 『불교 건축』(솔, 2008)

유홍준, 『김정희』(학고재, 2006)

명법, 『미술관에 간 붓다』(나무를심는사람들, 2014)

이중환 지음/신정일 옮김, 『신정일의 새로 쓰는 택리지』(다음생각, 2012)

한산도에서 이순신을 따라 걷는 역사길

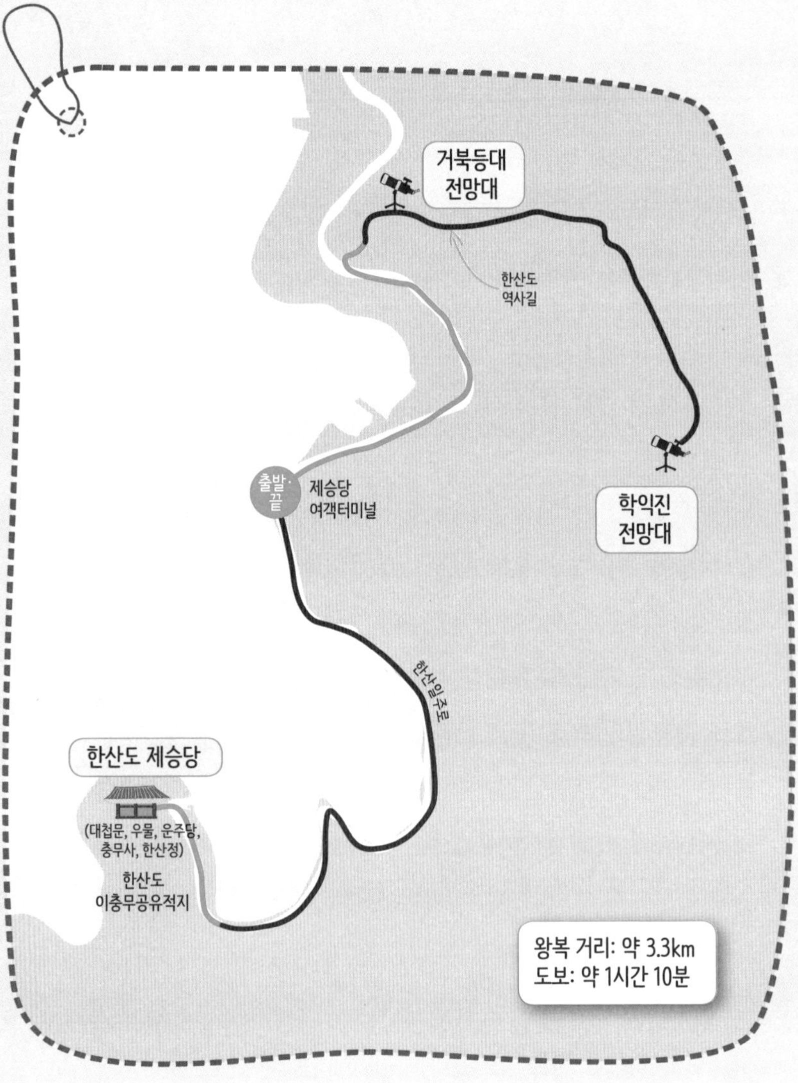

승리를 확신한 해전, 당포해전

1592년 4월 13일, 왜군 20만이 부산에 침략해 왔다. 부산을 맡고 있던 경상좌수사 박홍은 왜군의 침략 사실을 알리는 파발마를 한양과 경상 관찰사에게 띄우고 도망쳤다. 4월 17일, 경상관찰사 김수는 경상우수사 원균에게 출전 명령을 내렸고, 전라좌수사 이순신과 전라우수사 이억기에게 도움을 요청했다. 조정에서 관내를 벗어나는 것을 허락받은 이순신은 원균의 재촉에도 불구하고 즉시 함대를 출동시키지 않았다. 이억기의 전라우수사를 기다렸던 것이다. 이순신은 자신의 전력으로 왜군을 상대하기가 힘겨울 것이라고 여겼다. 왜 함대에 대한 정보를 어느 정도 파악하고 있었겠지만 실전과는 별개의 문제였다.

이순신은 류성룡과 정탁의 천거로 1591년 2월 16일 전라좌수영 사령관인 수사(수군절도사)가 되었다. 임진왜란 발발 14개월 전이다. 그는 류성룡과의 정보교환을 통해 왜군이 반드시 침략할 것이라 확신하고 판옥선을 건조하며 전쟁에 대비해 왔다. 왜군이 부산을 손쉽게 점령했기 때문에, 이순신은 왜군의 전투력이 생각보다 월등하다고 느끼고 있었다. 그런 상황에서 경상우도 해안으로 출동 명령이 떨어졌으나 그는 신중을 기할 수밖에 없었다. 5월 3일, 침략 20일 만에 수도 한양도 왜군의 손에 떨어졌다. 이순신은 끝내 이억기 측이 합류하지 않자 5월 5일 원균이 있는 당포 앞바다로 24척의 함선을 출전시켰다. 이틀 뒤, 이순신 함대는 옥포에서 적선 30여 척 격파를 시작으로 10일까지 여러 차례의 전투에서 왜선 40여 척을 침몰시키는 전과를 올렸다. 첫 해전에서의 승리였다. 이 당포해전은 육전과는 달리 조선 수군이 자신감을 갖게 해 준 전투였다. 어떤 점에서 조선 수군은 자신감을 가졌을까.

판옥선 vs. 아다케부네

먼저 주력 전투선의 차이이다. 주력 전투선이 조선은 판옥선, 일본은 아다케부네였다. 일본 함선은 바닥 부분이 세로로 뾰족하다. 그래서 앞으로 항해하는 속도가 빠르지만 회전에서 자유롭지 못하다. 이에 반해 조선 판옥선은 밑바닥이 평평하다. 상대적으로 속도는 느리지만 회전에 좋은 편이다. 이러한 차이로 섬들이 많고 해안선의 굴곡이 심한 남해안의 지형적 특성에 판옥선이 훨씬 더 잘 적응할 수 있었다.

이뿐만이 아니다. 판옥선의 평평한 바닥은 대포의 반동에 견딜 수 있고 명중률도 높이는 요인이 되었다. 이는 조선과 일본 수군의 전투방식 차이와도 연관된다. 일본 수군은 빠른 속도로 적 함선에 접근해 갈고리를 걸고 판자 다리를 건너와 백병전을 벌이는 방법을 주로 썼다. 그래서 그들에게는 빠른 속도의 배가 필요했다. 이에 반해 조선 수군은 거리를 유지한 채 함포 공격으로 적 함선을 격침하는 방법을 주로 활용했다. 해전에서 일본의 조총 유효사거리는 100보 내외, 조선의 총통은 500보가 넘었다. 조선이 해전을 주도할 수밖에 없는 이유였다.

둘째는 판옥선이 아다케부네보다 훨씬 견고했다. 일본 함선은 선체를 만들 때 쇠못을 사용했지만 판옥선은 나무못을 사용했다. 쇠못은 물속에서 녹슬지만 나무못은 더욱 팽창하여 선체를 튼튼히 받쳐주었다. 이러한 견고성의 차이는 당시 해전의 또 다른 유형인 충파(衝破, 충돌하여 파손함)에 훨씬 유리했다. 일단 함선끼리의 충돌을 통해 적 함선이 제 기능을 수행하지 못하면 해전에서 유리한 고지를 점할 수 있었다.

셋째는 판옥선이 아다케부네보다 선체가 높았다. 판옥선은 평평한 선체 위에 선체보다 폭이 넓은 갑판을 2층으로 만들었다. 1층 갑판에서는 노군들이 안전하게 노를 젓고, 2층에는 화포들을 둘러 배치하고, 근접전일 경우 사수들이 위에서 내려다보며 적선의 군사들에게 불화살을 날릴 수 있었다.

한산도 대첩

이순신은 전투에 임할 때 정보를 최대한 끌어모으고 분석하며 알짜배기 정보를 파악하려 고심했다. 그가 가장 많이 본 병서는 『손자병법』과 『증손전수방략』이다. 『증손전수방략』은 류성룡이 보내주었는데 수륙전과 불로 공격하는 전술에 관한 책이라고 덧붙였다. 이순신은 정확한 분석을 바탕으로 수하 장수들과 작전회의를 하면서 승리의 조건들을 만들어 나갔던 것이다. 32전 전승 신화의 비결이 여기에 있었다.

당포해전은 이순신이나 조선 수군에게 자신감을 준 싸움이었다. 전라우수사 이억기도 함대를 끌고 와서 공동작전을 수행하기 시작했다. 원균도 매우 협조적이었다. 5월 말, 거북선을 앞세운 사천해전에서 또다시 조선 연합함대는 승리를 일궈냈다. 이어 7일 간 전개된 당항포해전에서는 적선 72척을 불태워 침몰시키고 3만 명이 넘는 왜군들을 수장시켰다. 아군 전사자는 13명, 부상자가 34명이었고 함선은 한 척도 피해를 입지 않았다. 연전연패 보고를 받은 도요토미 히데요시가 조선 수군과 교전하지 말라는 명령을 급히 내렸을 정도다. 왜군 수뇌부는 전혀 고려하지 않았던 강력한 변수에 직면했던 것이다.

7월, 도요토미는 모든 함선을 동원하여 조선 수군을 격파하도록 명령을 내렸다. 와키사카 야스하루의 70여 척, 구키 요시타가의 40여 척, 가토 요시아키의 많은 함선들도 합세했다. 조선 연합함대는 전라좌수

수루에서 바라본 한산도 앞바다.

사 이순신과 전라우수사 이억기의 함선 90척에 경상좌수사 원균의 함선 7척이 가세했다.

이순신은 판옥선 대여섯 척으로 하여금 견내량에 정박해 있던 왜선을 공격하고 도망치는 작전을 구사했다. 와키사카 야스하루는 혼자 공을 세울 욕심으로 73척을 이끌고 판옥선들을 뒤쫓았다. 한산도 앞바다에는 조선 함선들이 학이 날개를 편 모양으로 기다리고 있었다. 학익진(鶴翼陣)이었다. 조선 함선들의 맹렬한 총통 사격으로 적선 67척이 침몰했고 12척을 빼앗았으며 많은 일본 수군이 전사했다. 조선 수군은 18명만 전사했을 뿐이다. 이 전투가 한산도 대첩이다. 한산도 대첩(1592년)은 우리 역사에서 살수대첩, 귀주대첩과 함께 3대 대첩에 속하고, 살라미스해전(기원전 480), 칼레해전(1588), 트라팔가해전(1805)과 더불어 세계 4대 해전으로 유명하다. 이 대첩이 조·일전쟁에서 승패의 방향을 돌린 큰 전투였다. 조선 수군이 남해 제해권을 완전히 장악하여 일본의 수륙

병진작전을 좌절시켰다. 류성룡이 쓴 『징비록』에서 그의 목소리를 들어보자.

> 원래 적은 수군과 육군이 합세해 서쪽을 공략하려 했다. 그런데 거제 싸움에서 패함으로써 한 팔이 끊어진 것이다. 이렇게 되니 평양성을 점령한 유키나가라 할지라도 지원군이 사라지게 되어 더 이상 진격할 수 없었다. 결국 전라도와 충청도를 보전하고 아울러 황해도와 평안도 연안 지방까지 지키게 됨으로써 군량의 조달과 통신체계가 확립될 수 있었다. 이는 곧 나라를 회복할 수 있는 기반이 되었다. – 류성룡 지음/김흥식 옮김, 『징비록』, 서해문집, 2014, 129쪽

그 시기에 명나라 군대가 조선에 파병되었고 각지에서 의병이 일어났다. 왜군은 보급품과 무기를 충분히 보급받지 못했기 때문에 육지전에서도 밀리기 시작했다. 이듬해인 1593년 2월, 전라도 순찰사 권율의 지휘 아래 관민이 행주산성에서 왜군 3만 명을 격퇴했다.

제승당

통영항에서 여객선을 타고 한산도로 가는 바닷길은 한산도 대첩의 현장이다. 여객선에서 오른쪽 산 위에 한산대첩기념비가 보인다. 그리고 제승당 선착장에 못 미쳐 거북등대가 반긴다. 등대는 거북선이다. 닻을 내렸는지 항상 그 자리다. 바다색은 새파랗지만 제승당 선착장으로 갈수록 옥색으로 변한다. 제승당 선착장에 내려 약 800m 한산일주로를 걸어가면 대첩문이 나온다. 한쪽은 바다, 다른 쪽은 동백나무와 소나무

제승당 가는 한산일주로.

를 끼고 걷는 길이다. 소나무들은 적송이다. 적송은 껍질이 얇고 결이 곱고 부드럽다. 또 벌레가 먹거나 썩지 않으며 대패질을 해놓으면 윤기가 돈다고 한다. 그래서 임진왜란 당시 거북선과 판옥선을 만들 때 주요 자재였다 한다. 길가에는 이순신의 대표시인 「한산도가」와 「한산도야음」을 새긴 비석이 있다. 게중 「한산도야음」을 보자.

> 바다에 가을빛 저물고 / 찬바람에 놀란 기러기 떼 높이 나는구나. / 근심스러운 마음에 뒤척이는 밤 / 새벽녘 달빛, 활과 칼을 비추네.
>
> –「한산도야음」

대첩문 앞에는 여전히 군졸 2명이 지키고 서 있다. 그 앞에 우물이 하나 있는데 이순신과 장졸들이 3년 8개월 동안 사용한 우물이라 한다. 수질이 매우 좋고 양이 풍부했다 하는데 지금은 사용하지 못한다.

한산도 대첩 이후 조선 수군의 지휘체계가 바뀌었다. 삼도수군통제사를 새로 만들어 이순신을 앉혔다. 지금까지는 전라우수사, 전라좌수사, 경상우수사였다. 직책이 같기 때문에 세 사람 간에 의견충돌이 발생할 경우에는 문제가 생긴다. 수군의 조직화와 일사불란 한 명령계통을 위해서도 필요한 조치였다.

이순신은 한산도에 운주당을 짓고 삼도수군통제사 사령부로 삼았다. 통영이라는 말 자체가 '삼도수군통제영'에서 따온 말이다. 이곳은 후에 칠천량해전 패전 후 폐허가 되었다가 영조 때 다시 삼도수군통제사가 설치되면서 제승당으로 이름을 고쳤다. 운주나 제승은 『사기』의 「고조본기」에 나오는 말이다. "군막 안에서 작전을 세워 천리 밖에서 승리를 쟁취한다(運籌於幄之中 制勝於千里之外)"라는 글에서 따왔다. 운주(運籌)는 이리저리 꾀를 낸다는 뜻으로 치밀하게 작전을 수립하는 것을 말하고, 제승(制勝)은 적을 제압하여 승리한다는 것이다.

내부 기둥에는 이순신의 필체로 "맹산서해 욕일보천(盟山誓海 浴日補天)"이라 적혀 있다. '산에 맹세하고 바다에 다짐하여 해를 목욕시키고 뚫린 하늘을 메꾼다'는 뜻이다. 오직 나라만 걱정하겠다는 이순신의 신념이 잘 나타나 있는 문구다. 벽면에는 「사천해전도」, 「애국충정도」, 「한산대첩도」, 「진중생활도」, 「노량해전도」 등의 민족기록화와 「명조팔사품」 병풍이 있다. 이 병풍은 명나라 신종황제가 이순신에게 하사한 물건 15점을 그려 만든 것이다. 사천해전에서 이순신은 거북선을 끌고 나가 왜선 13척을 모두 격침시켰으나 왼쪽 어깨에 총을 맞아 부상을 당했다.

류성룡의 글에 따르면 이순신은 이곳 운주당에서 장수들뿐만 아니라 졸병이라도 작전에 대해 아무 거리낌없이 이야기할 수 있도록 했으며, 모든 병사가 군사문제에 대해 상당한 지식을 가질 수 있도록 했다 한다. 또한 전투를 시작하기 전에 장수들과 의논하여 계책을 결정했기 때문에 각 함선 부대장들은 작전을 인지한 상태에서 전투에 임했다. 그래서 패하는 일이 없었다고 설명한다.

백의종군과 칠천량해전

정유재란이 발발하던 시기에 이순신은 모함에 빠져 옥에 갇혀 생사의 갈림길에 있었다. 죄목은 조정을 속이고 임금을 업신여긴 죄, 적을 놓아주어 나라를 저버린 죄, 남의 전공을 빼앗고 남을 죄에 빠뜨린 죄 등이었다. 마지막은 원균과 관련된다. 이순신과 원균은 해전에서 승리할 때마다 각자 자신의 입장에서 보고를 올렸다. 이순신의 죄목 중 앞의 두 가지는 왜장 가토와 관련된다.

왜장 고니시가 조선 조정에 정보를 흘려 가토가 일본에 갔다가 부산에 돌아오는 날짜를 알려주었다. 고니시와 가토는 경쟁관계에 있었고 조선 정책을 놓고도 알력이 심했다. 고니시가 이순신을 통해 가토를 제거하려 했던 것이다. 선조와 조정은 이순신에게 가토를 공격하도록 명령했다. 그러나 이순신은 그 정보가 적의 음모라 생각했고, 부산을 공격하는 것이 조선 수군에게는 무리한 작전이라 여겼다. 조정은 이순신을 옥에 가두고 원균을 삼도수군통제사로 삼아 부산을 공격하도록 압박했다. 이순신의 목숨은 백척간두에 있었다. 이때 정탁이 "그는 명장이오니 죽여서는 안 되옵니다. …… 바라건대 너그러이 용서해서 후에 대비토록 하십시오"라는 상소를 올렸고, 선조가 그 상소를 받아들였다. 이순신은 권율 휘하에서 백의종군하게 되었다.

옆에서 같이 걷던 아내도 원균에 대해서 부정적으로 인식하고 있었다. 술주정뱅이에 사기꾼, 무능한 장군이라고 말이다. 원균도 이순신처럼 일기를 남겼다면 충분히 변호가 되겠지만 흑백논리의 대상이 된 듯싶다. 원균도 수군만으로 부산을 공격하는 것이 힘들다고 판단하여 병마절도사 권율에게 육군과 공동작전을 건의했다. 하지만 권율은 원균에게 명령을 이행하지 않는다고 곤장까지 치며 채근했다. 선조와 권율은 해전에서의 연전연승이 막강 조선 수군의 모습이라 생각한 것이다.

지금까지 조선 수군은 치밀한 작전 속에서 기습공격으로 승리를 거머쥔 것이지 정면승부는 아니었다. 원균도 명령을 거부하다가는 이순신 꼴이 될 것이라 여겼을 것이다. 칠천량해전에서 왜군은 연안에 3천여 명을 포진시키고, 600여 척의 함대로 조선 수군을 유인하여 궤멸시켰다. 조선 함선 200여 척이 침몰당하고 약 1만 명이 전사했다. 삼도수군통제사 원균과 전라우수사 이억기도 전사했다. 경상우수사 배설이 12척의 함선을 가지고 간신히 도망쳤다. 이 12척이 명량해전의 12척이다.

원균을 어떻게 봐야 할까. 이순신의 대척점에서 평가받아 왔지만, 이순신이 『난중일기』에서 "원 수사가 와서 군사에 대한 일을 의논하고 돌아갔다"라고 한 것처럼, 이순신과 함께 작전을 논의해 왔던 인물이기 때문에 아무런 생각 없이 해전에 임하지는 않았을 것이다. 그는 칠천량해전에서 패하자 한산도를 왜군이 이용하지 못하도록 모두 태우라고 지시한 후 전사했다. 아마 선조와 권율의 독촉에 따라 모험적으로 해전에 임했을 것이다.

충무사

사당 앞에 섰다. 향을 피우고 잠시 묵념했다. 충무사는 1932년에 통영 군민들이 성금을 모아 지은 이순신 사당이다. 일제강점기, 이순신의 충(忠)을 받들고자 했던 통영 군민들이 '한산도 제승당 중건기성회'를 만들어 모금운동을 벌였고 한산도 주민들도 '모충계'를 결성하여 힘을 보했다. 제승당과 충무사는 6월 2일에 중건되었다. 사당에 관복을 입은 이순신 영정은 1978년에 정형모 화백이 그린 것이다. 오히려 철릭(군복)을 입은 모습은 어떨까 하고 생각해 봤다.

이순신은 병치레가 많았다. 신경성 위장염, 장티푸스, 구토, 고열, 몸살, 식은땀, 체력 소진 등의 증상이 있었다. 그중 그를 괴롭혔던 질병은 신경성 위장염이었다. 이 질병은 스트레스와 관련된다. 선조나 동궁 광해군, 권율과 뜻이 맞지 않아 몹시 근심 걱정했을 것이다. 특히 그의 투옥과 관련된 부산 공격에 대한 재촉은 엄청난 스트레스로 작용했을 것이다. 『난중일기』에 "몸이 매우 괴로워 뒤척이는 것조차 어려웠다", "병세에 별 차도가 없고 기운은 더 축나서 하루 내내 끙끙거렸다"(이순신 지음/송찬섭 옮김, 『난중일기』, 158쪽) 등과 같은 글이 자주 보인다. 강골이 아니었던 것이다. 일기에 써 놓았듯이 그는 수루에 기대앉아 스트레스를 삭히고 외로움을 달랬을 것이다.

류성룡은 『징비록』에서 이순신을 다음과 같이 평했다. "이순신은 용모가 아칙하여 마음을 닦고 몸가짐을 삼가는 선비와 같았으나, 속이 담력과 용기가 있어서 자신의 한 몸을 돌보지 않았다."(류성룡 지음/김흥식 옮김, 『징비록』, 221쪽)

'아칙(雅飭)'이란 성품이 단아하고 조심스럽다는 말이다. 이순신은 무인의 기골과는 거리가 있어 보인다. 이순신의 가계는 문신 집안이었다. 할아버지 이백록은 중종 때 조광조와 뜻을 같이 했고 기묘사화 때 참화를 당했다. 아버지 이정은 음서로 종5품의 창신교위가 되었으나 이름뿐인 관직에 불과했다. 이순신은 사실상 장인 방진을 스승으로 삼아 무과 준비에 힘썼다. 장인은 무과 출신이고 제주현감과 보성군수를 지냈다. '아칙'에서 칙(飭)은 삼가고 경계한다는 뜻이다. 이순신의 성격이 매사에 신중했음을 알 수 있다.

수루

수루는 '지키는[戍] 망루[樓]'라는 말로 거북등대를 비롯하여 한산도 앞바다가 한눈에 들어오는 곳이다. 또한 이순신이 혼자만의 시간을 가졌던 곳이다. 그는 이곳에서 생각에 잠기곤 했고 시를 쓰거나 편지를 쓰기도 했다. "밤에 바다 위에 떠오른 달은 대낮처럼 밝고 물결 위에 비친 빛은 비단결 같은데, 혼자서 높은 수루 위에 기대어 있노라니 마음이 몹시 어수선하여 밤이 깊어서야 잠자리에 들었다"(이순신 지음/송찬섭 옮김, 『난중일기』, 277쪽) 등과 같은 글들이 일기에서 종종 보인다. 여기에는 어릴 적 줄줄 외던 이은상 작가가 번역한 이순신의 「한산도가」가 씌어 있다. 그런데 원문 중 '하처(何處)'의 의미가 고민이 되었다. 다음과 같이 풀어봤다.

> 한산섬 달 밝은 밤에 수루에 올라 / 큰 칼 어루만지며 군사 일(何處)로 생각에 빠져 있을 때 / 구슬픈 피리 한 곡조, 근심을 더욱 깊게 하는구나.
>
> –「한산도가」

한산정

한산정은 과녁이 145m로 바다를 사이에 둔 활터다. 이순신은 활을 잘 다루었다. 류성룡도 "이순신은 자라서는 활을 잘 쏘았으므로 무과를 거쳐서 출세했다"라고 언급한 바 있다. 이순신은 자신은 물론 장졸들에게 판옥선에서 적선에 화살을 쏘는 감각을 평소 이곳 한산정 활터에서 익히도록 했다. 보통 왜군의 조총이 활보다 사거리가 길 것이라 여기지만, 화살로 편전(片箭, 일명 '아기살')을 사용할 경우 비행거리가 50m인 조총보다 250m가 더 나갔다.

중국은 창, 일본은 칼, 그리고 조선은 활의 나라라는 말이 있다. 조선이 활이 주무기가 될 수밖에 없었던 이유는 조선의 전쟁은 공격이 아니라 성곽 위에서 방어하는 일에 초점이 맞추어졌기 때문이다. 한산도 대첩 이후에는 이렇다 할 전투가 없었다. 탐색선의 적선 탐지에 따라 조선 함선이 출동하면 왜선들은 도망가기 바빴고 간헐적인 전투만 있었을 뿐이다. 그는 활쏘기, 수사나 부하 장수들과 작전을 논의하는 일에 시간을 보냈다. 또 함선 건조에 열성을 기울였다.

『난중일기』에서 가장 많이 나오는 내용이 활쏘기다. 거의 매일 활쏘기를 했는데, 이순신은 주로 쇠화살, 편전, 보통 화살을 돌아가면서

한산정에서 바라본 과녁. 활터의 과녁이 바다를 사이에 두고 145m 정도 떨어져 있다.

쐈다. 또 군졸들의 활쏘기 훈련을 지휘하고 부하들에게 편을 나눠 활쏘기 시합을 하도록 하고 지켜보았으며, 장수들의 활쏘기 시합에 참여하고 음식을 베풀기도 했다. 이처럼 해전에서 조선 수군의 휴대무기는 활이었다. 당포해전 당시를 이순신이 "편전과 크고 작은 승자총통을 비가 퍼붓듯 마구 쏘아대었더니 왜장이 화살에 맞아 굴러떨어졌다"(이순신 지음/송찬섭 옮김, 『난중일기』, 55쪽)고 썼듯,이 총통과 화살로 기선을 제압했던 것이다.

이순신은 이곳 한산정 활터에서 별시(別試: 특별히 보던 임시 과거시험)를 열기도 했다. 주 과목은 활쏘기였다. 1595년 8월 5일 과거에는 아들과 조카들도 무과에 응시했다. 그는 아들 면이 55보, 회가 35보, 조카 봉이 35보, 해가 30보, 완이 55보로 활쏘기에 합격했다고 일기에 썼다. 최종 결과가 15일 발표되었는데 "저녁에 들으니 아이들이 모두 시험에 뽑혔다"는 소식을 적어놓았다.

한산도역사길

이곳에 한산도역사길이 있다. 제승당 선착장 위의 덮을개부터 한산도의 정상 망상(293m)을 거쳐 야소에서 끝나는 길이다. 총거리 7.5km로 4시간은 잡아야 한다. 남해바다는 동해나 부산 앞바다와 다르다. 섬들이 많아 거대한 호수를 바라보는 느낌이지만, 그렇다고 푸른색 물결이 호수처럼 보이지도 않는다. 그래서 매혹적이다. 이 한산도역사길을 걷기 위해 일부러 오는 사람도 있다. 제승당 선착장에서 출발하는 마을버스가 매시간 있다. 한산도역사길의 하산길인 야소나 의암도 경유하니 되돌아올 때에는 버스를 이용해도 된다. 시간 여유가 있다면 맛보기로 한

한산도역사길. '한려해상 바다 백리길'이라고 쓰인 곳으로 오르면 된다.

산도역사길 중 학익진전망대까지 걸어보는 것도 좋을 것 같다. 넉넉잡아 왕복 40분 정도 걸린다. '한려해상바다 백리길'이라 도로에 쓰인 곳으로 오르면 산책길 양편으로 '통영을 빛낸 예술가들'로 한려해상의 물빛 화가 전혁림, 「깃발」의 시인 유치환, 현대문학의 어머니 박경리, 「꽃」의 시인 김춘수, 한국의 음악을 세계로 윤이상, 예술미와 전통적 정서를 형상화한 시인 김상옥 등을 소개하는 입각판이 있다.

조금 더 올라가면 거북등대전망대다. 남해바다가 시원하게 펼쳐진다. 걷기 좋은 오솔길을 기분 내며 걷다보면 200계단이 넘는 나무계단길이 나온다. 천천히 발걸음을 옮겨 올라서면 학익진전망대다. 이곳에서 바라보는 통영의 바다 풍경은 힘들여 오른 노고를 상쇄하고도 남는다. 이곳까지 13분이 걸렸다. 이제부터 어느 정도 평지길을 걷게 되는 것 같지만 이쯤에서 발걸음을 돌렸다.

이순신공원

이순신공원은 통영시 정량동에 있다. 통영항에서 3.1km이며 차로 8분 거리다. 주차장도 잘 정비되어 있다. 이순신공원은 한산도 대첩의 현장인 한산도 앞바다를 내려다보고 있다. 공원은 무장애나눔길, 산길을 따라 걷는 산책로 등이 있지만, 이곳 산책의 맛은 나 같은 도시인에게는 뭐니 뭐니 해도 해안산책로다. 산책은 공원을 한 바퀴 도는 것으로 잡아도 좋다.

공원으로 오르는 길, 인도에 지그재그로 자리한 메타세쿼이아 나무들이 보행을 방해할 것 같지만 전혀 그렇지 않다. 잎이 한창일 때 메타세쿼이아 길은 이곳을 방문한 사람들의 마음을 설레게 할 것 같다. 메타세쿼이아 길 끝 지점에서 왼쪽의 작은 거북선 모형이 있는 성벽산책로라 안내하는 방향으로 길을 잡자. 그야말로 호젓한 산책길이다. 군데군데 벤치며 선베드가 있어 바다를 보며 혼자만의 시간을 가질 수 있다. 2월 중순 무렵, 벌써 이곳에는 산수유와 망울 맺은 목련이 봄소식을 전하고 있다.

학익정으로 올라서면 잘 정비된 길이 나온다. 학익정은 오른편에 이순신 장군 동상과 함께 정확하게 한산도 대첩의 현장을 조망할 수 있다. 길 끝 지점에도 벤치가 있고 아래로 내려서면 우측에 해군위령탑이 있다. 1974년 2월 22일, 해병과 해경 등이 이충무공의 위패가 봉안된 충렬사를 참배하고 예인선을 타고 모함으로 가던 중 갑작스러운 돌풍으로 배가 전복되어 159명이 통영 앞바다에서 순직했다.

바다를 연해 조금 걷다보면 해안 데크길이 펼쳐진다. 함께 걷던 아

산수유와 한산도 바다.

내가 말한다. 제주 섭지코지나 송악산 둘레길 버금간다고. 이순신공원의 해안산책로는 그만큼 기분 좋은 길이다. 데크 계단을 따라 내려가면 바다와 근접하여 걷는데, 강풍이 있는 날씨지만 이곳만은 잔잔하다. 또 여름에는 해수욕, 봄과 가을에는 발을 담그며 바다를 즐기기 좋은 마치 미니 해수욕장 같은 곳도 보인다. 여름날 그늘막 하나 가지고 오면 더 없이 좋은 장소다. 해안 데크길은 이순신 장군 동상까지 이어진다. 아쉬운 것은 해안산책로가 채 400m도 되지 않는다는 점이다.

이순신 장군 동상은 자신의 키만한 검을 왼손으로 잡고, 오른손을 뻗어 전투를 지휘하는 모습이다. 쥐고 있는 검은 보물 제326호로 지정된 충무공 장검 모형으로 길이가 197.5cm에 달한다. 이 검은 태귀련과 이무생이 한산도 진중에서 제작한 것으로 전투용이라기보다는 의장용 칼이다. 검의 양편에는 이순신의 친필로 "삼척서천 산하동색(三尺誓天 山下動色, 석자 칼로 하늘에 맹세하니 산하가 떨고)", "일휘소탕 혈염산하(一揮掃蕩血染山河, 한 번 휘둘러 쓸어버리니 피가 강산을 물들인다)"라고 새겨져 있다.

이순신 관련 동상들은 대부분 큰 칼을 가지고 있는 모습이다. 아마 「한산도가」의 "상수루무대도(上戍樓撫大刀, 수루에 홀로 앉아 큰칼 옆에 차고, 이은상 작가 번역)"가 일정한 영향을 미쳤을 것이다. 무대도(撫大刀)에서 무(撫)는 '어루만지다' 또는 '손에 쥐다'라는 뜻이다. 수루에 혼자 앉아 있으니 어루만지거나 손에 쥐고 있는 모습일 것이다. 옆에 차고 있는 모습은 아니다. 도(刀)은 일반적으로 한 날 칼로 베는 용도로 사용한다. 이에 반해 검(劍)은 양날 칼로 찌르는 용도다. 시에 씌어 있는 것처럼 이순신의 칼은 검이 아니라 도다.

앞서 말했듯, 이순신은 칼보다는 활이었다. 활시위를 당기거나 활을 한 손에 쥐고 지휘하는 모습이 생전의 모습에 더 가깝지 않을까 한

이순신공원의 해안산책로.

다. 활을 들고 있는 이순신 장군의 동상을 한 번 봤으면 좋겠다.

명량해전과 노량해전

다시 전쟁 앞에 섰다. 이순신에게는 12척, 한 척을 더 건조해서 13척이 전부였다. 칠천량해전의 승리로 왜군의 사기는 하늘을 찔렀다. 왜장들은 이참에 조선 수군을 완전히 쓸어버리려고 의기양양 공격해 들어왔다. 선조는 해전에서 가망성이 없다고 판단하여 수군마저 폐하려 했다. 이순신은 수군들의 사기에 매달릴 수밖에 없었다. 그래서 장수들에게 "죽으려 하면 살고 살려고 하면 죽는다", "한 사람이 길목을 지키면 천 명도 두렵게 할 수 있다"며 엄한 군율을 강조했다.

이순신은 치밀한 성격대로 사전에 작전계획을 짰다. 울돌목(명량: 鳴 울 명, 梁 다리 량)은 바닷물이 큰 소리를 내며 운다 하여 붙은 이름이다. 1 대 10의 해전, 게다가 일본의 장수들은 와키사카 야스하루, 가토 요시아키, 도도 다카도라, 구루시마 미치후사 등 쟁쟁한 무인들이었다. 명량대첩을 승리로 이끈 직후 이순신은 일기에 "이는 실로 천행이었다"라고 썼다. 그는 이 천행을 답사를 통한 치밀한 작전계획과 죽음의 각오로 일궈냈다. 이후 삼도수군통제영으로 통영의 세병관이 이용되었다.

1598년 8월, 도요토미 히데요시가 죽자 이순신은 철수하는 왜군과 노량에서 마지막으로 붙었다. 조명 연합함대는 전투에서 적선 200여 척을 침몰시켰다. 이때 이순신은 가슴을 관통하는 총격을 입고 눈을 감았다. 54세였다.

아내가 이순신에 대해 덧붙인다. "이순신이 일부러 죽음을 선택했다는 말이 있는데?" 만약 이순신이 전사하지 않았다면 그의 운명은 어떻게 되었을까. 그냥 추측해 보는 거다.

선조 당시 붕당 간의 갈등과 대립이 벌어지고 있었다. 정철의 서인, 정인홍의 북인, 류성룡의 남인이 좋은 말로 상호견제와 균형을 이루고 있었다. 이순신은 특별히 붕당을 내세우지는 않았지만 그를 지지하던 인물이 남인의 류성룡이었다. 류성룡은 조일전쟁 당시 좌의정과 영의정을 역임하며 도체찰사로 왜군을 격퇴하기 위해 혼신의 노력을 다했다. 이순신도 일기에서 "나라를 걱정하는 사람으로 영의정보다 더한 분이 없을 것이다"라며 그에 대한 깊은 믿음을 가지고 있었다. 그러나 선조는 류성룡을 부담스러워 했고 언젠가는 버리려 했으며 전쟁이 종료되자 내쳤다. 아마 이순신도 류성룡과 비슷한 처지가 되지 않았을까.

이순신은 전쟁기간 중 선조와 동궁 광해군에게 신뢰를 받지 못했다. 광해군은 이순신에게 거듭 조선 함선의 출동을 명했지만 이순신은 상황에 따라 행동했다. 더군다나 이순신은 군역 대상자가 도망가면 그 가족이나 친족에게 강제로 대신 군역을 부과했다. 조정은 가족이나 친족에게 대체 군역을 부과하지 말라고 명령했고, 이순신은 위급한 상황에서 그 필요성을 주장했다. 세자도 이순신에게 그 같은 일을 금지하는 명령을 내렸고 이순신과 충돌했다.

선조도 전쟁 초기부터 이상하리만치 이순신의 능력과 자격을 문제 삼았다. 1596년 6월 어전회의에서는 노골적으로 회의적인 발언을 했다.

> 이순신이 처음에는 분전했으나 그 뒤에 흩어진 적을 부지런히 잡지 않는가 하면, 군사를 이끌고 나가 적을 무찌르는 일도 없어서 내가 늘 의심했소. – 『선조실록』 29년(이이화, 『조선과 일본의 7년 전쟁』, 335쪽 재인용)

특히 이순신이 선조의 뇌리에 부정적인 인물로 각인된 계기가 가토 제거 명령의 불이행이었다. 또 북인 세력들도 선조의 이 같은 견해에 맞장구를 쳤다. 더군다나 광해군 때 의병활동을 주도했던 북인이 정권을 장악하고 있었기에 이순신의 공이 제대로 평가될 수도 없는 상황이었을 것이다.

이곳에서 인상적인 식당은 명촌식당이다. 통영항여객터미널 인근, 파라다이스호텔 바로 옆에 있다. 식단은 생선구이 한 가지인데 가격도 저렴하고 맛도 있어 현지인들이 많이 찾는 곳이라 한다.

참고문헌

이순신 지음/송찬섭 옮김, 『난중일기』(서해문집, 2016)

류성룡 지음/김흥식 옮김, 『징비록』(서해문집, 2014)

이이화, 『조선과 일본의 7년전쟁』(한길사, 2000)

김헌식, 『이순신의 일상에서 리더십을 읽다』(평민사, 2009)

이진이, 『이순신을 찾아 떠난 여행』(책과함께, 2008)

한국전쟁의 상처를 딛고 새로운 문화 콘텐츠 감천문화마을 골목길

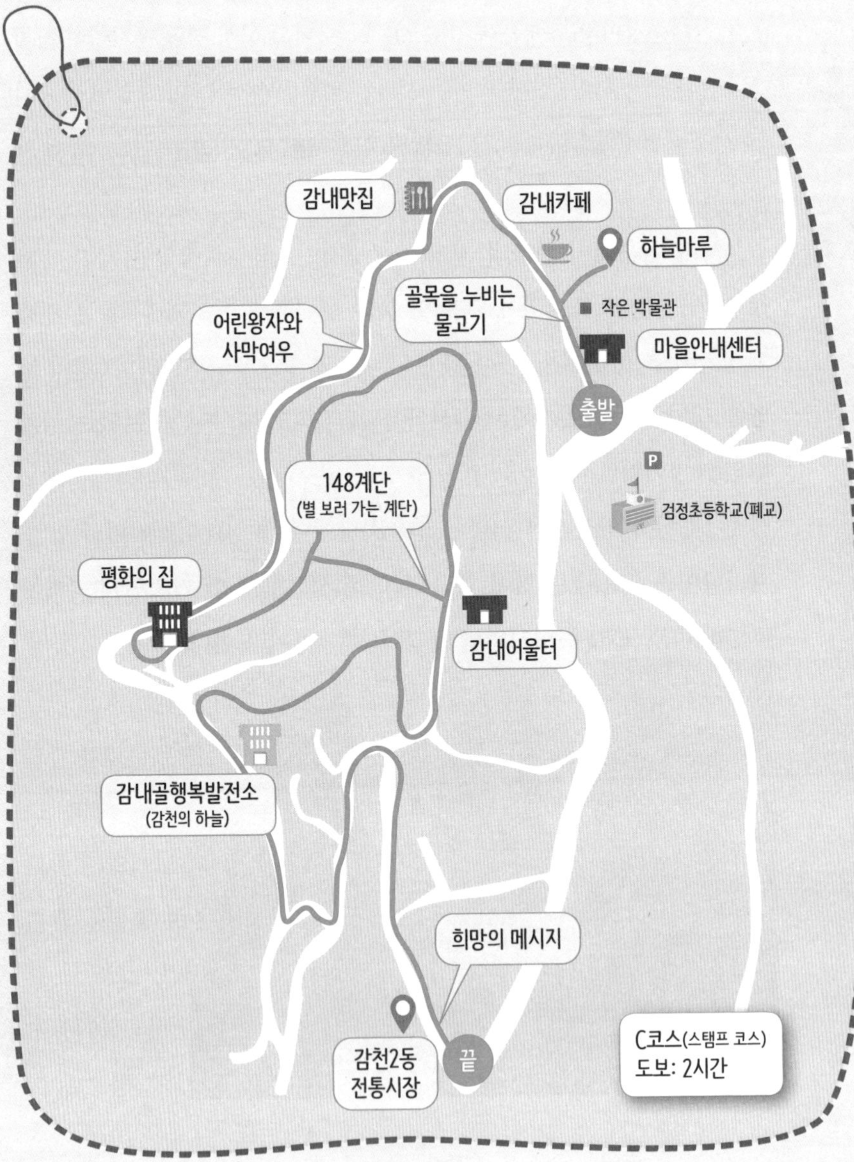

감천문화마을의 탄생

감천문화마을은 '한국의 산토리니', 또는 '한국의 마추픽추'라 불린다. 산비탈에 파스텔톤의 집들이 바다의 풍광과 어우러져 자아내는 경관은 젊은이들에게는 걷고 싶고 인증샷을 남기고 싶은 낭만의 여행장소지만, 50대 이상에게는 1960년대부터 1980년대까지 삶의 추억을 되돌아보게 하는 판자촌집이 즐비한 달동네다.

감천문화마을 산책은 감정초등학교(현 주차장) 맞은편에 있는 마을안내센터에서 판매하는 「감천문화마을 스탬프 투어 지도」를 활용하는 것이 좋다. 안내지도에는 세 가지 코스가 있는데, A코스는 메인도로 왕복 코스로 40분 정도, B코스는 알짜 코스로 1시간 20분, C코스는 스탬프 코스로 2시간 정도 걸린다. 스탬프 코스는 9개의 지점을 안내하고 있어 주요 볼거리를 놓치지 않고 만날 수 있다. 감천문화마을의 볼거리는 골목길 투어다. 골목길 투어는 사생활 침해에 유의하면서 조용히, 조심조심 걸어야 한다. 주민들이 거주하고 있기 때문에 배려하는 자세가 필요하다.

영화 「국제시장」은 1950년대 이후부터 산업화시대까지의 과정을 다큐멘터리 식으로 보여준다. 이 영화는 한국전쟁 당시 흥남철수 과정을 상세히 묘사하고 있다.

한국전쟁에서 인천상륙작전을 계기로 국군과 유엔군은 북한군을 압록강 언저리까지 밀어붙였다. 소련, 중국, 북한이 개전 직전에 맺은, 북한군이 밀리면 중국군이 지원한다는 약속에 따라 1950년 10월 25일 중국군이 압록강을 넘어 국군과 유엔군을 압박했다. 그해 12월 23일 함경남도 흥남 부두에 무작정 유엔군을 따라 피난민들이 몰렸다. 이미 중국군이 흥남으로 진입한 가운데 미군은 무기를 배에 싣고 철수작전 중에 있었다. 한국군 통역장교가 미군 장군에게 피난민들도 태워 달라고 간청한다. 한참 피난민들을 보고 있던 미 함장은 무기를 모두 버리고 피난민들을 승선시키라고 명령한다. 많은 피난민들이 나룻배에 올라 함선으로 가서 필사적으로 올라타고 있었다.

덕수 부모도 어린 동생들을 안고 함선으로 올라탔다. 10세 안팎 덕수도 여동생 덕순을 업은 채 함선으로 기어오르고 있었다. 그런데 누군가 덕순의 몸을 잡아당기는 바람에 덕순은 바닷물에 빠져 행방불명이 되고, 아버지는 덕수에게 어머니와 동생들을 부탁하며 덕순을 찾아 내려선다. 그때 함선이 출항하면서 덕수 가족은 이산가족이 되고 만다. 흥남 부두는 미군의 포격에 의해 완전 폐허가 된다. 피난민 1만 4천여 명이 메러디스 빅토리호를 타고 부산으로 갔다. 덕수 가족은 부산 국제시장에서 장사하는 고모 부부를 만나 이곳에 새로운 생활터전을 마련한다.

부산은 피난민들로 미어터졌다. 시가지와 거주지가 평지에 형성되고, 뒤늦게 오거나 가난한 사람들이 산비탈에 판잣집을 짓고 모여 살았다. 그중 한 곳이 감천마을이다. 감천마을은 옥녀봉에서 천마산에 이르는 능선의 치마폭에 펼쳐져 있으며, 앞에는 감천항을 품은 바다를 바라보고 있다. 전에도 이곳에 마을이 있었지만, 한국전쟁은 이 마을의 지형을 완전히 바꿔 놓았다. 사람이 누울 수 있는 곳은 어김없이 천막이나 판잣집이 들어섰다.

이곳이 감천마을로 거듭나게 된 계기는 강증산 계통의 신흥종교인 태극도인들이 신앙촌을 만들면서부터다. 한국전쟁 중 이곳으로 피란 온 신자 4천여 명이 보수동에 터를 잡으며 신앙공동체를 형성했다. 그러나 보수동 일대 산복 도로정비사업이 시작되면서 태극도인들은 현재의 감천2동인 문화마을로 집단 이주했다. 부산시는 태극도인들의 움막이나 집기 등을 트럭으로 운송해 주면서 감천2동 정착을 지원했다.

태극도 도당은 옥녀봉 산자락을 계획적으로 설계했다. 종으로 계단을 만들어 중심 길로 잡고, 횡으로 골목길로 이어지도록 해서, 사실상 감천마을은 어느 곳에서나 길이 있는 그야말로 사통팔달의 마을이 되었다. 또 아래쪽부터 층을 두어 집터를 정해 이십여 채씩 일렬로 이어서 지었다. 더군다나 일조권과 조망권을 누리기 위해 모든 집들을 단층으로 짓도록 해 앞집이 뒷집의 창문을 가리지 않도록 했다. 신앙인들이지만 경제력의 차이도 존재했을 텐데, 모두 이 원칙을 준수하며 집을 지었다. 이렇게 1천여 호의 감천마을이 들어선 것이다. 당시에는 '태극

감천마을은 종으로 계단을 만들어 중심 길로 잡고, 횡으로 골목길로 이어지도록 했으며, 아래쪽부터 층을 두어 이십여 채씩 일렬로 이어 지었고, 모든 집들을 단층으로 지어 앞집이 뒷집의 창문을 가리지 않도록 했다. 이렇게 1천여 호의 감천마을이 들어섰다.

도 마을'이라고도 불렸다. 1970년대 새마을운동에 따라 지붕이 슬레이트로 바뀌고, 1980년대에 판넬 및 슬라브 지붕으로 바뀐 것 외에는 현재까지도 기본 골격을 유지하고 있다. 주민 구성에서도 감천마을이 인심이 좋다고 소문나고 시내와도 가까워 일반인들의 유입이 늘어났다.

아무래도 화장실이 문제다. 지금으로 치면 옛날 집이니 집안에 화장실 시설을 갖출 수 없었다. 집을 지을 때 구역마다 공중화장실을 하나씩 만들었다. 지금은 계단 쪽으로 나 있는 문이 화장실 문이다. 감천문화마을로 거듭나면서 제법 현대적 시설의 화장실이 곳곳에 마련되었다. 방문객을 위한 측면도 있지만 감천문화마을의 거주 특성에서도 꼭 필요한 시설이다. 단순한 관광지가 아니라 사람이 생활하고 있는 살아 있는 마을이기 때문이다.

감천문화마을은 지금도 어릴 적 마을 공동체를 느낄 수 있는 곳이다. KBS 「다큐멘터리 3일」 '감천문화마을 72시간'에서 감옷수선집 할머니의 인터뷰 내용이 마음을 울렸다.

> 지금 많이 받아두면 다 마음의 빚이잖아요. 내가 (많이) 받아서 내 마음에 빚이 되면 다음 생에 또 힘들게 살아야 하잖아!
>
> – KBS 「다큐멘터리 3일」, '부산 감천문화마을 72시간' 중에서

마을 사람들을 상대로 옷수선을 하며 생활하고 있는 할머니의 마음이 여과 없이 느껴지는 말이다. 눈앞의 이윤에 급급한 현대인의 삶을 되돌아보게 한다. 어릴 적에는 비록 어려운 형편이었지만 시골 마을의 아이들, 달동네의 아이들 모두가 '우리의 아이들'이었다.

그러나 1970년대 감천마을은 인구 유입보다는 유출이 늘어났다. 일상생활의 불편 외에도 구평 산업단지 몰락, 주거지 낙후 등 때문이었다. 또 다대동, 하단동, 괴정동 등 신 주거지구 건설 등도 한 요인이 되었다. 1995년 거주인원은 21,231명이었지만 21년 후인 2016년에는 8,077명에 불과했다. 무려 62%가 감소한 것이다. 독거노인 등 노인층이 다수를 차지했고, 그 외에 노인의 부양가족이나 저소득층 가정이 거주하는 부산의 대표적 달동네가 되었다.

2007년 즈음, 재개발 논의가 있었다. 하지만 거주민 모두를 수용할 정도의 대규모 재개발은 쉽지 않았고 뉴타운 사업 구상은 주민들의 반발에 부딪쳐 무산되었다. 뉴타운 사업은 대체로 원주민들을 길바닥으

「감천의 영웅들」(유은석 작). 문화체육관광부의 「2009 마을미술 프로젝트 공모」에 '아트팩토리 인 다대포'라는 단체의 '꿈을 꾸는 부산의 마추픽추'라는 주제가 선정되면서, 감천마을이 오늘날 문화마을로 자리잡는 계기가 되었다.

로 내쫓는 것이었다. 대안으로 보존형 재개발로 도시재생사업을 추진했다. 문화체육관광부의 「2009 마을미술 프로젝트 공모」에 '아트팩토리 인 다대포'라는 단체의 '꿈을 꾸는 부산의 마추픽추'라는 주제가 선정되면서 감천마을에 새로운 바람이 불었다. 부산의 예술가들과 주민들이 함께 주체가 되어 사업을 추진했고 구청이 지원했다. 서민들의 삶의 뿌리를 완전히 뽑아버리는 재건축이 아니라 그들의 공간에 사람 향기를 불어넣는 재생에 초점을 맞추어 마을을 탈바꿈시켰다. 공공마을미술 프로젝트는 먼저 주거환경을 개선하고, 이어 집 도색 작업과 '길섶미술로(路)' 꾸미기 사업도 전개했다. 이 과정에서 주민들과 예술가들이 서로 끊임없이 소통하고 주민들의 의견을 최대한 반영했다. 무엇보다 중요한 것이 주민들의 생각이었다. 주민들의 의견을 청취하고 토의하며 합의를 도출해내야 사업이 성공할 수 있었기 때문이다.

주민들은 색깔이 없던 집의 벽에 칠할 색채를 선택하는 데 적극적으로 참여했다. 연령대가 높은 주민들이 쉽게 선택할 수 있는 색채가 아닌데, 그들은 마을이 예뻐야 감천마을이 주목받을 수 있다고 여긴 것 같다. 주로 하늘색, 분홍색, 하얀색, 녹색, 파란색, 감색 등으로, 멀리서 조망하는 감천문화마을을 이탈리아의 산토리노를 연상하게 만들었다. 이 발상은 순전히 주민들의 감각에 기반한 것이다.

예술가들은 길섶미술로에 매달렸다. 꿈과 희망을 주제로 예술작품들을 만들어 설치했다. 학생들이 오가며 작품들을 보고 꿈을 키우기를 바랐고, 관광객들도 작품을 통해 감천문화마을의 꿈을 함께 생각하고 염원하기를 희망했다. 여러 가지 색깔로 칠해진 집들의 조화로움이 감천문화마을의 숲이라면, 길섶미술로는 숲에서 마주하는 멋진 나무나 예쁜 꽃들이다.

골목마다 마주하는 예술작품을 감상하는 것이 감천문화마을 산책의 매력이다. 이 길섶미술로는 애초에 '미로미로(美路迷路) 골목길 프로젝트'에 따라 만들어졌다. 아름다운 길[美路]이기 때문에 좀더 열중하여 빠지게 하는 길[迷路]이다. 또 사통팔달의 골목길은 흡사 미로처럼 느껴진다. 감천문화마을에는 「무지개가 피어나는 마을」, 「달콤한 민들레의 속삭임」 등 모두 106개의 예술작품들이 설치되어 있다.

더불어 '테마가 있는 빈 집 프로젝트' 사업도 동시에 추진했다. 비어 있는 집을 사진 갤러리, 어둠의 집(별자리), 하늘마루, 흔적(북카페), 평화의 집(그릇의 방), 빛의 집(집에서)과 같이 만들어 방문자들을 맞이하고 있다. 또 빈집을 리모델링하여 예술작가들이 작품활동을 할 수 있는 공방으로 제공하고 있다. 공방으로는 흙놀이터(도자기), 카투니스트 네 가지(카툰), 감천연가(서양화), 천연염색 회윤(천연염색), 소똥갤러리(생태), 화혜장(전통 신발 제작체험) 등이 있고 입주작가의 체험 프로그램도 운영하고 있다.

보존형 재개발을 추진하면서 프랜차이즈가 마을 내에 입점하지 못하도록 시청과 규약을 맺었다. 마을 주민들이 감내카페, 감내맛집, 기념품숍 등 13개 업소를 공동으로 운영하는 마을 기업을 시작했다. 직원은 모두 31명. 수익금은 마을지기 사무소에서 관리하며 마을의 시설 중 수리가 필요한 곳에 쓰인다. 이렇게 감천문화마을은 골목상권을 지켜낸 것이다.

감천마을에서 문화 콘텐츠 즐기기

작은박물관

마을안내센터에서 스탬프 투어 지도의 안내에 따라 감천문화마을을 즐겨보자. 총 9개의 스탬프 지점이 있지만 마음 닿는 대로 골목길 투어를 해도 된다.

투어는 물고기들의 안내를 받아가며 하는 것이 좋다. 나무물고기들이 화살표로 방향을 알려준다. 마을안내센터에서 가장 근거리에 「작은박물관」이 있다. 감천문화마을의 역사를 사진자료와 함께 볼 수 있는 곳이며 다듬이, 미싱(재봉틀), 타자기 등 예전에 사용하던 물건들을 기증받아 전시하고 있다. "그래, 그때 이런 물건 사용했어!" 하며 추억에 잠길 수 있는 곳이다.

감내어울터로 가는 물고기 안내판

달콤한 민들레의 속삭임(신무경 작)과 하늘이 준 선물(나인주 작)

민들레는 희망이다. 꽃씨가 날아가 황량한 벌판에 꽃을 피운다. 이곳에 「달콤한 민들레의 속삭임」 작품을 만든 작가의 바람이 잘 느껴지는 조형물이다.

도시재생사업을 시작하기 전, 감천마을은 주민들에게 이곳에 거주한다는 사실을 숨기고픈 동네였다. 아이들은 오죽했을까. 그런데 문화마을로 각광을 받으며 방문객의 발걸음이 끊이지 않는 마을이 되었다. 희망으로 되살아난 것이다. 그 희망의 모습이 「하늘이 준 선물」에 표현되어 있다. 하늘에서 선물 상자들이 떨어지고 그것을 보는 두 아이가 두 팔 벌려 환호하고 있다.

달콤한 민들레의 속삭임(신무경 작)

하늘이 준 선물(나인주 작)

골목을 누비는 물고기(진영섭 작)

이 거대 물고기 작품을 볼 때마다 감천문화마을이 연상된다. 집 한 채 한 채는 보잘것없지만 그 하나하나가 어울려 부산 관광의 랜드마크인 감천문화마을을 이루었다. '한국의 산토리니'는 감천문화마을의 그 하나하나의 집들이 만들어낸 것이다. '하나'라는 소중함의 가치와 어울림이라는 소통의 가치를 이곳 감천문화마을에서 느낀다. 부산의 역사와 관련하여 이 작품은 내게 부마민주항쟁을 떠오르게 한다. 1979년 8월, YH무역회사 여성 노동자들의 파업투쟁을 박정희 정권이 폭력으로 진압했다. 그 과정에서 신민당 의원들이 폭행을 당했고 김영삼 신민당 총재는 분개하여 미국의 한 언론과 인터뷰를 하면서 카터 행정부에 박정희 대통령에 대한 지지 철회를 요구했다. 이에 박 정권은 김영삼을 의원직에서 제명시키는 초강수를 두었다. 가뜩이나 오일쇼크로 부산의

골목을 누비는 물고기(진영섭 작)

경제가 휘청거리고 있는데다가 부산 출신 김영삼의 의원직 제명은 부산 민심을 크게 자극했다. 10월 16일 부산대학교 학생들과 시민들이 유신체제에 저항하기 시작했다. 박 정권은 부산지역에 계엄령 선포로 맞섰다. 그러나 반유신 투쟁시위는 마산으로 옮겨 붙었다. 작은 물고기들이 거대 물고기가 된 것이다. 박정희 유신정권은 캄보디아를 예로 들면서 탱크로 부산과 마산을 쓸어버리려 했다. 부마민주항쟁은 박정희 참모 간의 분열과 대립을 낳았고 그 결과 10·26사태로 철옹성 유신체제가 무너졌던 것이다. 중구에 부산민주공원이 있다.

사진갤러리(김홍희 작)와 감내카페(전영진 작)

사진갤러리로 올라가는 계단에는 크기와 색상이 다양한 동심원들이 방문객의 시선을 붙잡는다. 이곳에서 멀지 않은 울산시 울주군 천전리 암각화나 경북 고령군 양전동 암각화의 2중, 3중의 기하학적 동심원은 선사시대 사람들의 풍요를 기원하는 태양을 상징하지만, 이 계단의 동심원은 저마다 사연을 지니고 살아가는 마을 구성원들을 나타낸다고 한다. 감천동은 사진작가들에게 많은 사랑을 받는 곳이다. 사진갤러리는 주민과 방문객의 사진작품을 전시하는 공간이다.

달콤한 휴식(감내카페, 전영진 작)

감내카페는 지붕에 앉아 있는 새들

이 시선을 붙잡는다. 다수의 새들이 헤드폰을 끼고 눈을 감은 채 음악에 취해 있고, 목도리에 모자를 쓰고 눈웃음을 짓고 있는 듯하다. 또 어떤 새들은 우체부인 양 모자를 쓰고 가방을 목에 걸고 있다. 가방 속에는 사랑하는 연인의 손편지가 담겨 있을 것이다.

하늘마루

하늘마루는 스탬프를 찍으면 엽서를 받아 써서 보낼 수 있는 곳이다. 앞마당에 일반 우체통과 느린 우체통이 있다. 배달은 아마도 감내카페에서 보았던 우체부 새들의 일일 것 같다. 특히나 동화나라 같은 감천문화마을을 위에서 한눈에 담을 수 있는 곳이다. 성냥갑이나 레고같이 횡으로 줄지어 있는 집들이 옥녀봉의 치맛자락을 물들이고, 멀리 감천항 앞바다까지 조망된다. 필수 인증샷 장소다.

시장기가 느껴진다면 감내맛집이나 감천제빵소다. 감내맛집에서는 어묵이나 비빔밥을 맛볼 수 있고 오른편 계단은 그야말로 감내문화마을을 재현해 놓았다. 이 계단의 집들처럼 감천문화마을은 뒷집의 일조권을 보장하는 배려의 어울림이 돋보이는 곳이다. 도시의 빽빽한 빌라촌을 건축했던 사람들을 부끄럽게 할 것이다. 사람 사는 세상은 이래야 한다. 유명 건축가들도 감천문화마을에 한몫했다. 그중 하나가 승효상 씨가 설계한 「독락의 탑」이다. 때로는 혼자만의 시간이 즐거울 때가 있다. 혼자 이곳에 앉아 감천문화마을에 푹 빠져보는 것도 즐거움이 될 것이다. 이 탑은 현재 일러스트 체험 공간으로 활용되고 있다.

어린왕자와 사막여우(나인주 작)

별을 떠나 지구로 온 어린왕자와 사막여우가 감천문화마을에도 들렀다. 둘이 난간에 걸터앉아 감천문화마을과 앞바다를 바라보며 그 풍광에 빠져 일어설 줄을 모른다. 감천문화마을에서 가장 사랑받는 장소가 이곳이 아닐까 한다. 이곳에서는 마을이나 앞바다까지 훤히 보인다. 주말에는 물론 주중에도 인증샷 한 장을 위해 차례를 기다려야 한다. 어린왕자와 사막여우는 낮에는 사람들의 좋은 친구가 되어 포즈를 취해준다. 더구나 어린왕자는 어깨에 기대는 것을 허락하며 기꺼이 카메라의 모델이 되어 준다. 밤에는 아마 둘만의 시간을 가질 것이다. 서로 어떤 주제로 아름다운 이야기를 할지 궁금해진다.

등대포토존도 인증샷 장소다. 천덕수(天德水)로 올라가는 계단도 그냥 지나칠 수 없다. 감천마을 사람들에게 물은 정말 귀한 생명수였다.

어린왕자와 사막여우(나인주 작)

천덕수로 올라가는 계단. 1980년대까지도 물은 산동네, 달동네에 거주하는 사람들에게 가장 중요한 것이었다.

아니, 1950년대 이후 1980년대까지 물은 산동네, 달동네에 거주하는 사람들에게는 가장 중요한 것이 아니었을까. 그래서 물을 하늘이 베푼 은혜로 여겨 이름을 지었을 것이다. 그런데 계단에는 책들이 빽빽이 쌓여 있다. 지금은 지혜가 생명수라 풀이한 것 같다. 여기까지가 A코스다. 산북도로를 따라 더 내려가면 평화의집이나 미로미로 골목길을 안내하는 이정표를 만난다. B, C코스로 계속 이어진다.

평화의집

감천마을의 탄생은 한국전쟁과 관련이 깊다. 이곳에 평화의집이 있는 이유다. 이곳에는 '그릇의 방'과 '달의 방'이 있다. 그릇은 음식을 말하니 안정적 삶의 지속이고, 달은 어두운 밤에 고루 빛을 비추어 주니 차별 없는 보살핌이다. 어두운 얼굴의 석두 위에 달을 위치해 놓은 것은 그 같은 염원이 아닐까. 평화의집은 민족평화와 인류공영의 바람이 담겨 있는 곳이다. 방문자들이 낙서(메시지)를 벽면에 자유롭게 하도록 했고 지우지 않고 보존하고 있다. 하트 모양의 낙서가 가장 많이 보인다. 낙서는 염원이다. 유신독재 시절 시인 김지하는 수배를 피해 도망다니다가 어느 담벼락에서 '민주주의여 만세'라는 낙서를 보았고 이를 모티브로 「타는 목마름으로」라는 시를 썼다.

이제부터는 한동안 골목길 투어다. 마주 오는 사람이 있으면 멈추어 서서 비켜서야 지나갈 수 있을 정도로 좁다. 평화의집에서 골목길이 끝나는 감내작은목간까지는 골목길 위쪽으로 천연염색공방, 서양화공방, 그리기공방, 카툰공방 등이 있고, 「현대인」, 「바람의 집」, 「희망의 나무」, 「몽이와 키다리」, 「움직이는 방」, 「빛의집」 등을 볼 수 있다. 감내작은목간에서 감내꿈나무센터 앞으로 길을 잡아야 한다. 「백장미」를 지나 「꿈틀거리는 마을」 옆에 감내어울터가 있다.

나른한 오후의 목욕탕 풍경(전영진 작)

목욕탕은 감내어울터에 있다. 카운터에서 아주머니가 졸고 있다. 손님이 없는 건지, 피곤한 건지 모르겠다. 손목시계는 오후 2시를 가리키고 있다. 손님이 없을 시간이다. 요금은 대인 4천원, 소인 3천원, 아동은 2천원이다. 매주 월요일은 쉬며 때 밀어 드린다는 안내도 있지만 목욕탕 안에 때 미는 시설은 없다. 노인 한 분이 열탕에 앉아 "아, 시원타"를 연발할 것 같다. 먼 기억 속의 한 장면을 끄집어낼 듯한 목욕탕이다. 감천마을 사람들에게는 삶의 피로를 푸는 행복한 장소였을 것이다. 당시 이

나른한 오후의 목욕탕 풍경
(전영진 작)

곳에 거주하던 사람들은 대부분 항구에서 일용직 노동자나 날품팔이로 생활을 이었다. 집이 3평에서 7평 정도였으니 화장실은 공용화장실을 이용했다. 일을 끝내고 집에서 샤워한다는 것은 외국 영화에서나 볼 수 있는 것이었을 것이다. 지금도 이 공용목욕탕의 흔적이 감천문화마을에 있다. '감내작은목간'이라는 마을 공동목욕탕이다. 남자는 월요일과 목요일, 여자는 화요일과 금요일이며, 수요일, 토요일, 일요일은 휴무다. 구청에서 만들어 주었는데 마을 주민들이 무료로 이용한다. 감내어울터의 옥상전망대는 하늘마루와 비교되는 포토존으로 감천문화마을을 배경으로 주인공처럼 사진을 찍을 수 있다.

별 보러 가는 계단

'별 보러 가는 계단'은 감내어울터 맞은편 골목으로 내려가야 만날 수 있다. 감천문화마을을 중간에서 종으로 나누는 148개 계단길이다. 일명 '별 보러 가는 계단'인데, 무거운 짐을 지고 땅만 보고 힘들여 오르다가 잠시 멈추어 서서 뒤를 돌아보면 현기증이 인다. 그 현기증으로 인해 눈 바로 앞에서 별이 보인다고 하여 붙은 이름이다. 무거운 짐을 지지 않아서였는지 그렇게 힘들지도 않았고 별도 보이지 않았다. 그냥 계단에 그려진 그림들을 감상하며 걸어 오르니 어느새 정상이다. 그림은 그야말로 어릴 적 추억들이다.

오를 때 보는 그림과 올라서 내려다보는 그림이 다르다. 작은 도마뱀 조각과 큰 도마뱀 그림을 보니 그 시절 이 산자락에 도마뱀들이 많이 나다녔나 보다. 특히 물통지게가 초등학교 3학년 시절을 떠올리게 했다. 십원짜리를 주고 물을 길러 놓으라고 부모님이 일렀다. 작은 체

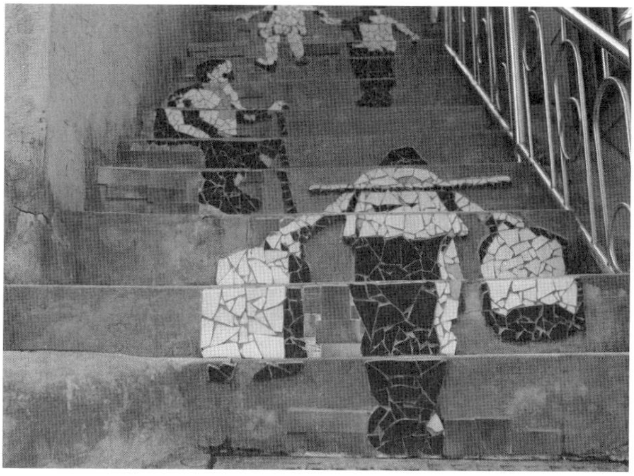

별 바람길(박미숙 외 3인 작).
일명 '별 보러 가는 계단', 148개 계단길에 있는 작품이다.

구에 공동수돗가에서 물동이 가득 물을 채웠다. 관리하는 사람이 욕심 부리지 말라고 했는데도 말이다. 지게에 걸고 일어서려니 움직이지 않는다. 물을 조금 쏟아부어도 마찬가지다. 3분의 1쯤 비우니 뒤뚱뒤뚱한다. 집에 거의 다 오니 반이 비었고 바지는 물에 들어 갔다온 듯했다.

도자기공방을 지나 「감내포에서 마을로」, 「멍멍이가 있는 집」을 돌아서면 사거리가 나온다. 여기서 윗길로 오르면 「길냥이와 함께하는 다정한 일상」을 볼 수 있고, 조금 더 올라가 좌측 골목으로 꺾어 끝까지 가면 김종수우물이 나온다. 이 우물을 돌아 큰 길로 내려서면 감천의 하늘이 나온다.

감천의 하늘(김정민 작)

감천의 하늘(감내골행복발전소)의 문을 열고 들어가면 감천문화마을 모형, 어린왕자와 사막여우를 또 만난다. 왼쪽 문을 통해 올라가면 또 하나의 추억이 자리하고 있다. 종이비행기 날리기다. 어릴 적 달동네에서 하던 숨바꼭질, 다방구 등과 더불어 자주 하던 놀이다. 종이비행기는 바람을 잘 타야 적당한 높이에서 멀리 날아간다. 멀리 보낼 욕심으로 날개를 여러 번 접고 앞부분을 또 꺾어 넣어 무게 중심을 앞쪽으로 하여 힘으로 날렸던 적도 있었다. 요즘은 동네에서 종이비행기 날리는 모습을 거의 보지 못했다. 그런데 「감천의 하늘」에서 종이비행기를 날리는 모형은 초등학생이라기보다는 고등학생이나 대학생 같다.

「감천의 얼굴」, 「문화마당」, 「움직이는 마을」을 보고 밑으로 시선을 돌리면 태극도 본부가 있다. 한국전쟁 직후 감천마을에 처음 터를 잡았던 주인공들이다. 「움직이는 마을」을 끼고 오른쪽으로 걸어내려 오면 벽돌을 쌓고 집에 페인트칠하는 모형을 만난다. 「감천의 영웅들」이다. 그 아래쪽으로 감천2동 전통시장이 있다. 이곳에는 마을기업인 감천아지매밥집이 있고 「무시」, 「날라리 생선가게」, 「감천 황토소금상회」, 「행복을 담은 바구니」 등을 볼 수 있다.

큰 도로가로 나오면 「희망의 메시지」를 만난다. 마을 주민들과 방문자들이 희망의 메시지를 적은 심플하고 작은 물고기 모양의 나무

「희망의 메시지」 작품 앞의 『어린왕자』에 나옴직한 비행기와 조종사.

2,016개를 건물의 두 벽면에 가득 붙여 커다란 나무를 그려냈다. 진영섭 작품으로 각각 가로 6m, 8m, 세로 8m, 7m에 달하는 대작이다. 그 「희망의 메시지」 작품 앞에 『어린왕자』 소설에 나옴직한 조종사가 고장난 비행기를 수리하고 날개에 걸터앉아 날아갈 먼 곳을 바라보고 있으니 이 또한 희망의 메시지다.

독거노인 등 주로 노인들이 거주하던 곳에 젊은 연인들, 아이들과 함께 온 젊은 부부, 외국인들도 많이 찾아오니 주민들도 활기 넘치는 동네가 되었다고 여겼을 것이다. 그에 따라 감천문화마을에 대한 애착과 자부심도 커졌을 것이다. 감천행복버스에 탑승한 한 주민은 다음과 같이 말한다.

> 옛날에는 택시로 마을에 가자고 하면 안 갔어요. 그런데 이제는 감천문화마을 갑시다 하니까 좋다고 가주더라고. 그리고 우리들이 그걸 감췄다고. 감천에 산다고 이야기는 잘 안했지. 힘들게 사는 것처럼 보이잖아요. 그래서 말을 잘 안 했지. 그러데 지금은 당당하게 (말해요). 이만큼 전 세계적으로 유명한 마을이 있어요? 거의 없잖아, 감천문화마을 말고는.
>
> – KBS 「다큐멘터리 3일」, '부산 감천문화마을 72시간' 중에서

참고문헌

임회숙, 『감천문화마을 산책』(해피북미디어, 2016)
최갑수, 「부산 감천동 태극도마을」(네이버 지식백과)
KBS 「다큐멘터리 3일」, '부산 감천문화마을 72시간'
나무위키-감천문화마을

동학농민혁명 3대 혁명가를 만나는 내장호 수변길

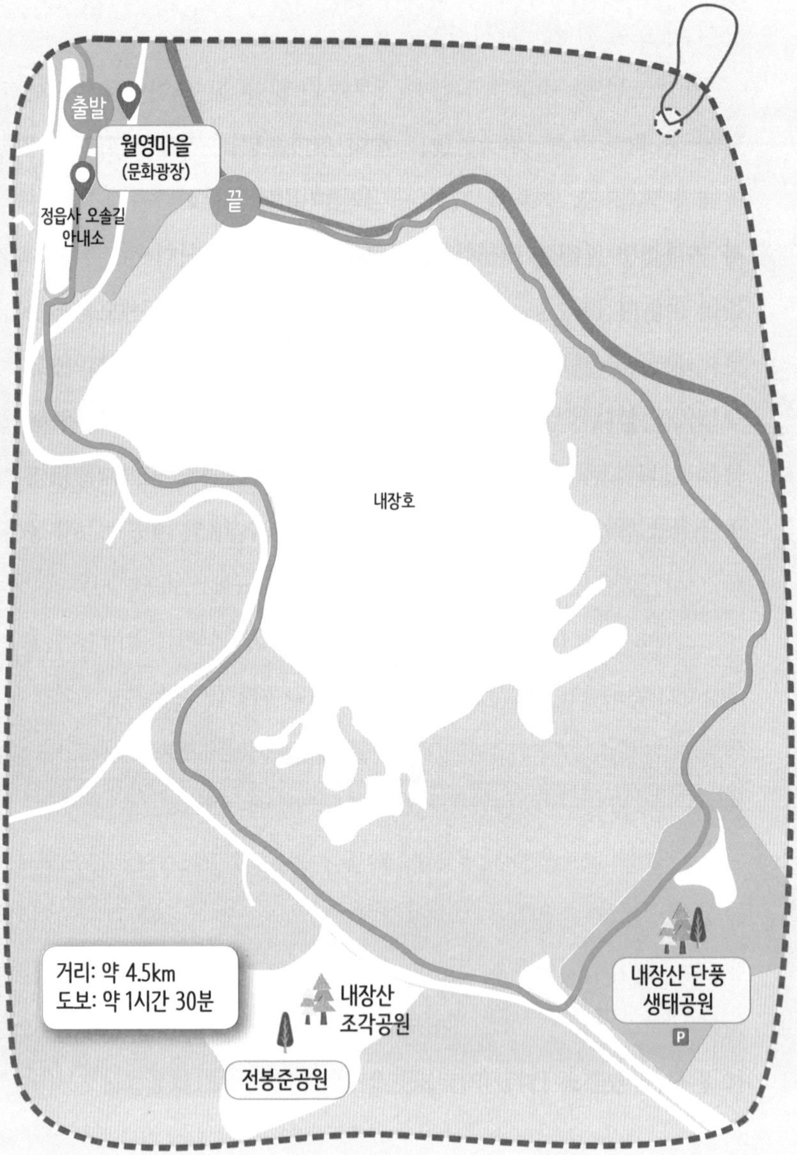

내장호 수변 데크 산책길

내장호를 순환하는 길은 '내장호 수변 데크' 또는 '정읍 내장호 오솔길'이라 불린다. 이 길은 백제가요 정읍사 오솔길 중 2코스에 해당된다. 1코스는 시누대 숲길로 6.4km, 3코스는 정읍천변으로 6.2km다. 산책길이지만 자전거도 통행할 수 있다. 자전거 대여소는 월영마을(문화광장)과 정읍사공원에 있다.

일찍 도착해서인지 넓은 주차장에 차가 별로 없고 사람들도 거의 눈에 띄지 않는다. 관리사무소 쪽으로 가니 이정표가 오른쪽으로 카라반, 글램핑장 등이 있고, 왼쪽으로는 일반 캠핑장이 있다고 안내하지만 코로나19로 인해 운영하지 않았다. 여기서 내장호 수변 데크가 700m 거리에 있다. 수변 데크로 가는 길은 산책길이라기보다는 자전거길에 가깝다. 조금 걸으니 백제가요 정읍사 오솔길 안내도가 나오는데, 이곳

내장호 수변 데크. 호수변을 따라 구불구불 걷다보면 단풍과 구절초를 형상화한 조각을 만나게 된다. 호수를 낀 기분 좋은 산책길이다.

에 편의점과 자전거 대여소가 있다. 계속 직진하면 삼거리가 나온다. 여기서 오른쪽 길로 잡아 들어갔다.

약간 걸어 올라가니 도로 안쪽으로 데크 길이 펼쳐진다. 정읍시에서 정성을 들인 흔적이 역력히 배어 있는 길이다. 군데군데 포토존도 있고 쉼터도 있다. 거기에 서서 내장호를 바라보니 호수가 넓고 물은 맑고 깨끗하다. 역시 내장산은 단풍이다. 쉼터의 단풍나무 잎 모양의 안내판이 내장산 단풍생태공원이라 안내한다. 호수변을 따라 구불구불 걷다보니 단풍과 구절초를 형상화한 조각 뒤에 정읍의 9경이 유혹한다. 언젠가는 다 보리라 하고 이어 걷는다. 이제부터는 자전거길과 인도길이 나란히 있는데, 인도길에는 자갈이나 나무, 돌로 발바닥을 지압할 수 있도록 배려했다. 가로수가 울창해 옆에 차도가 있는지도 모른 채 걷다보니 어느새 내장산 조각공원이다.

전봉준공원

이곳은 '한 지붕 세 가족'이다. 내장산 조각공원과 전봉준공원, 그리고 생태공원이 함께 있다. 갑오동학혁명백주년기념탑에 먼저 눈이 간다.

2011년 10월 말, 학생들과 정읍 지역에 동학농민혁명 답사를 왔다. 이 기념탑을 보여주고 싶어 답사 코스에 넣었다. 그때가 내장산 단풍이 절정이었다. 단풍객들로 인해 차가 끝도 없이 줄지어 있어 아쉬운 마음을 안고 중간에 버스를

동학농민혁명 100주년을 기념하여 세워진 갑오동학혁명백주년기념탑. 동학농민혁명이 일어난 해(1894)를 기념하여 높이가 1,894cm에 달한다.

돌려야 했다. 이 탑은 동학농민혁명 100주년을 기념하여 세웠다. 탑의 높이가 1,894cm인데 동학농민혁명이 일어난 1894년을 나타낸다. 또 탑의 사각뿔은 동학농민혁명의 이상을 상징하며 주변의 원기둥 4개는 사민평등을 뜻한다. 앞쪽에는 동학농민혁명의 3대 지도자 동상들이 있다. 중앙에 포고문을 들고 있는 인물이 전봉준, 좌측에 창으로 전투 자세를 취하고 있는 사람이 김개남, 우측의 육모방망이를 들고 있는 이가 손화중이다. 동상 뒤로는 만석보 사건부터 전봉준 체포까지의 벽화가 있다. 동학농민혁명과 관련된 이야기 속으로 들어가 보자.

동학농민혁명 하면 떠오르는 사람, 이이화 역사학자

2020년 12월 말, 전봉준장군동상건립위원회에서 보낸 『이이화의 동학농민혁명사』 한 질을 받았다. 이이화 역사학자가 마지막으로 집필한 책으로 전 3권이다. 돌아가시기 전, 전화통화에서 동학농민혁명에 대해 최종적으로 정리하는 글을 쓰고 있다고 하셨는데, 바로 그 책이다. 연세도 있으셨기 때문에 평생의 연구결과를 본인의 손으로 정리해야 한다는 일종의 역사적 사명감으로 집필에 임하셨다. 이이화 역사학자는 한국사의 많은 부분을 치밀하게 고증하고 연구하여 밝혀내셨는데, 그 중 가장 정열을 기울인 분야가 동학농민혁명이었다. 동학농민전쟁백주년기념사업추진위원회 위원장, 동학농민전쟁백주년기념사업단체협의회 공동대표, 『동학농민전쟁사료총서』(전30권) 출간, 동학농민혁명기념재단 이사장, 동학농민혁명정신선양대회 대회장, 전봉준장군동상건립위원회 이사장 등 동학농민혁명 관련 단체들의 앞자리는 이이화 역사학자가 항상 동학농민혁명을 운명처럼 연구한 결과였을 것이다.

동학농민혁명 관련 부족한 자료를 수없이 현장답사를 하고 후손들을 만나 증언을 듣고 자료로 정리해내기도 하셨다. 자료적 한계를 넘어 이 사건을 총체적으로 구명하려는 이 같은 노력에서 전봉준과 지도자들, 민중들에 대한 사랑이 깊게 느껴졌다. 이러한 노력의 결과가 2019년에 '5월 11일'이 동학농민혁명 국가기념일로 지정된 것이었다. 이 날은 1894년 5월 11일 황토현 전승일로 사람이 하늘로 대접받는 날이다.

대학시절부터 이이화 역사학자의 책을 즐겨 읽었다. 그때부터 그를 사숙(私淑, 글이나 생각 등에 공감하며 스승으로 삼고 배움)했다. 2014년, 동학농민혁명 120주년이 되는 해였다. 창의인성독서토론캠프 강사로 모시고 싶었다. 우리 학교 역사교사 4명에게 이이화 선생님이 강사로 오실 수 있을까 하고 물어봤는데, 고등학교에서 모시기는 청중의 수준과 강사료 때문에 힘들 것 같다는 대답만 들었다. 역사비평사의 편집주간에게 전화를 걸어 취지를 설명하니 메일주소를 가르쳐 줬다. 메일을 드렸더니 "김정난 선생에게, 노고가 많으십니다. 좋은 교육프로를 실시하고 있네요. 금년에는 갑오년이어서 동학농민혁명에 대한 관심이 더 높은 것 같네요. 5월 17일에 가도록 하겠습니다. 다시 연락주세요. 전화로 해도 좋습니다. 늘 건강하시길…"이라고 답메일이 왔다(이름을 '김정난'이라 쓰셨다).

5월 17일(토), 오전 10시부터 2시간 동안 이이화 선생님의 강연이 진행되었다. 학생들이 4인1조 모둠별로 선생님의 동학농민혁명 관련 책을 읽고 질문을 준비해 왔기 때문에 강연은 질문과 답변으로만 진행됐다. 그리고 현재의 역사적 관점에서 쓴 사발통문에 학생들과 함께 선생님도 이름을 쓰셨다. 학생들의 질문에 몹시 감동하셨던 것 같다. 강연 정리 말씀에서 "나는 강연을 많이 다니지만 이렇게 질문이 많은 강연은 처음이었고 너무 재미있었다"고 말씀하셨다. 그후로도 강연료를 생각하지 않으시고 학부모 독서모임, 학생들 강연에 자주 오셨다.

동학농민운동의 개념들

초중고 역사교과서에서는 동학농민혁명을 동학농민운동이라 기술하고 있다. 아직까지 명칭에 대한 합의가 학계에서 이루어지지 못했다. '1894년 농민전쟁', 1894년이 갑오년이기 때문에 '갑오농민전쟁', '동학농민혁명', '동학혁명' 등으로 연구자의 관점에 따라 다양하게 불렸다. '1894년 농민전쟁'이나 '갑오농민전쟁'은 이 사건이 동학의 외피(外皮, 겉껍질)를 입고 '농민'들이 주체가 되어 군사조직을 토대로 전개된 것에 초점이 맞추어져 있다. '동학혁명'이라는 개념은 운동 개념에서 '동학'에 큰 비중을 두어 인내천의 세상을 도모한 것에 주목한 것이다. '동학농민혁명'은 동학조직과 이념, 그리고 농민들의 주체적 역량은 물론 그들이 지향했던 목표가 인간평등을 추구하고 자주국가를 건설하려는 것임을 부각시킨다.

동학농민혁명은 고부농민봉기, 반봉건을 내세운 1차 농민봉기, 그들의 개혁안을 현실에 반영한 집강소 통치기, 그리고 반일을 기치로 전개된 2차 농민봉기 시기로 구분된다. 혁명의 3대 지도자는 이곳 동상에 있듯이 전봉준, 손화중, 김개남이다. 동학농민혁명 과정에서 이 세 장군의 활동을 비교하며 이야기를 전개해 보자.

전봉준, 손화중, 김개남 장군의 성향 비교

전봉준은 고부농민봉기부터, 손화중과 김개남은 1차 농민봉기부터 혁명의 대열을 이끌었다. 전봉준은 1855년 고창의 당촌마을에서, 손화중은 1861년 정읍에서, 김개남은 1853년 태인에서 태어났다.

손화중은 온유한 성품을 지녔지만 전봉준과 김개남은 어려서부터 골목대장 노릇을 했다. 손화중은 부유한 환경에서 글을 익혔고 총명했다. 20대에 처남 유용수를 따라 지리산 청학동에 갔다가 동학에 입도했고 무장접주로 활동했다. 1892년 자기의 무리를 이끌고 선운사 뒤 도솔암 마애불 배꼽에 있다던 비결을 꺼냈다고 한다. 사람들은 이 비결을 꺼내면 세상에 변란이 일어나 사회가 크게 바뀐다고 믿고 있었다. 이 비결 이야기도 민심 선동용이었을 것이다.

김개남의 이름은 기범이었으나 동학 교리에 따른 이상적 나라를 남쪽으로부터 연다는 뜻을 담아 '개남(開南)'으로 개명했다. 어렸을 때부터 성격이 화끈한 것으로 유명했다고 한다. 주로 기개 있고 호기로운 불평불만 분자들을 사귀었고 고통에서 허덕이는 가난한 백성들이나 천민들을 가까이 했으며, 자연스럽게 강경파의 우두머리가 되었다. 동학에 입도한 것이 언제인지는 알려지지 않았으나 전봉준보다 먼저였고,

전봉준공원의 동상. 왼쪽부터 김개남, 전봉준, 손화중이다.

남원접주로 신앙 초기에 동학의 2대 교주 최시형과 가깝게 지내며 각종 집회에서 주도적 역할을 했다. 그는 세상을 바꿀 이념으로 동학을 중시했던 것 같다.

전봉준은 집이 가난해 여러 곳을 전전하다가 고부에 정착해 훈장, 풍수쟁이, 약방을 운영하며 탐관오리의 수탈과 민중의 신음 소리를 들으며 세상을 개연히 바꿔 보겠다는 신념을 키웠다. 무장접주 손화중을 통해 1890년대 초에 동학에 들어와 고부접주를 맡아온 것으로 알려져 있다. 동학 포교를 위해 노력했다는 기록이 없다. 그도 동학의 조직과 이념을 주목했던 것이다. 또 하나, 『강진읍지』에 따르면 전봉준과 김개남이 정약용의 개혁사상을 접했을 것이라 한다. 정약용의 저작들이 강진 선비들 사이에 읽혔고 전봉준과 김개남의 손에도 들어갔다 한다.

혁명을 명백히 내건 농민전쟁이다

1894년 1월, 전봉준이 고부농민봉기를 이끌었다. 그러나 이 봉기는 조병갑의 탐학에 맞서 일어난 우발적인 민란이 아니었다. 이미 전봉준, 손화중, 김개남이 이전부터 동학교도의 삼례집회나 보은집회, 원평집회 등에 직·간접적으로 관여하며 이 운동들을 배후에서 조종하거나 이끌었다. 안핵사(현지 조사관)로 온 이용태가 일을 크게 벌였다. 일반 농민들을 동학교도로 몰아 조병갑처럼 수탈했고 민심은 들끓었다. 전봉준, 손화중, 김개남 등이 무장에서 모임을 가졌다. 세 지도자는 이제 "죽어도 한날, 살아도 한날"이라고 결의를 다졌다.

1894년 3월 20일 무렵, 무장·고부·태인·정읍 출신의 농민군 4천여 명이 무장에 모였다. 지도부는 창의소를 차리고 "온 나라는 어육(魚

肉)이 되고 만백성은 도탄에 빠졌다"고 말하며 "보국안민을 생사의 맹세로 삼노라"라고 무장포고문을 발표했다. 민씨 정권에 대한 선전포고였다. 민란을 뛰어넘는 농민전쟁의 서막이 오른 것이다. 농민군은 무장, 고부 등을 접수하고 백산에 진을 쳤다. 총사령관으로 전봉준을 추대하고, 총관령에 손화중·김개남, 총참모에 김덕명·오지영, 영솔장에 최경선, 비서에 송희옥·정백현 등이 임명되었다. 흰옷 입은 8천여 명의 농민군이 죽창을 세워 잡고 백산에 가득했다. 그래서 "일어나면 백산이요, 앉으면 죽산이다"라는 말이 나왔다.

이때 발표한 농민군 4대 행동강령 중 "군사를 몰아 서울로 들어가 세도가를 깡그리 없애라"라는 내용에 주목하면 이들은 복수가 아니라 철저하게 혁명을 지향했음을 알 수 있다. 보국안민(輔國安民), 즉 나라를 올바로 세워 백성이 편안한 사회를 이 땅에 실현하려 했던 것이다. 전라감사 김문현이 이끈 1,300여 명의 군대를 황토재에서 기습공격으로 꺾어 버렸다. 농민군은 고부, 정읍, 무장, 영광, 함평, 장성 등으로 세력을 넓혔다. 또 홍계훈이 이끈 정부군 중 이학봉의 중앙군 300여 명을 황룡강 전투에서 격파했다. 그리고 호남 제일성 전주에 무혈입성했다.

농민군의 직접통치와 김개남의 독자 행동

조정이 청나라에 군사 파병을 요청했고 텐진조약에 따라 일본군도 조선에 들어왔다. 청일전쟁의 우려로 5월 7일 전봉준과 홍계훈 간에 전주화약이 체결되었다. 농민군의 조건은 폐정개혁을 실행하는 거였다.

도인(농민군)과 정부 사이에는 묵은 혐의를 깡그리 쓸어버리고 여러 정사에 협력할 것, 탐관오리는 그 죄목을 조사하여 낱낱이 엄하게 징벌할 것, 횡포한 부호의 무리를 엄하게 징벌할 것, 불량한 유림과 양반 무리는 엄하게 징벌할 것, 노비문서를 불태워 버릴 것, 칠반천인의 대우를 개선하고 백정이 쓴 평량립은 벗길 것, 청춘 과부에게는 개가를 허락할 것, 무명의 잡세는 일절 부과하지 말 것, 관리 채용은 지벌을 타파할 것, 공사의 채무를 가리지 말고 기왕의 것은 소멸시킬 것, 토지는 고르게 나누어 짓게 할 것.

– 오지영, 『동학사』(이이화, 『이이화의 동학농민혁명사 1』, 242~243쪽 재인용)

신분제 폐지와 농민의 토지 소유를 핵심으로 한 개혁안을 제시한 것이다. 더 나아가 이러한 개혁안을 농민의 손으로 처리하기 위해 전라도 50여 개 고을에 집강소가 설치되었다. 농민군 점령 지역에서 집강소는 사실상 농민 통치기구였다. 그러나 이때부터 농민군 지도부의 분열이 시작되었다.

전봉준·손화중은 전라감사 김학진의 협조 아래 관과 민이 협력하여 반봉건 개혁을 추진했으나 김개남의 생각은 달랐다. 그의 관할구역은 남원을 중심으로 임실, 장수, 무주, 운봉, 금산 등이었다. 김개남은 수령, 양반, 토호들에 대한 처벌 등 인신공격에 집중했다. 김개남 부대의 주된 구성원은 노비, 백정, 승려, 재인 등 천민들이었고, 이들은 누구보다 더 깊은 원한을 풀려 했다. 양반집 딸과 강제로 혼인했고 양반들에게 심하게 횡포를 부렸으며 노비문서를 불태워 버렸다. 노비가 주인의 주리를 틀고 곤장을 치기도 했다. 김개남은 집강소 시기에 남원부사 이용헌이 자신의 말을 따르지 않는다고 죽이기도 했다. 이때 김개남은 스스로를 왕이라 칭했다고도 한다. 또 흥선대원군과의 관계에서도 전봉준은 관계를 유지하는 방향이었으나, 김개남은 흥선대원군의 밀사를 죽이려 했고 전라감사 김학진과의 관계를 끊고 상대하지 않았다. 이러한 차이는 2차 농민봉기에서도 확실하게 드러났다.

일부 수령과 양반들도 함께한 2차 농민전쟁

청일전쟁이 발발했고 평양전투에서 일본군이 청군을 격파하여 승기를 잡았다. 추세를 보고 있던 전봉준은 9월 재봉기를 결정했다. 전봉준의 직속부대는 만 명을 헤아렸고 서울로 진격하기 위해 삼례에 집결했다. 김학진도 무기와 군량 준비를 도왔다. 일본군이 경복궁 쿠데타를 감행하여 고종을 겁박하자 이에 반발했던 것이다. 또 반일에 공감한 일부 수령이나 양반들도 농민군과 함께했다.

손화중과 최경선은 일본군의 바다 쪽 상륙에 대비해 광주 수비를 맡기로 했지만, 김개남은 시기상조라 하며 참여를 거절했다. 전봉준은 최시형의 동학교도들의 참여를 이끌어냈다. 최시형의 동학교도는 1차 봉기와 집강소 통치에 대해 부정적인 입장을 견지해 왔다. 그러나 조정은 전봉준이나 최시형을 한 무리로 보고 있었다. 최시형은 손병희를 최고군사지휘관으로 삼아 군대를 보은으로 보냈다. 전봉준의 농민군과 손병희의 농민군이 논산에서 만났다. 그러나 최시형의 동의를 끌어내기 위해 시간을 너무 많이 소비했다. 이미 한양으로 가는 길목인 공주를 관군과 일본군이 먼저 장악하고 농민군을 기다렸던 것이다. 2차 봉기는 평안도·함경도를 제외하고 전국에서 참여했다.

무기에서도 비교가 되지 않았다. 농민군은 재래식 조총에 대부분 죽창을 들었다. 이에 반해 일본군은 연발식 라이플총이고 관군도 연발식 소총인 스나이더총으로 무장했다. 최신식 대포나 기관총도 갖췄다. 공주에서 공방전이 벌어졌고 전선은 우금재로 형성되었다. 11월 9일, 우금재에서 40~50여 회의 치열한 접전 끝에 농민군이 밀렸다. 4일 동안의 전투에서 농민군이 진압군의 화력을 버텨내지 못한 것이다.

우금재 전투에서 박은식은 30만 명 정도가 죽었다고 썼으나 이이화 역사학자는 10만 명 정도라 한다. 김개남은 뒤늦게 참여하여 공주가 아니라 청주 방면으로 전력을 쏟았다. 화력이 분산되었던 것이다. 더군다나 손병희가 이끈 농민군은 실전경험이 전혀 없던 오합지졸이었다. 일본군과 관군은 최신식 무기를 가지고 정예 군사훈련을 받은 군인이었다. 2차 농민봉기는 의기는 하늘을 찔렀지만 전략과 전술이 밑바탕이 되지 못했다. 이어진 소규모 전투에서 여지없이 무너진 농민군은 흩어지고, 전봉준은 순창 피노리에서 옛 부하 김경천의 배신으로 체포되었다. 그가 체포된 곳이 김개남의 은신처와 8km 정도 거리에 있어, 전봉준이 김개남과 만나 재기를 도모하려 했다는 주장도 있다. 손화중도 부안에서 체포되어 전봉준과 같이 나주 초토영 감옥에 갇혔다. 김개남도 정읍 산내면에서 체포되었다. 그는 관군이 포위하고 오라를 받으라 할 때 대변을 보고 있다가 "올 줄 알았네, 똥이나 다 누고 나가겠네"라고 대꾸했다 한다. 그는 전주 서교장에서 재판 없이 처형되어 시신이 갈기갈기 찢겼다.

전봉준·손화중·김덕명·최경선·성두한 등 5명은 1895년 3월 30일

서울 종로1가 종각역 5, 6번 출구에 있는 전봉준 동상. 1895년 3월 30일에 교수형에 처해진 전옥서 자리다. 전봉준이 재판 받기 위해 들것에 실려가는 사진을 토대로 만든 동상이다.

서울 전옥서(종로1가 종각역 5,6번 출구 사이)에서 교수형에 처해졌다. 2018년 4월 24일, 이곳에 사단법인 전봉준장군동상건립위원회(이사장 이이화)에서 동학농민군 지도자 전봉준 장군 동상을 만들어 세웠다. 전봉준이 재판을 받기 위해 들것에 실려가는 사진을 토대로 만든 동상이다. 눈빛이 살아 있다. 전봉준은 일본 주요 정치인이나 극우정치단체의 회유에 "일본은 곧 나의 적국이다. 내 구차한 생명을 위해 적국에 살길을 찾음은 본의가 아니다"라고 꾸짖었다. 죽음에 임해서까지 대의를 중시했고 그것으로 인해 동학농민혁명이 역사성을 갖게 된 것이다. 그리고 "나를 죽일진대 종로 네거리에서 목을 베어 오가는 사람에게 내 피를 뿌리라"라는 유언을 남겼다. 또 그는 간수의 부탁으로 시를 한 수 남겼다.

> 때를 만나서 천지가 힘을 합했건만 / 운이 다하니 영웅도 스스로 어찌하지 못하는구나 / 백성을 사랑하고 정의를 세움에 내게 무슨 허물 있으랴만 / 나라를 위하는 일편단심 그 누가 알아주리
>
> – 전봉준, 「절명시」(이이화, 『이이화의 동학농민혁명사 1』, 304쪽 재인용)

힘없는 백성도 하늘로 대접받는 세상

동학농민혁명이 혁명이라면 정치적 지향이 있어야 한다. 정치적 지향은 격문이나 집강소 통치기의 사례, 심문 자료 등을 통해 간접적으로

추론할 수 있다. 그중 중요한 자료가 일본 「동경조일신문」에 게재된 전봉준 심문 글이다.

> 일본병을 물러나게 하고 악간(惡奸)의 관리를 축출해서 임금 곁을 깨끗이 한 후에는 몇 사람의 주석(柱石)의 선비를 내세워서 정치를 하게 하고, 우리들은 곧장 농촌에 들어가 상직(常職)인 농업에 종사할 생각이었다. 하지만 국사를 들어 한 사람의 세력가에게 맡기는 것은 크게 폐해가 있는 것을 알기 때문에 몇 사람의 명사에게 협합(協合)해서 합의법(合議法)에 의거해 정치를 담당하게 할 생각이었다.
>
> – 전봉준 회견기 및 취조기록(김정남, 『시인의 삶으로 역사를 읽다』, 133쪽 재인용)

반봉건·반침략을 분명하게 드러내고 있으며 흡사 입헌군주제와 같은 정치체제를 내다보고 있다. 이 심문 내용을 전한 기자는 "그 사람, 좀 일을 알고 있다"고 썼다. 전봉준이 단순 봉기자가 아니라 혁명가라는 뜻일 게다.

농민군이 꿈꾼 사회는 어떤 모습이었을까? 집강소 통치기의 모습에서 확인해 보자. 집강소가 설치된 곳에서는 양반이든 천민이든 부녀자든 어린애든 상관없이 서로 '접장'이라 부르며 맞절을 했다. 동등한 호칭과 맞절은 신분제 철폐를 넘어 평등의식의 실천적 표현이었다. 집강소에서 행정을 집행할 때에는 집강 아래 회의기구를 두어 논의한 후 결정하여 처리했다. 민주적인 의사결정 구조다.

전봉준이 생각하는 경제체제는 어떠했을까? 폐정개혁안 12조 중 '토지는 고르게 나누어 짓게 할 것'이라는 주장에 함축되어 있다. 궁극적으로 농민의 토지 소유를 실현하려 했다. 공초 당시 심문관도 "노비문서를 불을 질러 강상을 무너뜨렸고, 토지를 평균 분배하여 국법을 혼란하게 만들었으며…"라고 전봉준의 죄상을 밝히고 있다. '토지의 평균 분작'은 동학농민군이 궁극적으로 달성하려 했던 토지개혁의 지향이었던 것이다.

내장호 수변길의 내장산 단풍생태공원

갑오동학혁명백주년기념탑 왼편에 '정읍 솔티 달빛 생태숲' 조성사업 안내판이 있고 구름다리인 양 데크길을 멋지게 만들어 놓았다. 데크 전망대에서 보는 내장호수가 멋지다. 왼쪽으로 고개를 돌리면 조각공원이 한눈에 들어온다. 공원도로 건너편에 「샘골의 빛」 조형물이 있다. 세 개의 거석들로 만든 작품인데, 각 거석들은 단풍 명산인 내장산의 위용과 아름다움, 백제가요의 정수인 「정읍사」와 그 여인의 정과 의, 동학농민혁명으로 정읍의 역사적, 문화적 자산들을 나타냈다고 한다.

조각공원에서 약 260m 지점에 내장산 단풍생태공원이 있다. 넓은 주차장이 있으니 주차를 하고 이곳에서부터 수변 산책을 시작해도 된다. 생태공원은 매우 넓다. 곳곳에 세계단풍원, 단풍분재원, 단풍터널

내장산 조각공원의 구름다리에서 본 「샘골의 빛」과 내장호.

등이 조성되어 있어 단풍철에 오면 환상적이겠다. 10월 중순, 단풍이 찾아들기 시작했고 구절초가 만발했다. 아쉬운 것은 시간이다. 구석구석 눈도장을 찍고 싶었지만 다음을 기약하고 수변길로 접어들었다. 생태공원을 지나서부터는 조금 단조로운 산책길이다. 그래서 그런지 이 길가에 주민들이 한창 꽃동산을 조성하느라 열심이다. 결국 나와 같은 사람들이 즐기는 곳이니 고맙기 그지없다. 오솔길과 데크길이 번갈아 나오면서 길은 내장산 워터파크에 닿는다. 워터파크를 가로질러 조금만 더 가면 월영마을 주차장이다. 내장산 워터파크에 주차하면 내장호수 수변 데크가 더 가깝다.

이이화 역사학자의 말로 끝맺음하자. “역사는 기억해야 살아 있는 유산이 된다. 기억하지 않으면 그 사실이 던져주는 진실을 깨닫고 미래의 교훈으로 삼을 근거를 잃어버리게 된다. 동학농민혁명의 진실을 기억해 미래 인권과 통일의 유산으로 삼아야 할 것이다.” 기억하지 않으면 잃어버리지만 기억하면 현재 속에 그 가치가 살아 있는 것이다.

참고문헌

이이화, 『이이화의 동학농민혁명사 1·2·3』(교유서가, 2020)
이이화, 『전봉준, 혁명의 기록』(생각정원, 2018)
이이화, 『파랑새는 산을 넘고』(김영사, 2008)
김정남, 『시인의 삶으로 역사를 읽다』(한권의책, 2020)

초의선사가 거닐던
대흥사 십리 숲길

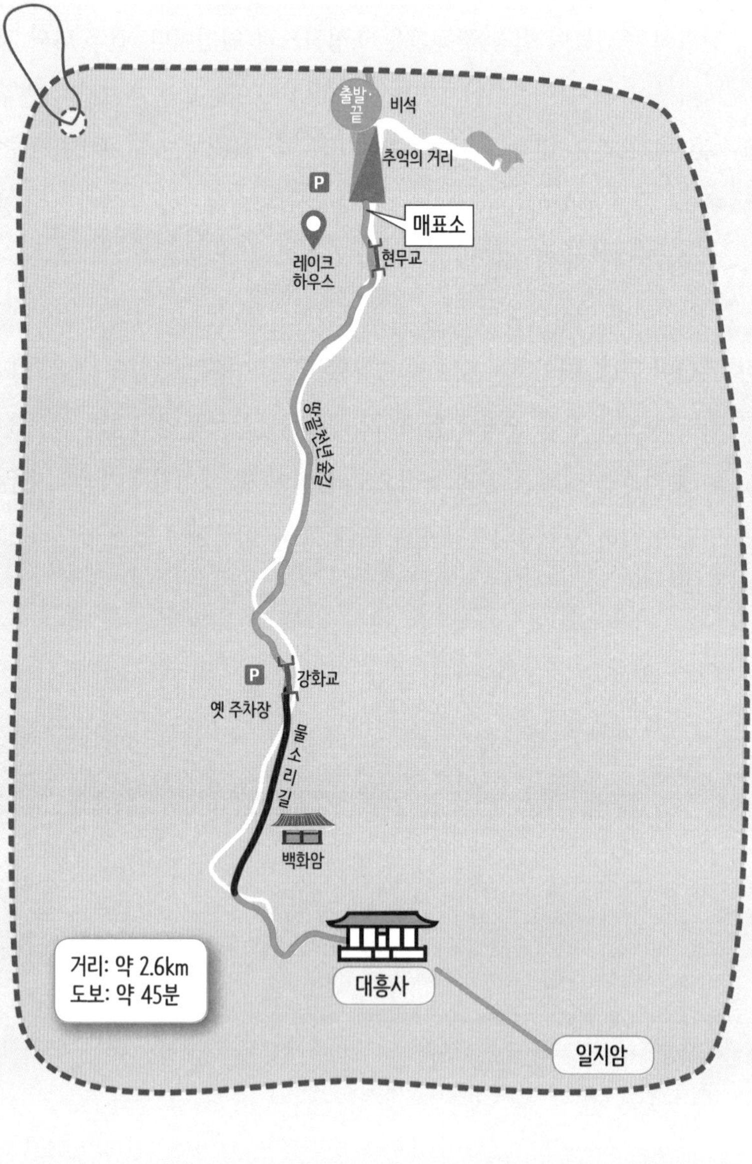

땅끝천년숲길과 물소리길

36년 만에 찾은 대흥사

대흥사는 2018년에 양산 통도사 등 여섯 개 사찰과 함께 '산사, 한국의 산지 승원'이라는 이름으로 유네스코 세계문화유산에 올랐다. 대흥사는 두륜산을 배후에 두고 있다. 두륜산의 원래 이름은 높게 솟았다는 뜻의 '한듬'이었고 한자와 섞여 '대듬'이 되었다가 '대둔산(大芚山)'이 되었다. 이에 따라 절 이름도 '한듬절'에서 '대듬절'에 이어 '대둔사'로 바뀌었다. 현재 산 이름은 두륜산이다. 중국 곤륜산의 줄기가 백두산에서 태백산으로 이어져 '곤륜'과 '백두'에서 이름을 취해 '두륜산'이 되었다고 한다. 한자로는 두륜산(頭崙山)이었는데, 일제 때 전국 지명을 새로 표기하면서 崙을 輪으로 바꿔 頭輪山이 되었고 대둔사는 대흥사로 불렸다.

대흥사가 있는 마을의 옛 지명은 구림리(九林里) 장춘동(長春洞)이다. 아홉 개의 숲에서 봄이 계속된다는 뜻일 게다. 이곳은 한국전쟁의 참화도 비껴간 곳이다. 이 숲길에는 소나무, 동백, 왕벚나무, 떡갈나무, 편백, 삼나무, 단풍나무, 대나무, 대롱나무 등이 길손을 맞이하고 있다. 그중 편백나무와 동백, 그리고 단풍나무가 멋지다.

무려 36년 만에 대흥사를 찾았다. 대학 1학년 답사 때 오고 처음이다. 좀처럼 가기 힘든 곳이지만 그만큼 가고자 하는 열망도 컸던 곳이다. 주차장 옆 상가들 입구의 왼쪽 계곡에 '두륜산 대흥사 관광시설지'라는 비석이 있다. 이곳에서 대흥사까지는 2.6km이고 편안한 데크길이 계곡 따라 매표소(270m 거리)까지 이어진다. 비석부터 매표소까지의 길이 '추억의 거리'다. 데크길 좌우로 단풍나무들이 줄지어 마지막 단풍 구경객들을 맞이하고 있다. 곳곳에 두륜산 도립공원이나 대흥사 등

추억의 거리에 있는 「소원」 조각상. 동자승이 초승달 끝에 서서 합장하고 있는 모습이다.

여러 읽을거리를 입각판으로 안내하고 있으니, 사전지식이 없더라도 어느 정도의 지식을 가지고 대흥사를 대할 수 있다. 또 조각상들이 곳곳에 있는데 그중 「소원」이라는 조각상은 동자승이 초승달 끝에 서서 합장하고 있는 모습이다. 동자승의 손을 잡고 소원을 속삭이라 하는데 "신외무물(身外無物)"이라 속삭였다. '몸 이외의 것은 없다'는 말로 노자 『도덕경』에 나오는 말이다. 답사와 여행을 하자면 몸의 건강이 제일이다. 이곳이 장춘마을인데, 소개글을 보니 봄에는 춘백, 여름에는 짙은 녹음, 가을에는 단풍, 겨울에는 동백이 아름답다고 한다.

땅끝천년숲길

매표소를 지나 현무교 오른편으로 산책로가 따로 있다. '차실'이라 씌어 있는 옛 주차장까지는 1.5km로 그야말로 한적하고 기분 좋은 숲길이다. 얼마 가지 않아 갈림길이 나온다. 왼편의 길은 계곡 산책길이고 오른편은 언덕길이다. 어디로 가든 서로 만난다. 일단 계곡 산책길을 선택했다(내려올 때에는 언덕길을 이용했다). 이 길은 산죽(山竹)이 가득한 길이고, 계곡 건너편 편백나무 군락지에서 나무향을 맡을 수 있으며, 또 오른편에서 동백나무와 단풍나무들을 구경할 수 있는 눈과 코가 즐거운, 그래서 발걸음도 가벼운 오솔길이다. 대부분의 사람들이 오른편의 언덕길을 택했는지 사람도 별로 없다.

매표소를 지나 옛 주차장까지 이어지는 1.5km의 산책길. 편백나무, 단풍나무, 동백나무, 산죽, 상사화 군락지 등을 볼 수 있다.

언덕길과 계곡길이 합류되는 길도 여전히 좋다. 데크길도 만나고 편백 군락 사이로 걷기도 한다. 700m 지점에 상사화 군락지도 조성해 놨는데, 늦여름이면 꽃이 만발해 그리운 사람을 생각나게 할 것 같다. 여전히 계곡을 끼고 걷지만 나무다리가 두 개 있어 계곡 오른편과 왼편을 다 느낄 수 있고, 편백나무 숲에 정자도 두 개가 있어 산림욕을 즐길 수 있다. 옛 주차장으로 갈수록 단풍나무가 절정이다. 떨어진 단풍잎들과 햇살을 받은 단풍나무들이 산책길을 붉게 물들인다.

물소리길

옛 주차장이다. 산책로 출구에서 주차장을 가로질러 대각선 끝 지점으로 가야 한다. 이 주차장 한쪽이 대흥사 여관이 있던 곳이다. 대학 1학년 때의 대흥사 답사에서 얼핏 기억 속 영상으로 남아 있던 곳이 이 여관이었나 보다. 방이 여러 개 다닥다닥 붙어 있는 건물이었는데, 사찰은 아니었다. 안내에 따르면 이곳은 5·18 민주항쟁 당시 시민들이 숙식을 해결하고 김밥과 음료수 등을 지원했던 장소라 한다. 지금은 5·18

민주항쟁 사적지로 지정되어 있다.

물소리길은 강화교 건너 바로 오른쪽에서 시작된다. 마찬가지로 물소리를 들으며 계곡을 끼고 걷는 길이다. 지금까지의 산책길보다는 넓고 더 걷기 편하게 정비되어 있다. 계곡물이 정말 투명하고 맑다. 군데군데 벤치도 있어 계절 불문하고 자연과 호흡할 수 있는 곳이다.

물소리길 끝 지점에서 백화암이 있는 포장도로로 올라선다. 이제부터 일주문까지는 차는 통행할 수 없는 포장도로다. 피안교 건너 조금 더 걷다보면 아담한 모습의 '두륜산 대흥사(頭輪山 大興寺)' 일주문을 만난다. 일주문의 현판은 여초 김응현이 썼다. 거기서 100m 정도 더 가면 오른편에 부도밭이 있다. 초의 등 고승들의 승탑(부도)과 탑비 80여 기가 있는데 자물쇠가 채워져 있다. 이곳에서 꼭 봐야 하는 부도가 서산대사 승탑이다. 부도밭 문 좌측에서 왼쪽으로 탑비 세 개 정도 지나는 곳에서 끝에 있다. 기와골이 선명하고 높은 절병통에 꽃 문양이 장식된 것이 서산대사 승탑(보물 제1347호)이다. 이어 반야교를 꺾어 들어가면 문수보살과 보현보살을 모신 해탈문이 나온다.

대흥사 북원 영역

대흥사는 현판을 보는 게 키포인트

대흥사는 주된 길, 즉 해탈문에서 걸어 들어가면 서향을 하고 있다. 일단 해탈문을 지나 멈춰 서서 전각들을 병풍처럼 감싸고 있는 두륜산을 보자. 오른편 바위(투구봉)가 부처님 얼굴, 중간 바위(두륜봉)가 왼손과 오른손으로 비로자나불의 손갖춤이며, 사진에는 보이지 않지만 왼편 바위(가련봉)가 발이라 한다. 비로자나불의 완벽한 와불상이다.

대흥사 전경. 산능선이 비로자나불의 와불상처럼 보인다.

해탈문에서 왼쪽으로 길을 잡으면 금당천이라는 작은 개울이 있다. 이 개울 왼편이 북원으로 대웅보전 영역, 오른편이 남원으로 천불전 영역이며, 그 오른편에 표충사 영역, 그 위편으로 동쪽에 대명광전 영역이 펼쳐진다. 해탈문 위쪽으로 대웅보전이 있겠지 하고 걸으면 헤맨다. 왼쪽 길로 들어서야 한다. 대흥사는 현판 글씨를 보는 게 키포인트다. 대웅보전 입구는 침계루다. '시냇물을 베개 삼아 자는 건물'이라는 뜻의 침계루(枕溪樓) 현판은 원교 이광사의 행서체 글씨다. 대웅보전(大雄寶殿) 현판도 이광사의 글씨다. 2열로 큼직하게 썼다.

제주로 유배 가던 추사 김정희가 초의선사를 만나러 이곳에 들렀다. 초의선사에게 대웅보전이 이광사의 글씨를 달고 있다고 나무라며, 지필묵을 가져오게 하여 글씨를 새로 쓰고는 현판을 바꿔 달라고 했다. 이광사는 추사가 태어나기 9년 전에 이미 죽었다. 이광사는 글씨의 명가 집안에서 태어났다. 고조부 이경석, 증조부 이정영, 부친 이진검 등이 모두 명필로 이름나 있던 문인들이었다. 유배생활 30년 동안 많은 글씨체를 익혔고 글씨를 썼다. 왕희지체를 바탕으로 조선풍의 서체를 개발하여 동국진체를 완성했다. 서체에서 겸재 정선의 「진경산수화」에 해당된다. 추사는 구양순체를 서체의 골격으로 삼았고, 서체는 국제적인 시각에서 논해야 한다고 생각하고 있었다. 이런 관점에서 이광사의 동국진체가 마음에 들지 않았던 것이다.

9년여의 유배생활에서 풀려난 추사가 대흥사에서 다시 초의선사와 마주앉았다. 대웅보전에 걸려 있던, 자기가 쓴 현판을 보고 한마디한다.

"여보게 초의, 이 현판(이광사의 대웅보전 현판)을 다시 달고 내 글씨를 떼어내게. 그때는 내가 잘못 보았네."

제주 유배가 추사를 더욱 원숙하게 한 것이다. 승방인 백설당 건물에 걸려 있는 '무량수각(無量壽閣)' 현판은 유배 전 추사가 대웅보전과 함께 쓴 글씨다. 예서체로 글씨가 대단히 획이 굵어 자신감이 넘쳐난다. 백설당(白雪堂) 현판은 해사 김성근(1835~1919)이 썼다. 그는 응진당(應眞堂)과 명부전(冥府殿)의 현판도 썼는데, 한말 두 차례나 전라도 관찰사를 역임했고 그 인연으로 대흥사에 글씨를 남겼다.

대흥사 무량수각의 추사 김정희가 쓴 현판.

뭉크의 「절규」 그림이 조각되어 있다?

대웅보전은 20칸의 팔작지붕이며 내부에 삼존목불좌상이 모셔져 있다. 석가여래를 중앙으로 오른쪽이 약사여래, 왼쪽이 아미타여래다. 정면 여섯 기둥 위에는 용두로 공포를 삼았다. 볼 만하다. 계단 소맷돌에는 눈을 부릅뜬 돌사자가 양쪽을 지키고 있다. 또 바라보는 방향에서 대웅보전의 오른쪽 기단 위, 석등 뒤쪽에 쇠고리를 머리 위에 둔 사람 얼굴 모양의 조각이 있다. 노르웨이 화가 에드바르트 뭉크의 걸작 「절규」를 연상시킨다. 용두, 사자상, 해골 모양 조각 모두 잡귀의 접근을 막는 역할을 한다.

대웅보전 오른편에 응진당이 있고 그 오른편에 삼층석탑이 있다. 석탑은 보통 대웅전 앞에 있는데, 이 석탑의 본래 자리가 이곳인지 의심스럽다. 해남 대흥사 삼층석탑으로 보물 제320호다. 지붕돌의 층급받침이 네 개인 것으로 미루어 보아 통일신라 말의 것이다. 특히 지붕돌 모서리가 위로 치켜 올라간 모습이 아름답다. 이 삼층석탑과 북일암

대웅보전 오른쪽 기단 위, 석등 뒤쪽의 조각상. 쇠고리를 머리 위에 둔 얼굴 모양인데 해골을 연상시킨다. 잡귀의 접근을 막기 위한 역할을 한 것 같다.

삼층석탑(고려 초기)에 근거하여, 대흥사가 신라 말에 창건되었지만 서산대사의 종통을 받기 전까지는 그 규모나 세가 미미했다고 본다.

대흥사 남원 영역

추사 왈 "노인장께서는 지방에서 글씨로 밥은 먹겠습니다"

심계루를 나와 오른쪽으로 올라가다 보면 연리근이 있다. 느티나무의 수령이 500년이 되었다고 하니 서산대사의 의발이 전해질 때에도 있었을 것이다. 연리근은 남녀의 지극한 사랑에 비유되어 '사랑나무'라고도 불린다. 계단을 올라서면 남원 영역이다. 이 영역에서 법당은 천불전이다. 나머지 건물들은 주지나 승려들이 머물며 불도를 익히는 강원이다.

천불전 입구의 가허루. 가허루는 '허공을 타는 누각'이란 뜻이다. 문지방이 이채롭다. 현판의 글씨는 초의선사와 친했던 창암 이삼만의 해서체다.

천불전의 입구는 가허루다. 문지방이 이채롭다. 굽은 나무를 이용한 미적 감각에 친근감마저 든다. 가허루(駕虛樓)는 '허공을 타는 누각'이라는 말로, 현판의 글씨는 초의선사와 친하게 지냈던 창암 이삼만이 쓴 해서체다. 추사는 이삼만과도 척을 졌다. 이삼만은 원교 이광사(1705~1777)의 글씨를 스승 삼아 아플 때에도 하루에 천 자씩 쓰면서 독학으로 서체를 익힌 사람이다. 호남지역에서 이름을 날려 지리산 천은사 등 여러 곳에 글씨를 남겼다. 추사가 유배 갈 때 찾아가 자신의 글씨에 대한 평을 부탁했다. 그때 추사는 55세, 창암은 71세였다. 한참을 보던 추사가 "노인장께선 지방에서 글씨로 밥은 먹겠습니다"라고 혹평했다. 예의라고는 눈꼽만큼도 없던 추사였다.

해배 후 전주를 지날 때 추사는 창암을 찾았다. 그는 이미 3년 전에 눈을 감았다. 추사는 '명필 창암 완산이공삼만지묘'라고 묘지명을 쓰고 묘문으로 "여기 한 생을 글씨를 위해 살다 간 어질고 위대한 서가(書家)가 누워 있으니, 후생들아, 감히 이 무덤을 훼손하지 말지어다"라고 써 사죄했다. 천불전 현판은 행서체로 원교 이광사가 썼다.

일본에서 대흥사로 돌아가기를 염원한 불상들

천불전은 민흘림기둥을 한 아홉 칸의 다포계 팔작지붕 건물이다. 아담하면서도 위엄이 있다. 특히 천불전의 꽃창살 무늬는 내소사 꽃창살만큼 아름답다. 이 건물은 과거, 현재, 미래 어느 곳에나 항상 부처가 계신다는 의미에서 천불을 모시고 있다.

순조 11년(1811), 남원 영역에 화재가 발생해 건물들이 전소되었다. 완호 스님이 천불전을 다시 짓고 쌍봉사 화승(畵僧) 풍계 스님에게 천불조성을 의뢰했다. 풍계 스님은 경주 불석산에서 옥돌로 천불을 만들었다. 배에 실어 운반해 오다가 한 척이 폭풍을 만나 일본 나가사키 현으로 갔다. 일본 사람들은 수많은 옥불을 보자 절을 지어 봉안하려 했다. 이때 일본 사람들 꿈에 옥불들이 나타나 자기들은 원래 해남 대둔사로 가는 길이니 여기에 머물 수 없다고 말했다. 순조 18년(1818)에 천불이 모두 해남 대흥사에 봉안되었다. 일본에 갔다 돌아온 불상 768구의 어깨나 좌대 아래에 일(日)자를 써 넣어 표시했다고 한다.

천불전에는 중앙에 석가삼존불을 모시고 있으며 뒤로 천불들이 열을 맞추어 좌정하고 있다. 멀리서 보면 찍어낸 듯하지만 가까이서 보면 같은 모양이 눈에 띄지 않는다. 손모양은 대체로 양쪽 무릎에 얹고 있지만 합장하고 있는 모습도 보인다.

관음33 응신전 앞에 있는 연못이 무염지다. '오염되지[染] 않은[無] 연못[池]'이라는 뜻인데 초의선사가 만들었다. 무염지란 극락세계의 다른 이름이 아닐까 한다.

표충사 영역

유교식 사당이 절 안에?

표충사는 서산대사 휴정, 사명당 유정과 뇌묵당 처영을 모신 유교식 사당이다. 표충은 '충절[忠]을 나타내다[表]'라는 말이다. 솟을삼문은 호국문이다. 서산대사 휴정은 임진왜란 때 선조의 청을 받고 제자인 사명당, 뇌묵당, 영규 등과 함께 승병을 조직해 큰 공을 세웠다. 당시 73세

천불전의 천불. 가까이서 보면 모양이 제각각이다.

인 서산대사는 팔도십육종도총섭이라는 직함을 가지고 승병을 이끌었다.

표충사는 정조 12년(1788)에 건립되었지만 현 건물은 철종 12년(1861)에 다시 옮겨 지은 것이다. 표충사 현판은 금물로 정조가 직접 썼다. 중앙에 서산대사 진영이, 왼편에 뇌묵당 처영, 오른편에 사명당 유정의 진영이 모셔져 있다.

표충사 영역 오른쪽으로 초의선사 동상이 있고 그 옆으로 유물전시관인 성보박물관이 있다. 서산대사의 가사와 발우, 친필 선시, 신발, 선조가 내린 교지 등과 정조가 내린 금병풍 등이 있다고 하나 코로나19로 인해 개방하지 않고 있었다.

이곳에 서산대사의 사당이 있게 된 연유는 이렇다. 보잘것없던 절이 크게 흥한 절[大興寺]로 변신한 계기는 임진왜란 이후 서산대사 덕분이었다. 서산대사가 입적하던 날, 그는 제자들에게 자신의 가사와 발우를 두륜산에 둘 것을 유언했다. 이는 자신의 법, 즉 종통을 해남 대둔사(대흥사)에 둔다는 뜻이었다. 이로써 서산대사의 법맥이 대둔사에서 이어지게 되었다. 이후 대흥사에서는 13명의 대종사와 13명의 대강사가 나왔다. 다산 정약용과 관련하여 익히 알려져 있는 초의선사는 13대 대종사이고, 혜장스님은 13대 대강사이다.

이 사람, 실제요?

표충사 영역 바로 아래에 초의선사 동상이 있다. 초의선사 동상을 카메라에 담고 있는데 40대쯤으로 보이는 무뚝뚝한 남성이 물어본다.

"이 사람, 실제요?"

대흥사 경내 초의선사 동상.

"네, 초의선사예요."

"무엇 하던 사람이요?"

"대흥사를 크게 일으킨 스님이었고 김정희의 절친입니다."

"누구요?"

"추사 김정희요. 추사체로 유명한 사람 있잖아요."

"그 사람 누군지 몰라요."

"이 스님 이름이 뭐라 했지요?"라고 물어보고 갑자기 관심이 생겼는지 동상 아래의 글자들을 보러 간다. 그리고 "뭐야 다 한자잖아! 한글로 써 놓아야지" 하고 혼잣말한다. 그래도 관심이 생기니 좋았다. 앞에 한글 안내판이 있는데 찾았는지 모르겠다. 바쁜 일정 때문에 더 이상 대꾸하지 못하고 대광명전과 일지암으로 향했다.

대광명전 영역

비로자나불을 모신 전각으로 '동국선원'이다. 승려들이 참선하는 곳이기 때문에 일반인 출입금지다. 추사의 수제자 신관호가 헌종 9년(1843)에 전라 우수사로 내려와 초의선사와 소치 허련과 함께 대광명전 불사 작업을 했다. 세 사람은 모두 추사의 해배를 염원하고 추사의 회갑을 축하하려는 뜻에서 열과 성을 다해 대광명전을 지었던 것이다.

맞배지붕의 단아한 여섯 칸 건물로 신관호가 현판을 썼다. 또 내부에는 초의선사가 그린 연화문이나 운학 등이 있다고 하며 단청도 초의선사가 했다고 한다. 허나 추사로부터 "압록강 동쪽에 소치만한 화가가

대광명전은 여섯 칸의 맞배지붕 건물로 추사의 수제자 신관호, 초의선사가 불사를 했다고 알려져 있다.

없다"는 칭찬을 들은 허련도 불화나 단청 작업을 거들었을 것이다. 대광명전으로 올라가는 계단 위 양쪽에 큰 눈을 뜨고 앞을 바라보는 두꺼비상이 있다. 당시의 것인지는 모르겠지만 매우 정감이 간다. 두꺼비는 집을 지키는 수호신이며 복을 가져다주는 신성한 영물이다.

일지암과 초의선사

이제 초의선사를 만나러 가자. 이곳에서 초의선사의 주 공간은 대광명전과 일지암이다. 특히 일지암은 그의 다선일여(茶禪一如) 사상의 무대다. 일지암은 대광명전에서 1km 정도 올라가야 한다. 이 길은 이제까지의 해남천년숲길과는 다르다. 포장도로인데 숨이 머리 꼭대기까지 차오르는 오르막이다. 안내판에 '차의 성지 일지암'이라 소개되어 있다.

초의선사 하면 생각나는 것이 숭유억불 정책을 내세웠던 조선에서, 양반들이 천민처럼 대했던 승려 신분으로 조선의 최일류급 사대부들과 시와 차를 매개로 아름다운 만남을 이어갔다는 전설 같은 사실이 아닐까 한다. 일반적으로 많이 알려진 인물로 다산 정약용, 추사 김정희를 들 수 있다. 더불어 조선 후기 남종화의 대가 소치 허련도 연관되어 떠오를 수 있을 것이다. 그러나 그의 사상과 교류는 우리의 생각을 뛰어넘는다. 그러기에 지금까지도 번듯한 평전 한 권 나온 적이 없다. 한 권의 평전으로 담기에는 그 그릇이 너무나 크고 다양하기 때문일 것 같다.

풀옷 입은, 진실한 뜻을 간직한 사내

초의선사는 1866년 8월 2일, 면벽좌선으로 열반에 들었다. 나이 81세, 법력 66년이다. 서산대사의 종법을 이은 대흥사 13대 종사였고, 다산 정약용과 추사 김정희와의 교류를 통해 실학사상을 실천한 실학 승려였다.

그는 1786년 4월 전남 무안군에서 태어났다. 소설(한승원, 『초의』)에 따르면, 5세 때 강물에 빠져 죽음으로 가고 있을 때 어느 승려가 그를 구했다. 이것이 인연이 되어 1800년 15세에 출가했다 한다. 원래 이름은 장중부였는데, 전남 나주 덕룡산에 있던 운흥사 벽봉 스님이 '뜻[意]이 진실한[恂] 사람이 되라'는 생각과, 선(禪) 한 가지에만 집중하라는 의미를 담아 '의순'이란 법명을 내렸다. 벽봉 스님에게서 선(禪)과 교(敎)를 익힌 지 4년 후 월출산 산등성이에서 좌선하다가 떠오르는 달을 보고 깨달음을 체험했다. 19세 때였다. 그는 시도 곧잘 지었다. 다음은 운흥사에서 지은 「송월(소나무와 달)」이라는 시의 일부다.

가까이서 들으니 목메어 우는 소리로다. / 이 달과의 인연, 묵은 정이 깊어 / 끝내 헤어짐은 아닐 것이니 / 때가 되면 맑게 개인 날에 보게 되리다. / 하늘에 떠도는 구름도 없어져 산 속의 밤은 더욱 밝아지고 / 유유히 해가 떠오르리라.

– 초의, 「송월」

이 시에서 "이 달과의 인연, 묵은 정이 깊"다고 썼다. 이처럼 그의 깨달음은 달과 연관된다. 그는 벽봉 스님의 권유에 따라 대흥사로 가서 완호 스님에게서 구족계(승려가 가져야 할 계율)를 받고 '초의(艸衣)'라는 또 다른 법명을 받았다. '풀옷'이다. 세상 것에 욕심내지 말고 선에만 집중하라는 뜻이 담겨 있지 않았을까. 초의의 떡잎을 보았을 것이다. 대흥사에서 그는 그림을 익혔다. 원체 글씨에 소질이 있어 그것이 그림 실력으로 이어졌다.

다도의 성지, 일지암

1824년 불혹의 나이 1년 전, 초의는 두륜봉 자락 5분의 2 지점에 한 칸의 띠집을 짓고 '일지암(一枝庵)'이라 이름 붙였다. 중국 당나라 한산 스님의 시 "뱁새는 항상 한마음으로 살기 때문에 나무 한 가지만 있어도 편하다(想念楪鷯鳥安身在一枝)"에서 일지(一枝)를 가져왔다. 그도 선 하나로 살기 때문에 한 칸 띠집만 있어도 편하다고 생각한 것이다.

초의는 전남 나주 운흥사 차나무 군락에서 씨를 받아 일지암 주변에 뿌렸다. 암자 뒤편에 샘을 만들고 '유천(乳泉)'이라 불렀다. 일지암은 초의에게 명상하고 경전을 읽고 시를 짓고 글씨를 쓰며 그림을 그리는 곳이었다. 더불어 차를 우리고 연구하는 연구소이기도 했다. 이곳 일지암을 초의는 다음과 같이 읊었다.

초의선사는 39세에 두륜봉 자락에 한 칸 띠집을 짓고 '일지암'이라 이름 붙였다. 그리고 운흥사 차나무 군락에서 씨를 받아 일지암 주변에 뿌렸다.

> 안개와 노을, 옛 인연 없애기 어려워 / 물병과 바리때 둘 몇 칸 띠집 지었네. / 연못 파 허공의 달 밝게 담았고 / 대나무 잇대어 멀리 흰 구름 샘물 끌어왔네. / 새로 향을 넣어 영약을 찾았고 / 때에 원기(圓機)로 진실로 오묘한 연꽃 피었네. / 눈앞의 꽃가지, 다 베어버리니 / 아름다운 산, 석양 하늘에 나타나네. - 초의, 「일지암을 중수하며」

1830년 일지암을 다시 고쳐 지으며 지은 시다. 차의 물이라 불리는 유천(乳泉), 차향이나 일지암에서 바라보는 정경이 잘 표현되어 있다.

다도(茶道)는 곧 그에게 깨달음을 얻는 신앙이었다. 차의 삼매경에 들어 묘한 맛을 깨닫는 것이 곧 선(禪)의 삼매경 속에 불교의 진리를 깨치는 것과 같은 길이라는 것이다. 그에게 다도는 운명의 길이었나 보다. 운흥사 운봉 스님이 차에 관심이 많았고, 또 초의가 출가한 절인 운흥사는 차나무 군락지였다. 초의는 우리 차를 연구하여 「동다기」와 「동다송」을 남겼다. 그리고 다성(茶聖)으로 추앙받았다.

초의, 다산을 스승으로 모시다

초의는 백련사의 주지이며 학승인 혜장선사를 통해 강진 유배시절의 정약용을 만났다. 정약용은 혜장선사와 『주역』을 논했으며 그를 통해 차 맛을 느끼기 시작했다. 혜장에게 차를 대접받곤 했던 정약용은 호를 '다산(茶山)'으로 삼을 만큼 다도의 세계에 빠져들었다. 다산은 혜장에게 「걸명소」를 써 보냈다. '차[茗]를 간절히 원한다[乞, 빌다]'는 뜻이다. 한 구절을 보자.

> 어디선가 들으니, / 고해(苦海)의 다리 건너는데 / 단나(檀那)의 보시가 가장 귀중하고 / 명산의 고액(膏液)으로 / 서초(두목의 시에 나오는 차 이름)의 차를 몰래 줌이라 하오. / 간절히 바라는 바는 / 은혜를 아끼지 말아 달라는 것이오.
>
> – 다산, 「걸명소」

초의는 혜장의 소개로 다산을 만났다. 초의 24세, 다산 49세 때였다. 초의는 당대 최고의 유학사상가이며 실학의 집대성자를 마음의 스승으로 삼게 되었다. 그 즈음에 다음의 시를 남겼다.

> 스승님의 가르침을 구하기 위해 / 멀리서 와서 정성을 다해 묻고 또 물었습니다. / 이제 또 스승님 곁을 떠나가려 하니 / 옷매무시 단정히 하고 드릴 말씀은 / 스승님의 가르치심 마음속에 새기고 / 정성을 다해 안부 여쭙겠다는 말뿐입니다.
>
> – 초의, 「탁옹(다산) 선생에게 올리다」

다산에게 차를 드리는 것은 이제 초의의 일이 되었다. 다산은 강진을 찾은 아들 학연과 학유에게 초의를 소개했고, 나이대도 엇비슷한 그들은 시로 서로 교유했다. 정학연을 통해 초의가 한양의 선비들에게 알려졌다. 특히 연행사의 군관자제 자격으로 아버지 김노경을 따라 연경에 가서 완원의 차 대접에 흠뻑 취했던 김정희에게 선승(禪僧)과 다도는 그의 관심을 집중시키기에 충분했다.

1815년 해붕대사가 주지로 있던 경기도 운길산의 수종사에서 둘의 첫 만남이 이루어졌다. 둘 다 1786년생으로 다도와 생각이 완전 하나인 소울메이트가 되었다. 추사는 유가사상가이면서도 불교의 선에 대해 일가견이 있었다. 특히 이후 백파선사와 선 논쟁을 할 때 초의와 함께 심하게 논박할 정도로 선의 이론가이기도 했다. 추사의 제주 유배시절 초의가 가서 6개월 동안 함께 생활했고, 추사는 대흥사의 초의에게 차를 보내달라고 장난기 섞인 편지를 보내기도 했다. 그만큼 막역한 사이였던 것이다. 추사가 "'초의 차' 떨어져 '초의 차' 못 마시니 / 혓바늘이 돋고 정신이 멍해지느니 / 그러니 '초의 차' 보내지 않으시면……"이라고 보내자, 이에 초의가 "어어허, '초의 차'에 환장한 사람이구먼……" 이라고 써서 보냈다고 한다(곽의진, 『초의선사』, 104쪽).

초의라는 중과 친하게 지내는 자식이 걱정된 추사의 아버지 김노경은 고금도(완도)에서 해배되어 한양에 올라가던 길에 대흥사의 일지암을 찾았다. 초의에게 차 대접을 받고 차에 대해 담소하다 자리를 떴다.

초의의 사귐은 추사를 통해 지식인층으로 확대되었다. 초의와 교류한 문인들만도 40명이 넘는다고 한다. 그는 총 180여 편의 시를 썼고

『초의집』이라는 시집도 냈다. 보통 시집에는 명사들의 서문과 발문을 같이 엮는다. 일종의 추천사다. 서문은 홍석주와 신위가 썼다. 그중 연천거사 홍석주는 "호남의 초의 스님은 학자 선비들과 교유하기를 즐기면서 시를 짓고 감상하기를 좋아하는데 그의 시문은 속성을 벗었고 정결, 간결하며 투박한 듯하면서도 잘 다듬어져 있어서 군더더기 없이 맑다"(곽의진, 같은 책, 134쪽)라고 평했다. 홍석주는 영조 때의 문신이고 이조판서와 대제학을 지낸 인물이다. 특히 한학과 문장에서 10대가 중 한 명으로 꼽힌다.

발문으로는 윤치영, 신헌구, 신관호, 계정 등이 이름을 올렸다. 그중 석호 윤치영은 "그의 시는 놀랍게도 깨달음이 많고 군더더기가 없으며 그 높은 품격이 마치 쟁반에 옥을 굴려 비스듬히 구르고 사뿐히 솟는 듯하여 밤톨을 떡가루에 묻힌 듯 능소화처럼 홀로 아름다웠다"(곽의진, 같은 책, 137쪽)라고 표현했다. 석호 윤치영은 헌종 때의 문신이다. 윤치영은 병으로 누워 있다가도 초의가 왔다고 하면 버선발로 뛰어나와 얼싸안을 정도로 열혈 팬이었다. 신관호(신헌)나 홍현주도 본인들 시문집의 서문을 초의에게 부탁하기도 했다.

남종문인화의 대가, 소치 허련을 제자로 삼다

초의의 제자로 소치 허련이 으뜸이다. 허련은 27세 때 대흥사로 초의를 찾아왔다(1855). 초의는 무명의 그림쟁이가 내민 그림에서 싹수를 보았다. 그는 그림에도 일가견이 있었다. 대흥사 탱화의 거의 대부분이 그의 작품이다. 또 「다산 초당도」도 그렸고 대흥사에 「관음보살도」 두 편을 남겼다.

초의는 허련을 지도하면서 해남 연동의 녹우당에도 발을 놓아 주었다. 윤두서의 그림들을 감상하고 모작할 수 있는 기회를 준 것이다. 그리고 추사에게서 그림 공부를 할 수 있도록 해 주었다. 허련은 추사의 월성위궁에 기거하며 중국 명화에 대한 안목을 넓혔다. 추사는 원말 사대부 화가였던 황공망을 좋아했다. 황공망은 학문에 통달했고 남종문인화의 틀을 완성하여 명대 산수화에 절대적 영향을 미친 인물이다. 그의 호가 대치(大癡)였는데, 추사는 허련의 호를 이에 빗대어 '소치(小癡)'라고 지어 주었다. 허련은 이후 남종문인화의 대가가 되었고, 헌종 앞에서 지두화(指頭畵, 붓 대신 손끝으로 그리는 그림)를 그리는 영광을 누리기도 했다. 그때 헌종이 허련에게 호남의 '초의승'에 대해 물었고, 허련은 '세상에서 고승이라 일'컬어지고 있으며 유학에도 정통하여 사대부들과 교류가 많다고 답변했다 한다. 이에 헌종은 초의선사에게 '대각등계보제존자초의대선사(大覺登階普濟尊者艸衣大禪師)'라는 시호를 내렸다.

남종문인화의 대가 소치 허련이 말년에 여생을 보냈던 진도의 우림산방. 허련은 추사와 초의의 대표적인 제자다.

초의는 승려였다. 그것도 선 수행을 삶의 가치로 둔 종교인이었다. 그에게 선은 일심(一心), 즉 적멸(寂滅, 열반)에 이르는 것이었다. 그것이 사바세계에서는 '무아'가 아니었을까. 무아(無我), 자기의 존재 틀과 도그마를 깬다는 말이다. 그렇기에 초의선사는 문인들을 만나면 유교적 시로 화답하고, 관리가 베푼 연회에서는 술도 고기도 약간 입에 댔다. 자기를 비웠기 때문에 상대와 상황에 맞추어 행동할 수 있었던 것이다. 그를 선승이라고 하지만, 그의 발은 항상 중생들이 머무는 현실을 딛고 있었다.

참고문헌

목정배 외, 『대흥사(대둔사)』(대원사, 1996)

한국불교연구원, 『한국의 사찰10-대흥사』(1977)

곽의진, 『초의선사 문자향, 차향으로 여기 오시다』(동아일보사, 2004)

석용운, 『초의선사의 茶향기』(도서출판 초의, 2012)

최완수, 『명찰순례 2』(대원사, 1994)

유홍준, 『나의 문화유산답사기 1』(창작과비평사, 1994)

한국문화유산답사회, 『답사여행의 길잡이 5·전남』(돌베개, 1996)

한승원, 『초의』(김영사, 2009)

김진영, 배규범 역주, 『초의선사 의순시집』(민속원, 2004)

블로그 '개성상인'(https://blog.daum.net/piko77/103)

「인물로 읽는 한국禪사상사60 '한국의 다성, 초의'」(불교신문 3495호, 2019.6.15.)

제주에서 추사의 발걸음을 따라 걷는 유배길

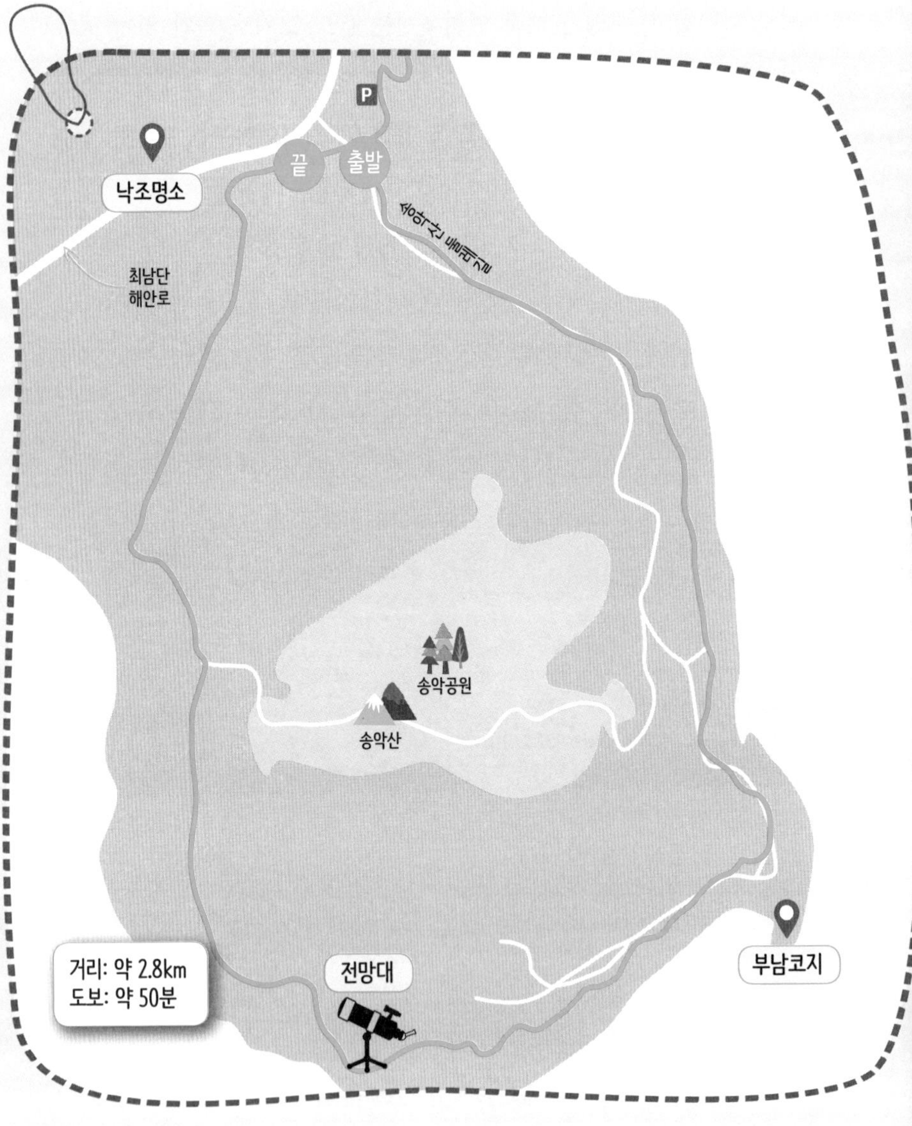

박제가의 제자 자랑

추사유배길은 서귀포시 제주 추사기념관부터 정난주마리아묘를 돌아 대정향교까지 가는 6.7km의 코스다. 그런데 이곳은 제주 올레길도 아니고 대정향교 가는 길이 밭을 통과하는 단조로운 길이라 매력적이지 않다고 생각했는데, 유홍준 교수의 『나의 문화유산 답사기』 제주편을 보니 걷고 싶은 마음이 다시 들었다. 천주교인이라면 정난주마리아묘를 추천할 만하다. 정난주는 정약용의 만형 정약현의 딸로 남편이 황사영 백서로 유명한 황사영이었다. 황사영이 처형당한 후 대정현 관노비가 되어 천주신앙을 지키다 이곳에서 병으로 눈을 감았다.

추사 연구가이며 일본의 동양철학자인 후지츠카 치카시는 "특히 박제가의 제자로 조선 500년 역사상 보기 드문 영재인 완당 김정희가 출현하여 …… 청조 학문의 핵심을 잡아 귀국하자 조선의 학계는 실사구시의 학문으로 빠른 진전을 보여 500년 내로 보지 못했던 진전을 보게 되었다"(유홍준, 『김정희』, 43쪽)라고 추사에 대한 연구결과를 집약하여 평가했다. 또 추사가 죽자 꼬장꼬장하기로 소문난 사관이 이렇게 썼다.

> 총명하며 굳세고 꿋꿋했으며 뭇 책을 널리 읽어서 금석문이나 그림, 역사에서는 그 깊이를 꿰뚫어 알았고, 글씨에서는 초서, 해서, 전서, 예서 할 것 없이 참경지를 깨쳤다. …… 세상 사람들이 송나라의 소동파에 비유한다.
>
> —『철종실록』 7년(이이화, 『인물한국사 1』, 189~190쪽 재인용)

추사 김정희는 경주김씨로 충남 예산군 신암면 용궁리의 오석산 밑에서 태어난 금수저다. 고조할아버지 김흥경은 영의정에 노론 영수, 증조할아버지 김한신은 영조의 딸 화순옹주와 혼인했다. 영조는 추사에게 외가로 고조할아버지다. 할아버지 김이주는 판서를 지냈고, 정순대비가 어린 순조를 대신해 수렴청정할 적에 친정붙이인 아버지 김노경은 승지와 6조판서 등 요직을 두루 거쳤다.

더군다나 스승은 북학파의 거두 박제가였다. 이미 박제가는 북경 학계에 내가 이런 청년을 가르치고 있다고 자랑하며 김정희가 지은 시까지 보여 주었다. 당시 추사의 나이 16세 때였다. 북경 학계의 문인들은 추사가 몹시 궁금했을 것이다. 24세에 생원이 되어 동지부사인 아버지를 따라 북경에 가서 청나라의 최상류 문인들과 교류하며 세계관도 넓혔다. 1819년에 문과에 급제하여 여러 벼슬을 거쳐 규장각 대교, 성균관 대사성 등 높은 관직에도 올랐다. 비록 할아버지나 첫째부인 등 가까운 사람들의 죽음을 10대 후반에 겪었지만 그래도 세상 남부러울 게 없는 사람이었다.

눈앞의 죽음에서 제주 유배로

40대 중반, 경주김씨인 정순왕후를 등에 업고 아버지 김노경과 추사는 출세가도를 달렸다. 기회를 엿보고 있던 순원왕후(순조의 비)의 안동김씨는 효명세자의 죽음을 이용하여 추사의 아버지를 고금도에 유배 보냈다. 효명세자는 순조를 대신해 대리청정을 하면서 경주김씨 김노경 등을 자신의 세력으로 키우려 했었다. 안동김씨는 효명세자의 측근들을 쳤고, 그 타깃 중 한 명이 추사의 아버지 김노경이었다. 김노경은 4년 후 해배되어 판의금부사, 추사는 병조참판을 맡았다.

헌종 5년(1839), 추사는 형조참판의 관직을 제수받고 이듬해 6월 동지부사로 북경에 갈 예정이었다. 30년 만에 또다시 찾아온 기회였다. 그러나 안동김씨 세력은 추사가 권력의 핵심에 오르자 그를 겨냥했다. 그것이 '윤상도 옥사' 사건이었다.

10년 전, 윤상도는 호조판서 박종훈 등 세 명을 탐관오리로 지목하여 탄핵한 적이 있었다. 이유가 너무 '유치짬뽕'이었고 빤히 보이는 정쟁에 불과했다. 순조는 가당치 않다며 오히려 윤상도를 추자도로 유배를 보냈다. 안동김씨는 10년 전의 이 사건을 다시 끄집어내어 윤상도 부자를 능지처참하고, 추사에게는 윤상도 상소문의 초안을 잡았다는 죄를 들씌워 엮었다. 추사가 암행어사 때 비인현감에서 파직되었던 김우명이 대사간 자리에 있었고, 경주김씨에 반감이 강한 김홍근이 대사헌을 맡고 있었다. 목숨이 경각에 달려 있을 때 우의정인 친구 조인영이 헌종에게 추사의 목숨을 구걸했다. 안동김씨의 눈치를 보던 헌종도, 안동김씨지만 수렴청정을 하는 순원대비도 죽음까지는 내리고 싶지 않았던 것 같다. 결국 추사는 제주도 위리안치형에 처해졌다. 헌종 6년(1840) 9월, 그의 나이 55세 때였다. 추사가 헌종의 측근으로 세력을 키우는 것을 저지하기 위한 안동김씨의 모략 때문이었다. 예나 지금이나 정치판은 모략이 판친다. 이로써 8년 3개월의 제주 유배생활이 시작되었다.

추사의 제주 유배생활

제주에 있을 때 해남 대흥사 주지이며 동갑내기 친구 초의선사, 추사와 초의선사의 제자이며 문인화가인 소치 허련, 하급 무인 가문 출신으로 스승 민노행의 권유로 추사의 제자가 된 강위 등이 제주를 찾아 말

동무가 되어 주면서 외로움을 달래주었다. 제주 유배 중 그토록 사랑하던 둘째부인 예안이씨가 눈을 감았다. 예안이씨와 금실이 좋았던 추사는 상복을 갖추어 입고 「부인 예안이씨 애서문」을 쓰며 피눈물을 흘렸다. 9년여의 세월 동안 추사는 제자들을 키우고 학문에 침잠하면서 견뎌냈다.

63세 때인 1848년 12월 6일, 마침내 추사는 자유의 몸이 되었다. 추사를 아꼈던 헌종의 배려였고, 조정에서 높은 관직에 있던 친구 조인영과 권돈인, 그리고 신헌과 헌종에게 불려가 그림을 그리며 추사의 제주생활을 전한 제자 허련의 노력 덕분이었다. 제주 화북 포구의 바람은 거셌다. 추사는 간절한 마음을 담아 「남해신에게 올리는 제문」을 썼다. 그 몇 구절을 보자.

"상서 바람 조각 돛에 / 천리 파란 잠잠하여 / 탈 없이 잘 건너가는 / 신의 힘에 달렸다오. / 감히 엷은 정성 올리오니 / 신이여 강림하여 주옵소서."(양진건, 『제주 유배길에서 秋史를 만나다』, 249쪽)

세한도 속 허름한 집이 추사기념관?

제주 서귀포시 대정읍성 동문 입구에 돌하르방 네 기가 있다. 영조 30년(1754)에 세운 것으로 추정되고 있다. 돌하르방은 보통 성문 앞에 세웠는데 육지의 장승처럼 잡귀를 막는 수호신 등의 역할을 했다. 그 옆에 삼의사비가 있다. 1901년 제주민란의 장두 이재수, 강우백, 오대현을 기려 세운 비석이다. 보통 이재수의 난으로 더 많이 알려져 있다. 제주민란은 중앙에서 파견된 세금 징수관과 결탁한 천주교인들의 횡포에 맞서 일어난 항쟁이었다.

추사기념관. 추사의 「세한도」를 연상시킨다.

2016년 가을, 간만에 추사유적지를 찾았던 적이 있다. 단출했던 유적지에 추사기념관이 새로 들어서 호기심을 가지고 살펴보았다. 지붕이 맞배형이고 오른편으로 둥근 창을 내었다. 맞배지붕에 둥근 창이라? 추사가 그린 「세한도」의 초라한 집을 형상화한 것 같다. 지하 1층으로 건물을 내려 지은 것은 「세한도」의 집이 반지하로 지면보다 약간 낮아 서였을 것이라 생각했다. 유홍준 교수의 글에 소개된 건축가 승효상은 규모가 큰 전시관을 지상에 노출시킬 경우 추사유배지나 대정읍성 성벽, 그리고 민가들을 압도할 수 있어 건축물 대부분의 볼륨을 지하로 했다고 한다.

이 기념관은 2007년 11월 추사유배지가 국가지정문화재로 승격되면서 기존의 유물전시관을 헐고 2010년 5월에 건립되었다 한다. 3개의 전시실과 교육실 등이 있고 추사 관련 유물들이 전시되어 있다. 그런데 대부분 복제품들이다. 그래도 추사의 자취를 볼 수 있어 좋았다.

기념관에 들어서면 입구 벽에서 「세한도」를 만난다. 한때 「세한도」를 소장하고 있던, 추사를 너무나 사랑했던 추사 연구가 후지츠카가 1939년에 복제한 한정본 100점 중 하나라고 한다. 비록 진품은 아니지만 첫 복제품이기 때문에 의미가 깊다. 그림 이야기를 먼저 하자.

몇 년 전 학생들을 대상으로 한국미술사 수업을 한 적이 있다. 학생들은 전시수업에서 김홍도의 시·서·화의 세계에 쏙 빠져 있었다. 「송하맹호도」나 「주상관매도」에 감탄을 금치 못했다. 그런 학생들에게 추사의 「세한도」를 화면에 띄워 주니 반응이 좀 그렇다. 소나무들은 잘 그린 것인지 어떤지 모르겠지만, 허름한 집은 자신들이 훨씬 잘 그릴 수 있다고 일치된 감상을 이야기했다.

조선시대 그림 솜씨는 대체로 도화서의 화원들이 더 뛰어났다. 선비들이 그린 문인화는 기교 면에서 화원들에 비해 덜하다. 그런데 문인화는 그림 속에 담긴 문인의 마음, 즉 뜻을 표현한 것이다. 추사는 사실성보다는 정신성을 강조한 그림을 좋아했고 그 같은 그림들을 그리곤 했다. 감상자가 그 마음을 읽어내며 스토리텔링 하는 것이 문인화다.

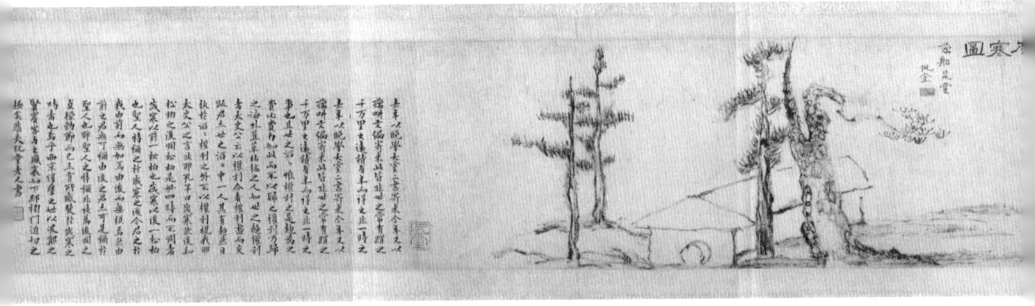

추사 김정희의 「세한도」. 여러 문인들이 쓴 제찬으로 10m가 넘는 두루마리가 되었다.

「세한도」는 추사가 제주에서 유배생활을 한 지 5년째에 그렸다. 한결같은 마음으로 스승을 모신 이가 통역관인 제자 이상적이었다. 이상적은 북경, 즉 연경 학계의 새로운 동향을 전해주고 추사가 부탁한 귀한 책들과 신간서적을 중국에서 어렵게 구해 보내주곤 했다. 그 고마움을 표하기 위해 「세한도」를 그려 이상적에게 답례했던 것이다. 이상적은 역관이지만 북경의 추사 인맥에 닿아 있는 문사였고 중국 문인들에게 그 같은 대우를 받았다.

세한도의 스토리텔링

추사는 「세한도」 발문에 공자가 한 말 하나를 인용했다. "세한연후 지송백지후조(歲寒然後 知松柏之後凋)"다. '날씨가 추워진 다음에야 소나무와 잣나무가 시들지 않음을 안다.' 즉, 역경을 겪어봐야지 그 사람의 마음을 안다는 뜻이다. 소나무와 잣나무는 쓸쓸한 신세로 전락한 추사에 대한 이상적의 지조와 의리를 상징한다.

이상적은 이 그림을 받아들고 청나라에 가서 스승을 아는 여러 문인들에게 펼쳐 보였다. 중국의 문인 16명이 다투어 그림 뒤에 자신의 시와 글을 적어 놓았다. 이를 '제찬(題贊)'이라 하는데, 그림의 주제와 어울려 쓴다. 제찬은 문인화만의 특징이다. 이로써 「세한도」는 무려 10m가 넘는 두루마리가 되었다.

'세한'은 '정월 초하루 즈음[歲]의 매서운 추위[寒]'라는 말이다. 추사는 자신의 처지를 이 한 단어로 표현했다. 물기를 다 뺀 듯한 붓으로 집 한 채를 쓱 그렸다. 동그라미로 창을 내어 누군가를 기다렸다. 눈과 바람에 곧 무너질 것 같은 허름한 집이지만 오른편 한 그루의 소나무가 버텨주고 있다. 그 옆의 노송도 그 소나무에 기대어 있다. 그 소나무는 이상적이고 노송은 추사다. 왼편의 두 잣나무는 추사에게 희망과 의지를 상징한다. 역경을 이겨낼 수 있는 자신감을 두 그루의 잣나무로 표현한 것이다. 이처럼 「세한도」에는 고독, 믿음을 주는 사람에 대한 고마움, 강인한 의지, 그리고 희망 등을 담고 있다. 그래서 「세한도」를 조선 후기 최고의 문인화라 하는 것이다.

후지츠카의 신뢰를 저버린 손재형

「세한도」의 소장자는 계속 바뀌었다. 이상적에서 민영휘로, 그리고 후지츠카가 민영휘의 아들 민규식에게 「세한도」를 샀다. 또 다른 추사 애호가 손재형이 후지츠카를 방문하여 진실한 마음으로 구입 의사를 밝혔다. 당연 후지츠카는 거절했다. 자신이 아끼던 보물 중 최고였기 때문이다.

1944년 여름, 태평양전쟁 시기에 후지츠카가 일본으로 돌아갔다. 손재형도 일본에 건너가 매일 부탁했다. 그 정성에 감동한 후지츠카는 아들에게 자기가 죽으면 「세한도」를 손재형에게 주라고 했다. 그러나 손재형은 결말을 봐야 했다. 결국 후지츠카가 손재형에게 돈으로 셈할 수 없다고 하면서 「세한도」를 넘기며 잘 보존해 달라고 부탁했다. 그후 「세한도」는 손세기에 이어 현재 그의 아들 손창근이 소장하고 있다. 어떻게 된 일일까. 1958년 국회의원 선거에 출마한 손재형이 「세한도」를 담보로 돈을 끌어 쓴 것이다. 손재형의 노력은 좋았으나 신뢰 부분에서 허탈하다.

"경전과 예술 문장이 조선에서 가장 뛰어나다"

추사를 다중지능이론으로 검사하면 언어지능이 가장 높게 나올 것 같다. 그는 글씨에 대한 조예가 깊었다. 그래서 자연스럽게 금석문의 최고 권위자가 되었다. 북한산 비봉의 비석이 무학대사비가 아니라 신라 진흥왕의 북한산비라고 밝힌 것도 그이다.

추사는 박제가를 스승으로 삼아 학문을 익히다 24세에 부친 김노경을 따라 청나라 북경으로 가는 첫 사행길에 올랐다. 이 사행길은 추사의 학문세계를 획기적으로 넓힌 계기가 되었다. 원체 똑똑한 그였기에, 60일 간 북경에 머물며 옹방강, 완원 등 중국의 내로라하는 학자들 앞에서 자신이 익힌 것을 거침없이 토해냈을 것이다. 이미 박제가의 자랑도 기억하고 있었던 터라, 당시 78세 옹방강과 47세 완원은 추사의 당돌함과 학문이 마음에 들었던지 스승과 제자의 인연을 맺었다. 옹방강은 추사에게 '보담재(寶覃齋, 담계 옹방강을 보배롭게 받드는 서재)'라는 당호를, 완원은 '완당(阮堂, 완원의 제자)'이라는 호를 지어 주었다.

귀국 후 추사는 옹방강, 완원과 서신 및 서적들을 주고받으며 금석문에 대한 이해도 깊어졌다. 북학파의 중심 인물인 스승 박제가를 통해 청의 발달된 학문을 흠모해 왔던 추사는 이때 중국 문화에 흠뻑 빠졌고 사모하기까지 했다. 옹방강의 "경전과 예술 문장이 조선에서 가장 뛰어나다"는 칭찬은 추사에게 '조선 최고'라는 자부심을 심어주었을 것이다. 천성이 예술가적 기질인데다 이러한 자부심은 그를 '당돌한' 사람으로 여기게 했다. 이 당돌하고 무례한 추사의 모습과 가문의 권세는 그가 어이없이 윤상도 옥사에 연루되어 제주로 유배 가는 이유가 되었을 것이다.

서체에 특별한 재능을 지녔던 추사가 중국의 서체에 빠지지 않으면 도리어 이상하다. 한나라 시대의 비문 글씨를 좋아했고 중국풍의 서체를 익혔다. 그는 성리학의 좁은 테두리 속에 자신을 가둬 두지 않았다. 서체는 학문이나 종교를 가리지 않았기에 경학이나 불교에도 유연한 태도를 보였다. 또 난 그림에서는 당대 최고라 여겨지고 있다. 흥선대원군 이하응이 한때 그에게서 난 치는 기법을 익혔다.

이렇게 자신만만하던 추사가 제주에 유배를 오게 된 것이다. 50대 중반이면 삶에 겸손이 스며든다. 더군다나 한양과 다른 제주의 칼바람, 거친 음식과 풍토병 등이 추사의 불기운을 눌러주었다. 그는 자신의 내면 속으로 들어가 인생을 관조했을 것이다. 이 과정에서 추사만의 서체가 완성되었다.

추사체는 "70 평생에 벼루 열 개를 닳게 했고 천 자루의 붓을 다 닳게" 하여 완성된 것이다. 몰입이다. 미치지 않고서는 나올 수 없다. 그런데 추사체는 일정한 틀이 없다. 이는 그의 자유롭고 개성적인 삶을 표현한다. '파격적 아름다움'이 추사체다. '파격[怪, 괴이함]'은 그가 모든 서체에 통달하면서 비로소 나온 것이다.

고종 때의 서화가 유최진은 「완당론」에서 추사체에 대해 "원래 글씨의 묘를 진실로 깨달은 서예가란 법도를 떠나지 않으면서, 또한 법도에 구속받지 않는 법이다"(유홍준, 『김정희』, 338쪽)라고 평했다. 추사체에 대해 이보다 잘 정리한 글은 없을 것 같다. 박규수는 "그의 글씨는 본래 중국 고대의 비문 글씨와 옹방강의 글씨를 닮아 지나치게 기름졌으나 유배 후에는 특정 글씨체에 구속됨이 없이 스스로 일가(一家)를 이루었다”(이영권, 『제주역사기행』, 157쪽)고 평했다. 그 계기를 “추사의 글씨는 여러 차례 변화했는데, 제주도 귀양시절에 완성되었다”고 한 것처럼, 추사만의 글씨체는 제주의 칼바람 속에서 나온 것이다.

청조학 연구의 1인자

보통 ‘김정희’ 하면 추사체만 떠올린다. 김홍도 하면 풍속화를 떠올리듯이 말이다. 그러나 그는 경학, 금석학, 고증학, 불교의 선에도 조예가 깊은 대학자였다. 더군다나 당대 최고의 평론가이기도 했다. 고증과 실증적 연구자인 후지츠카는 추사를 연구한 끝에 “청조학(淸朝學) 연구의 제1인자는 완당 김정희이다”라고 단정 지었다. 당시 청나라에도 쟁쟁한 학자들이 많았는데 동아시아를 통틀어 추사가 1인자라 한다. 추사의 제자 홍한주는 『지수염필』에서 “추사의 재능은 감상(鑑賞)이 가장 뛰어났고, 글씨가 그다음이며, 시문이 또 그다음이다”라고 썼다. 추사에게 가장 뛰어난 능력이 ‘감식안’이라는 것이다. 추사는 “서화를 감상하

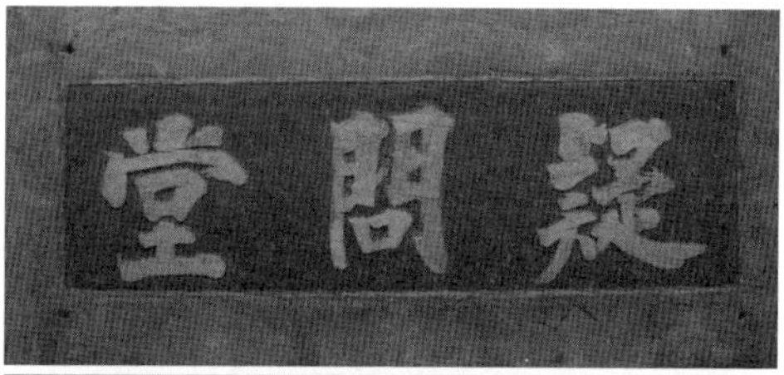

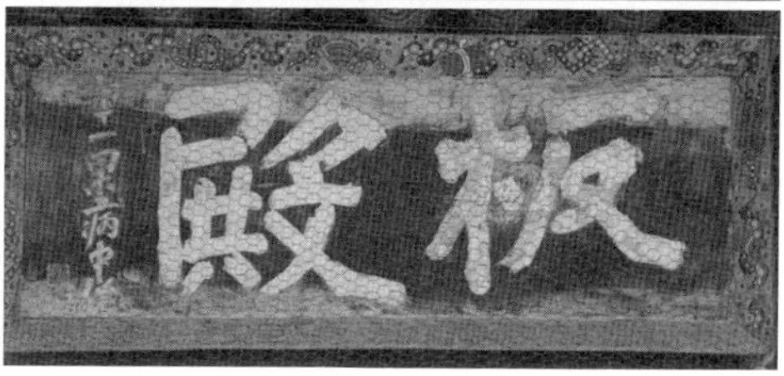

위 | ‘의문당’ 현판의 추사 글씨. 인근 대정향교의 동재 건물에 걸려 있던 것이다.

아래 | 서울 강남 봉은사의 ‘판전’ 현판. 글자 옆에 세로로 “칠십일과병중작(七十一果病中作)”이라고 썼다. 71세 먹은 과천 사람이 병든 상태에서 썼다는 뜻이다. 이 글씨는 흔히들 어린아이 글씨 같다고 한다.

는 데에는 금강역사 같은 눈[金剛眼]과 혹독한 세무관리의 손끝[酷吏手]과 같아야 그 진가를 다 가려낼 수 있"(유홍준, 『김정희』, 406쪽)다고 했다. 사실 그는 한국사를 통틀어 최고의 미술사가였다고 할 수 있다.

가장 친한 친구는 권돈인, 조인영, 그리고 초의선사가 대표적이다. 여러 분야에 제자들을 두었는데 그중에 양반들도 많지만 중인들도 많았다. 그의 사람 대하는 성향은 신분이 아니라 능력과 잠재력이었다.

전시품 중 「의문당(疑問堂)」은 진품이다. 인근 대정향교의 동재 건물에 걸려 있던 것이다. '학문을 할 때에는 항상 의문을 가지고 하라'는 뜻이 담겨 있다. 추사의 학문하는 태도를 제자들이 가지기를 바랐던 것 같다. 아직까지도 주입식 교육이 몸에 밴 학생들에게도 절실히 필요한 가르침이다.

한때 학교에서 작가들을 초청해 독서토론 캠프를 진행한 적이 있다. 주제 도서를 읽고 독후감을 미리 써오게 했는데 항상 질문 두 개를 쓰게 했다. 이 질문을 토대로 작가와의 만남을 질문·답변으로 진행했다. 얼마 안 되는 강연료에도 불구하고 강사나 학생들의 만족도가 항상 높았다. '물음'은 학문의 시작점이다.

또 하나 눈여겨볼 작품이 「판전(板殿)」 현판이다. 판전은 서울 강남구 봉은사에 있다. 화엄경판 3,749장을 보관한 건물이다. 제주에서 해배된 후 추사는 친구 권돈인의 유배에 또 엮여 이번에는 함경도 북청으로 유배를 갔다. 2년 후 해배되어 청계산 아래 작은 집에서 불경을 읽고 참선도 하며 생을 정리하고 있었다.

71세에 그는 봉은사로 갔다. 그리고 선비로서 승복도 입었다. 추사는 영기 스님이 『화엄경』 80권을 정성을 다해 베껴 쓰고 목판으로 찍어내는 작업을 옆에서 지켜보았다. 경판전을 짓자 현판을 '판전(板殿)'이라 썼다. 글자 옆에 세로로 '칠십일과병중작(七十一果病中作)'이라고 쓰는 것도 잊지 않았다. 71세 먹은 과천 사람이 병든 상태에서 썼다는 뜻이다. 그의 마지막 작품이다.

'판전'은 흔히들 어린아이 글씨 같다고 한다. 인생의 마지막 글씨, 어쩌면 그리운 어린 시절로 돌아가고자 하는 염원도 있지 않았을까. 아니, 칠십 평생 동안 쌓여온 인간적 집착을 내려놓으려 하지 않았을까. 사흘 후 추사는 눈을 감았다. 71세, 1856년 10월 10일이다.

추사와 수선화

전시관 2층에 무쇠로 제작한 추사의 흉상이 있다. 진한 갈색이기 때문에 표정이 더욱 슬퍼 보인다. 유배 온 지 5개월, 추사의 모습은 이랬을 것이다. 대학자라 소문났기 때문에 주민들도 어렵게 대했을 것이다. 앞에 추사가 좋아했던 수선화가 꽃병 가득했다.

추사는 제주에 지천으로 피어 있던 수선화를 보며, 강진 유배지에 있을 적의 다산 정약용을 떠올렸을 것 같다. 33세 때 다산에게 가르침을 청한 적도 있고 다산의 아들 정학연과 평생 교유했다. 추사는 아버지가 평안감사 때 선물받은 수선화 중 한 그루를 화분에 정성스럽게 담아 남양주의 여유당에 거처하는 다산에게 보냈다. 다산은 '늦가을에 벗 김정희가 향각(평양)에서 수선화 한 그루를 부쳐 왔는데 그 화분은 고려청자였다'는 부제를 단 「수선화」라는 시를 썼다. 다산은 추사보다 24세 연상이었다. 그 마음을 담아 추사가 생활했던 집 주위나 대정읍성 성벽 아래에 수선화를 많이 심어 놓았다.

기념관 오른편에 추사의 전신 동상이 있다. 붓을 잡고 있는 추사는 이제 매우 인자한 모습이다. 제주생활에 적응하고 제자들의 존경을 받고 있으니 마음이 편안해졌을 것이다.

추사의 생활집

기념관 뒤편으로 추사가 유배생활을 했던 집이 있다. 물론 복원된 곳이다. 추사는 처음 포교 송계순의 집에 위리안치되었다가 강도순의 집으로 옮겼다. 이곳은 강도순의 집터에, 추사가 부인에게 보낸 편지를 토대로 송계순의 집으로 복원한 것이다. 강도순은 추사의 제주 유배시절 가르침을 받은 제자이며, 일대의 토지를 거의 모두 소유한 지주였다. 추사가 유배생활을 했던 이곳은 제주의 옛집을 엿볼 수 있는 곳이기도 하다. 이 집에는 보통 마을 단위로 소유하는 몰방에(연자방아)가 있고, 일명 똥돼지를 키우는 화장실인 돗통시가 두 개, 눌, 물팡과 물허벅, 제주의 부엌인 정지, 외양간인 쉐막 등을 볼 수 있다. 추사는 강도순의 초가집 중에서 별채인 모거리 건물에 거처했고, 앞의 밖거리 건물에서 제자들을 키웠다.

밖거리 건물에는 추사가 제자들에게 학문을 가르치는 모형이 있다. 이 건물, 아니 추사의 생활집 자체가 '수성초당(壽星草堂)'이라 불렸다. 수성은 남극성으로, 제주 등 남쪽 지방에서만 드물게 볼 수 있는 별이다. 인간의 수명을 관장한다고 믿어, 임금도 수성에 제사를 올리는 풍습도 있었다. 위리안치란 유배형 중 중형으로 집 둘레에 가시울타리를 치고 그 안에만 머물러야 한다. 유배형에 처해지면 유배장소만 조정에서 정했지 집까지 지정하지는 않았다. 고을의 수령이 집을 지정하든지, 마을 사람 중에서 유배자를 자신의 집으로 데려오든지 했다. 유배자의 관리

추사가 유배생활을 했던 집. 제주 유배생활 시절의 제자인 강도순의 집터에, 추사가 부인에게 보낸 편지를 토대로 송계순의 집으로 복원한 것이다.

는 그 지역의 수령이 했지만, 수령의 성향이나 유배자의 정치적 위상에 따라 어느 정도 자유로운 생활도 가능했다.

추사는 학문적으로나 정치적으로나 수령이 함부로 통제할 수 있는 사람이 아니었다. 위리안치형을 받았지만, 추사는 이곳에서 2km 정도 떨어진 대정향교에 자주 발걸음을 했다. 이곳 생활에 어느 정도 적응했던 것 같다. 추사가 적적함을 달래기 위해 갔을 것이고, 대학자를 향교 측에서 모셨을 가능성도 크다. 지금의 특별 강연 같은 거라고나 할까. 추사는 강사공의 부탁을 받고 동재 건물에 '의문당'이라는 현판도 써 주었다. 제주 시절, 추사의 유배생활이 잘 드러난 시가 있다. 「우연히 짓다」라는 시다.

> 붉은 새 나는 하늘 끝과 큰 바닷가에서 / 신산(한라산)은 구불구불 서쪽으로 뻗었구나. / 들판 속의 작은 고을, 겨우 말[斗]만 한데 / 푸른 돌성, 짧은 대울타리와 이어졌구나. / …… / 송죽의 곧은 절개, 동

문 사당에 어리고 / 인가는 다 수성 아래에 자리 잡았네. / 수선화는 천으로 늘어지고 또 만 가지로 뻗쳤구나. / 원우의 죄인으로 혜주 밥 먹던 사람 / 비바람에 삿갓 쓰고 나막신 끌고 동방에 거한 걸 잊었구나.

– 추사, 「우연히 짓다」 중에서

시 중 "송죽의 곧은 절개, 동문 사당에 어리고"는 동계 정온에 대한 것이다. 정온은 광해군 6년(1614)에 인목대비 폐위에 반발하여 대정현에 유배 온 인물이다. 병자호란 때 척화파의 의지를 보인 사람 중 한 명이었다. 추사는 200년 앞서 같은 장소에서 유배생활을 했던 정온을 기리기 위해 제주 목사 이원조에게 건의하여 '동계 정온 적려유허비'를 세웠다. 또 "원우의 죄인으로 혜주 밥 먹던 사람"은 추사가 흠모했던 북송시대의 시인 소동파다. 소동파와 자신의 현재 처지를 동일시한 것이다.

제주스러운 대정향교

대정향교는 태종 16년(1416)에 설치되었다. 뒤에 있는 산은 단산이다. 앞에 명륜당을, 뒤에 대성전을 두었다. 이를 '전학후묘(前學後廟)'라 한다.

대정향교는 외삼문이 없고 옆의 쪽문(대성문)으로 출입한다. 앞쪽에 교실인 명륜당이 가로로 있고, 뒤쪽에 좌우로 학생들의 기숙사인 동재와 서재가 있다. 사당 영역으로 들어가는 내삼문은 굳게 잠겨 있지만 옆 쪽문(전향문)을 통해 대성전을 만날 수 있다. 그런데 향교의 필수 건축물이라 할 수 있는 동무(정전인 대성전에 모시지 못한 유현의 위패를 모신 곳)와 서무가 없다. 처음부터 없었던 것인지, 복원하지 않은 것인지 알 수 없다.

대정향교는 제주답게 현무암 돌로 아래 벽을 삼았다. 커다란 팽나무와 대성전 앞쪽 오른편에 있는 낙락장송이 눈에 띈다. 본래는 삼강오륜과 관련하여 팽나무 세 그루, 소나무 다섯 그루를 심었다 한다.

대정향교의 건물들은 제주의 자연적 특색을 잘 보여주고 있다. 한옥이지만 황토벽이 아니라 현무암 돌로 아래 벽을 삼았다. 또 이곳에서 눈에 띄는 것이 커다란 팽나무와 대성전 앞쪽 오른편에 있는 낙락장송이다. 본래 향교에는 삼강오륜과 관련하여 팽나무 세 그루, 소나무 다섯 그루를 심었다 한다. 그런데 지금은 옛 모습과 많이 달라졌다. 팽나무도 팽나무지만, 제주도에서 이렇게 멋진 소나무를 본 적이 없는 것 같다. 정말 멋지다. 「세한도」의 소나무 모델이라 하여 '세한송'이라 불리지만 이견도 있다. 사실 여부는 추사만이 알 것이다.

낙조의 명소, 송악산 둘레길

제주에서 송악산 둘레길을 좋아한다. 제주에 올 때마다 반드시 코스에 넣는다. 송악산 길을 걷는 것이 좋고 바다를 감상하는 것도 좋고 바다와 연한 해안선이나 산방산, 또 그 너머 구름과 함께 한라산을 바라보는 것도 좋다. 둘레길은 2.8km로 50분 정도 걸린다.

둘레길 초입, '다크투어리즘(Dark Tourism)'이라는 안내표지판이 있다. 일명 '어두운 여행'이다. '전쟁·학살 등 비극적 역사의 현장이나 엄청한 재난과 재해가 일어났던 곳을 돌아보며 교훈을 얻기 위하여 떠나는 여행'이라고 한다. 제주에 있는 모슬포 알뜨르비행장 등 일제의 군사시설들을 돌아보는 코스로 올레길 10코스 구간이다. 송악산 해안 절벽 아래를 보면 동굴이 여섯 개 정도 보인다. 송악산 해안 일제 동굴진지다. 태평양 전쟁 막바지, 미군 함대가 태평양에서 제주를 거쳐 일본 본토를 공격할 것이라 예상하고, 일제가 제주 주민들을 강제 동원하여 만든 군사 동굴이다. 여기서 미군 함대가 보이면 군인이 포탄을 탑재한 보트를 타고 돌진하여 자살 공격을 하도록 되어 있다. 해상의 카미카제 특공대다.

처음 산책길은 포장도로다. 색색의 구절초가 머리를 흔들며 인사를 건넨다. 양편에는 소나무들이 바람을 막아서고 있다. 산책길에서 일제 동굴진지를 또 만난다. 송악산에는 이처럼 작은 동굴진지가 60개 정도 있다고 한다. 조금 더 걸으니 전망이 확 트인 다듬은 돌길이고, 이번에는 억새들이 반긴다. 바닷바람의 예술일까, 가로로 층층이 골을 낸 바위가 시선을 붙잡는다. 바위 언덕을 내려서면 이제부터 바다 쪽으로 나무 난간을 두른 붉은 흙길이 펼쳐진다. 부남코지가 동남쪽 모서리다.

보통, 사람들은 여기에서 턴한다. 남쪽 해안 산책길이 그렇게 매력적이지는 않아 보이지만 그것은 선입견이다. 서남쪽부터 환상적인 데크길이 펼쳐진다. 시간이 오후 5시 약간 전이다. 서남쪽 전망대에는 사람들로 붐빈다. 아마 낙조를 기다리고 있는 모양이다.

서쪽 데크길은 오르락내리락이다. 산책을 즐기는 사람만이 이 길을 걷는다. 옆에는 벼랑 해안이지만 흡사 능선길을 걷는 듯한 착각도 든다. 송악산 서쪽 산책길에만 전망대가 세 개 모여 있다. 오후 5시가 넘

어가는 지금, 낙조에 대한 기대감을 더욱 갖게 한다. 데크길이 끝나니 소나무 가득한 붉은 흙길이다.

이제 도로가로 나왔다. 도로(최남단해안로) 건너 억새 만발한 언덕에 올라섰다. 이미 도로가 양쪽을 차들이 점령한 상태다. 이 장소를 어떻게 알았는지 사람들이 낙조를 배경으로 추억 남기기에 바쁘다. 제주에서 정말 오래간만에 낙조를 제대로 감상했다. 자연생태 보전을 위해 송악산을 개발하지 않겠다고 결정한 제주지사에게 박수를 보내며 그 약속이 잘 실천되리라 믿는다.

참고문헌

이이화, 『인물한국사 1』(한길사, 1999)
유홍준, 『김정희』(학고재, 2006)
유홍준, 『나의 문화유산답사기 7·제주편』(창비, 2016)
양진건, 『제주 유배길에서 秋史를 만나다』(푸른역사, 2011)
이영권, 『제주역사기행』(한겨레신문사, 2008)
이영권, 『새로 쓰는 제주사』(휴머니스트, 2012)
한국문화유산답사회, 『답사여행의 길잡이 11·한려수도와 제주도』(돌베개, 1999)
오주석, 『오주석의 옛 그림 읽기의 즐거움 1』(솔, 2014)

역사가 된
너븐숭이 4·3 답사길

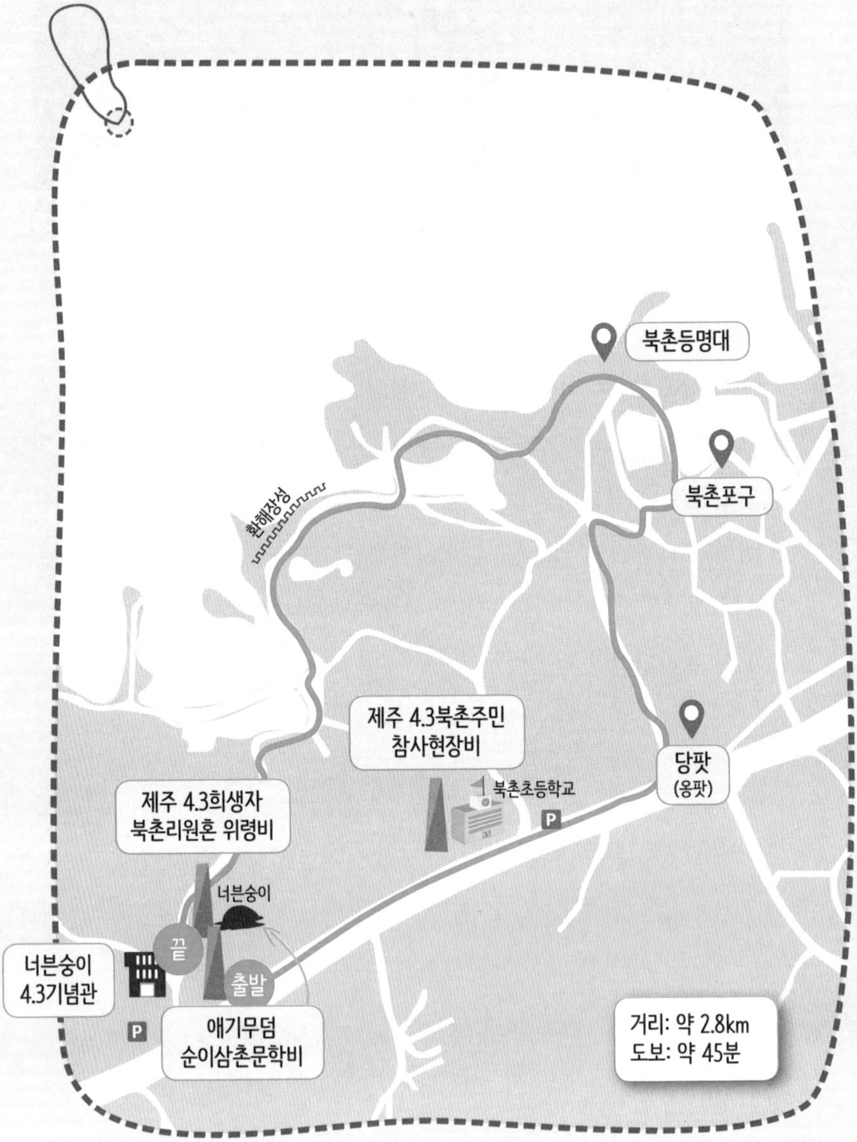

함덕해수욕장과 너븐숭이

제주 어느 곳이든 4·3의 아픔이 배어 있지 않은 곳이 없다. 제주시 조천읍 북촌 너븐숭이도 그러한 곳이다. 더군다나 이곳은 현기영 작가의 소설 「순이삼촌」의 무대이기도 하다. 너븐숭이 답사는 인근의 함덕해수욕장과 연결시켜 하루를 잡는 것이 좋다. 함덕해수욕장은 그늘막도 치고 한나절 제주의 바다를 보며 생각에 빠져들 수 있는 곳이고, 오른편의 서우봉 둘레길은 함덕해수욕장 주위의 풍광을 제대로 즐길 수 있는 곳이다. 그런데 함덕은 토벌군의 진지가 있던 곳이고, 이 해수욕장과 서우봉도 4·3 때 힘없는 제주 양민들 281명이 죽음을 맞이한 장소다. 함덕해수욕장에서 너븐숭이 4·3기념관까지는 차로 8분에 불과하다. 너븐숭이 4·3 답사는 기념관의 이상언 유족회 임원의 안내를 받으며 함께 걸었다.

제주지역은 예전부터 고립된 섬이었다. 고립되었기 때문에 그들 간에 유대의식이 강했다. '순이삼촌'처럼 제주 정서에서는 친척관계가 아니더라도 성별에 상관없이 윗사람이면 모두 '삼촌'이라 불렀다. 특히 청년들에 대한 신뢰는 절대적이었다. 이 믿음도 그들의 문화공동체 속에서 싹튼 것이다.

이러한 유대감이 해방 정국에서 육지와 달리 제주도에서는 좌·우의 대립 없이 단일조직과 운동으로 나타났다. 해방 직후 제주도에서도 건국준비위원회가 조직되고 10여 일 후에 인민위원회로 개편되었다. 독립운동가 출신과 양심적 인사들이 주축이 되었고 제주민들의 전폭적인 지지를 받았다. 미군 진주 이후에 육지의 인민위원회가 미군정의 탄압을 받아 힘이 약화되고 있는 상황이었다. 그러나 제주도는 달랐다.

서우봉 산책길에서 본 함덕해수욕장.

미군정의 정보요원이었던 E. 그랜트 미드도 "제주도 인민위원회는 모든 면에서 제주도에서 유일한 당이었고 유일한 정부였다"(이영권, 『제주역사기행』, 291쪽)고 보고한 바 있다. 미군정의 입장에서 제주도는 단일 통치 정책에 부담으로 작용하고 있던 지역이었다. 미군정은 친일 관리들을 온존시켜 한반도 남쪽지역의 지배를 강화해 나갔고, 그들은 미군정을 등에 업고 부정부패를 일삼았다. 더군다나 제주 생계의 주된 경제 끈이었던 일본과의 교역금지 조치 등 여러 경제조치들이 제주의 경제와 사회 상황을 불안하게 만들었다.

제주 4·3사건의 도화선, 3·1절 발포사건

청년들은 이런 문제들에 대해 민감하게 반응했고 도민들은 청년들의 주장에 호응했다. 그 과정에서 '3·1절 발포사건'이 발생한 것이다. 1947년 3월 1일, 전국에서 그리고 제주도 주요 장소에서 3·1절 기념식이 열렸다. 제주북초등학교에서는 3만 명이 모인 가운데 외세의 간섭 없이, 분열됨이 없이 하나의 나라를 만들자는 주장에 군중들은 열렬히 환호했다. 기념식이 끝나고 해산하던 중 기마경찰의 말발굽에 어린아이가 다쳤는데 조치 없이 지나쳤다. 군중들이 항의하자 경찰이 총을 쐈다. 대부분 육지에서 파견된 경찰들이었다. 도망가던 사람들 중 여섯 명이 등에 총을 맞아 사망하고, 여덟 명이 부상을 당했다. 경찰은 과잉대응을 인정하지 않고 정당방위였다고 하며 기념식 집회를 주도했던 사람들을 검거하기 시작했다. 미군정은 제주도를 '빨갱이 섬'으로 단정을 짓고 경무부 차장은 '제주도민 90%가 좌익 색채를 띠고 있다'(제주4·3평화재단, 『한눈에 보는 4·3』, 13쪽)고 떠벌렸다. 3·1절 발포사건은 제주 4·3의 도화선이 되었다.

제주도 전역이 들끓었다. 도지사 박경훈은 모든 사태의 책임을 지고 사퇴했다. 그는 사퇴의 변에서 "30만 도민 전부가 한없이 동정과 조의를 표하고 …… 오는 앞날 우리의 통일민주독립을 위하여"(제주4·3기념사업위원회, 『4·3이 머우꽈?』, 16쪽)라고 언급했다. 학생들, 공무원들, 교사들, 심지어 제주 출신 경찰들까지 총파업에 돌입했다. 한 달 동안 500명이 체포되었고 245명이 감옥에 갇혔다. 1948년 4·3이 일어나기 전 1년 동안 2,500명이 잡혀갔다. 생각 있는 제주의 젊은이들이 대부분 잡혀갔던 셈이다. 이 과정에서 남로당원 등 청년들이 한라산에 입산하여 무장대를 조직했다. 미군정은 3·1절 발포사건 직후 북에서 월남한 반공청년 집단인 서북청년회와 육지 사람들로 구성된 응원경찰대를 대거 제주도에 파견했다. 서북청년회에게는 봉급 없이 경찰 직함만 주었기 때문에 이들은 제주도민들을 멋대로 약탈했다. 그들의 폭력은 법 위에 있었다. 더군다나 1948년 5월 10일에는 남쪽만의 총선거가 예정되어 있었다. 5·10총선거는 한반도를 둘로 쪼개고 결국 전쟁까지 불러올 가능성도 농후했다.

5·10총선거를 저지하기 위해 1948년 4월 3일 새벽 2시, 무장대가 제주도 내 24개 경찰서 중 12개를 습격, 총격전 과정에서 14명이 사망했다. 미군정 경찰은 '북한과 연계된 공산주의자들의 난동'이라 규정했지만 검찰총장 이인은 미군정 관공리들의 부패에서 그 원인을 찾았다. 미군정은 제주도 내 주둔 중이던 군부대에도 사건에 개입할 것을 명령했다. 당시 제주 주둔군 9연대 연대장 김익렬 중령은 평화적 해결을 위해 무장대 사령관 김달삼과 협상했다. 전투 중지와 점진적 무장해제, 그리고 신변보장이 그것이었다.

그런데 5월 1일 오라리방화사건이 발생했다. 미군정 경찰은 그것을 무장대의 소행으로 몰아붙였다. 미군정은 방화 당시 하늘과 땅에서 촬영했고 '제주도의 메이데이'라는 선전용 기록영화를 만들었다. 미군정과 경찰이 평화협상을 깨기 위해 조작한 것이다. 또 평화협상을 믿고 하산하던 민간인들에게 경찰이 총격을 가했다. 김익렬 중령은 미군정에 거칠게 항의했고 그 과정에서 경찰총수 조병옥과 주먹다툼까지 했다. 김익렬은 해임되었고 그 자리에 미군정장관 딘 소장의 총애를 받던 구 일본군 소위 출신인 박진경 중령이 앉았다. 그는 취임사에서 "우리나라의 독립을 방해하는 제주도 폭동사건을 진압하기 위해서는 제주도민 30만을 희생시키더라도 무방하다"(이영권, 『제주역사기행』, 305쪽)라고 말했다. 이는 경찰총수 조병옥의 "대한민국을 위해서는 제주도 전역에 휘발유를 뿌리고 거기에 불을 놓아 30만 도민을 한꺼번에 태워 없애야 한다"(이영권, 『새로 쓰는 제주사』, 366쪽)는 말과 궤를 같이 한다. 초강경 진압을 예고한 것이다.

5·10총선거에서 북제주도 갑구와 을구는 투표율이 50%에 미치지 못해 국회의원을 뽑지 못한 상황이 발생했다. 주민들이 투표 거부를 통해 단독정부 수립을 반대한 것이다. 제주 주민들은 심정적으로 산사람, 즉 무장대의 주장을 지지했던 것이다. 또 문상길 중위 등이 박진경 연대장을 암살했다. 그들은 친일파를 처단했으며 한국 군대가 민족을 학살하는 죄를 범하지 말 것을 유언으로 남기며 형장의 이슬로 사라졌다.

토벌군과 무장대에 학살당한 주민들

정부수립 후 이승만 정부는 선거 거부를 통해 자신의 정통성에 상처를 안긴 제주도에 더욱 강력한 토벌을 명령했다. 미군정도 1948년 말 한국에서 철수하기 전에 제주도 상황을 깨끗하게 정리하려 조바심을 냈다. 때는 10월 17일이다. 이때부터 초강경 토벌이 시작되었다. 토벌 사령관은 "해안선에서 5km 이상 지역은 적성(敵城)구역으로 간주하고 그곳에 출입하는 사람들은 무조건 사살하겠다"고 포고령을 내렸다. 중산간 마을에 거주하는 주민들은 모두 해안선으로 옮기라는 소개령이었다. 전쟁 상황보다 더한 조치였다. 19일에는 여수·순천의 군대가 제주 출동 명령에 반기를 들었다. 중산간 마을은 전부 불태워졌고 그곳에 남아 있던 사람들은 남녀노소 상관없이 모두 살육당했다. 무장대에 갈 수도 없고 해안가로 내려가다 경찰에 잡혀 죽을 수도 있었기 때문에 많은 양민들이 제주도에 산재되어 있던 동굴들 속으로 피신했다. 그러다가 집단 학살을 당한 것이다. 해안가 지역에 거주하던 주민들도 학살의 광기를 피해 가지 못했다. 무장대에게 곡식을 주었다는 단순한 행위로 엮어 학살했다. 북촌리 학살도 이 과정에서 발생한 것이다. 토벌이 한창일 때 500명 정도에 불과한 무장대는 그들의 선명한 이념이자 주장보다는 생존을 위해 곡식을 주지 않는다는 이유로 주민들을 학살했다. 죽음의 광란에서 주민들은 군·경찰이나 무장대 모두 두려운 존재들로 떨어야 했다. 이렇게 제주도에서는 3만 명, 도민의 약 1/10이 눈을 감았다.

너븐숭이의 순이삼촌

이상언 선생님이 너븐숭이에 대해 설명한다. 화산이 흘러내리면서 멈춰 넓은 돌밭이 되었는데 이를 '너븐숭이'라 한다. 먼저 애기무덤으로 갔다. 도로가 쪽에 검은 대리석 비석에 "평화와 상생의 꽃으로 피어나소서"라고 기원하고 있다.

20여 기의 애기무덤이 있는데 그중 8기 이상이 북촌대학살 때 희생된 어린아이라 한다. 제주도에서는 어린아이가 죽으면 정식 무덤을 쓰지 않고 소나무 옆에 시신을 그대로 둔 채 흙으로 덮고 돌로 가장자리를 둘러 조성한다. 아이들 영혼은 저승으로 곧바로 가지 않고 까마귀가 데려간다는 제주도의 풍습 때문이다. 앞에 양영길 시인의 「애기 돌무덤 앞에서」라는 시가 있다. "어머니의 한도 함께 묻힌 애기 돌무덤." 정말 목이 메인다. 곰돌이 그림이 그려진 널빤지가 더욱 심

화산이 흘러내리면서 멈춰 돌밭이 된 너븐숭이.

너븐숭이의 애기무덤.

금을 울린다.

애기무덤 건너 순이삼촌비로 갔다. 여기저기 널브러져 있는 비석들에는 글씨들이 빼곡하다. 소설 「순이삼촌」의 글귀들이다. 이곳도 학살의 현장이다. 이 비석들처럼 학살 당시 사람들은 이렇게 포개져 또는 떨어져 죽어갔을 것이다. 문학비 바로 오른쪽에 누워 있는 조각이 바로 순이삼촌이다. 이곳은 옴팡밭(움푹 패인 밭)으로 소설에서 순이삼촌이 실종된 지 20일이 지나 발견된 장소다. 순이삼촌은 학살 당시 이곳에서 정신을 잃고 다른 시체들 밑에 있다가 깨어났다. 당시 나이 26세, 결국 그녀는 지독한 신경쇠약으로 그 한 속에서 살다가 30년 후에 목숨을 끊었다.

도로가로 나가 성산 방면으로 조금 걷다보면 방사탑이 나온다. 사악한[邪] 기운을 막아주는[防] 탑이다. 장승이나 성황당과 같은 것으로 제주에서 흔히 만날 수 있는 탑이다. 제주의 특성상 잔돌로 돌무더기를 쌓아올리는데 안에는 무쇠솥이나 밥주걱을 넣는다고 한다. 불에 타지 않는 무쇠솥은 화재의 재앙에 대비하려는 뜻이, 밥주걱은 부(富)를 염원하는 뜻이 담겨 있다. 꼭대기에는 새 모양의 돌을 얹었는데, 선사시대

너븐숭이의 순이삼촌비.

너븐숭이의 방사탑.

부터 새는 인간과 하늘의 매개체였다. 이곳의 방사탑은 특별한 의미를 갖는다. 400명이 넘는 주민들이 학살을 당했기 때문에 그 같은 부정한 기운이 다시는 이 마을에 오지 말라는 집단적 염원이 담겨 있다.

북촌리 학살사건의 시작

광영타운 앞 도로에 멈춰 섰다. 당시에는 이곳이 고개였다. 도로를 내면서 아래쪽 부분의 도로를 복토했다 한다. 북촌리 학살사건은 이곳에서부터 시작되었다. 1949년 1월 17일 오전 제주시 구좌면(현 구좌읍) 월정리의 2연대 3대대 일부 병력이 함덕 주둔지를 향해 군용차량으로 이동하다가 이곳에서 유격대의 기습을 받아 2명이 전사했다. 군인들의 분풀이를 우려한 마을 사람들은 마을 유지 9명으로 하여금 함덕리 주둔 3대대가 있는 곳으로 시체 2구를 이송했다. 그러나 군인들은 경찰 가족 1명을 제외하고 나머지는 심한 구타 후 총살해 버렸다. 같은 날, 3대대

소대가 북촌리 주민들을 향해 보복 출동했다. 소설 속에서 순이삼촌이 단서가 되어 30년 전 그날로 시간을 되돌렸다.

"세월이 삼십 년이니 이제 괴로운 기억을 잊고 지낼 만도 하건만 고향 어른들은 그렇지가 않았다. 오히려 잊힐까봐 제삿날마다 모여 이렇게 이야기를 하며 그때 일을 명심해두는 것이었다."(현기영, 『순이삼촌』, 62쪽)

북촌리 사람들은 그 억울한 사건을 제삿날을 핑계 삼아 두고두고 기억하고자 했던 것이다. 그것이 살아남은 사람들이 원혼들에게 할 수 있는 최소의 것이라 여겼다. 망각의 역사는 그들의 존재의미 자체를 지워 버리는 것이었다. 군인들은 북촌리 주민들을 남녀노소 상관없이 모두 북촌초등학교로 모이도록 했다. 그리고 군인·경찰 가족들을 분류한 뒤 차례차례 학살을 자행했다. 작전명령에 따라 북촌리 주민들을 제주읍으로 이주시켜 이 마을을 무장대가 이용하지 못하도록 소개하는 것이라 둘러댔지만 그것은 핑계에 불과했다. 마을에 불을 놓았다. 동요하는 주민들에게 총격을 가했다. 사람들이 총격을 피해 한쪽으로 몰려갔을 때 운동장에 몇 명이 죽어 있었다.

당시 한 아기가 죽은 엄마 품을 헤치고 젖을 찾아 빨고 있었다 한다. 그 어린아이 누나의 증언을 들어보자.

> 우리 어멍은 너무 불쌍하게 죽었주. 아무 죄도 없이. 총에 맞앙. 아방은 4·3 전에 산에 들어오라는 등쌀이 심해서 그걸 피해서 육지로 배 타러 돌아다니당 풍랑으로 죽어불고, 어멍은 그때 4·3 때 죽고. 우리 다섯 남매가 한두 해 사이로 고아가 됐주. 경허난(그렇게 되니까) 남의 집에 밥 얻으러 댕기멍 살아남았주. 난 그때부터 안 해 본 일이 없어.
>
> – 서명숙, 『숨, 나와 마주서는 순간』, 북하우스, 2015, 108쪽

북촌초등학교 내 제주4·3 북촌주민 참상의 현장 비석

그 아기는 나중에 북촌리 마을 이장까지 했다고 한다. 이들이 죽임을 당한 곳이 당팟(옹팟)과 너븐숭이다. 당팟은 함덕농협을 지나 팽나무 세 그루가 있는 북촌7길 오른쪽에 있는 밭이다. 자료에 따르면 북촌리 사람들은 사람을 죽인 경험이 없는 신병들의 훈련용 표적이 되었다 한다. 소설에서는 이때 죽은 사람이 500명, 600명이라고 하지만 약 400명 정도로 추산하고 있다. 2020년 4·3추가진상조사보고서에는 북촌리 거주 사망자가 466명으로 집계되어 있다. 학살이 자행되고 있을 때 대대장 지프가 와서 급하게 중지 명령을 내렸다.

북촌초등학교 교문으로 들어서 도로가 운동장 끝 지점에 '제주4·3 북촌주민참사의 현장'이라는 비석이 세워져 있다. 살아남은 주민들은 경찰들의 감시를 받으며 성 쌓는 일에 동원되었다. 집담, 밭담, 묘지담까지 허물어 노인과 아녀자들, 그리고 아이들을 동원하여 쌓았는데 두 달이 걸렸다. 성 바깥쪽으로 가시넝쿨로 1차 방어막을 쳤다. 밤이 되면 성문을 닫아 출입을 통제했고 주민들은 돌아가면서 보초를 서야 했다. 돌성은 무장대를 막기 위한 목적과 함께 주민들을 통제하기 위한 목적에서 만든 것이다. 북촌 7길 옹팟에서 180m 거리의 왼편 밭에 그 일부가 남아 있다.

북촌포구 사건

북촌경로당 5거리에서 오른쪽 길(북촌 9길)로 꺾어 북촌어촌계에서 사원이물 옆으로 가면 북촌포구가 나온다. 사원이물은 용천수, 즉 '삼다수'

물이다. 대학살 7개월 전인 1948년 6월 16일, 우도에서 함덕 해변으로 가던 작은 배가 북촌포구에 들어왔다. 그 배에는 우도지서장과 순경을 포함한 가족 13명이 타고 있었다. 지서장은 북촌포구에 들어오면서 고기떼를 향해 총을 쏘았는데, 이 소리를 듣고 무장대가 검문을 하다가 배 안에 있던 경찰이 권총을 뽑으려 하자 먼저 총을 쐈다. 경찰 두 명이 죽었다. 이상언 선생님은 아마 이 사건이 군인이나 경찰에게 북촌리 주민들이 주시를 받는 계기가 아니었을까 하고 말한다. 12월 26일에는 북촌리 민보단원 24명이 5·10총선거에 투표하지 않았다는 이유로 낸시빌레에서 군인들에 의해 총살에 처해졌다. 민보단원은 이승만 정부가 민간인들을 편성해 군·경 토벌작전에 동원했던 사람들이다. 낸시는 냉이의 제주어로 냉이가 많이 자란다 하여 '낸시빌레'라 했다. 이보다 앞서 북촌리는 5·10총선거를 방해하기 위해 4월 21일에 무장대가 선거사무실을 습격한 장소였다. 더 결정적인 것은 북촌리가 5·10총선거가 무산된 선거구에 속해 있었다는 것이다. 이래저래 북촌리는 토벌대에게 찍혀 있던 곳이었다.

예쁜 해녀상을 보고 방무루 식당 오른편으로 가자. 거기에 북촌등명대가 있다. 예전에는 등대 역할을 했던 곳이다. 그곳 비석에 군인이 총을 쏘아댄 흔적이 있다. 북촌포구 사건을 조사하던 군인들이 주민들을 겁줄 요량으로 애꿎은 비석에다 총을 갈겼다. 식당 왼편에는 가릿당(구짓머루당)이 있다. 남신과 여신에게 제사를 지내는 곳인데, 이 신들은 북촌마을 사람들의 삶과 죽음, 질병, 해녀, 어선 등을 관장한다고 믿었다.

뒷길 데크길 코스는 올레길 19코스다. 바다 400m 지점에 섬이 있는데 다려도(달여도)다. 4·3 당시 북촌 주민들 중 일부가 토벌대를 피해 이곳에 몸을 숨겼다 한다. 이 섬은 풍부한 해산물을 제공하고 있어 북촌 사람들에게는 보물섬이라 불린다.

북촌 아이고 사건

북촌교회를 지나 쭉 걸어가다 보면 다리가 나오는데, 일반적인 다리와 비교하여 좀 생소하다. 물 통로가 없다. 이유는 제주 돌담과 같은 이치다. 바람이 많고 센 제주에서 담은 바람이 통해야 무너지지 않는다. 돌담을 쌓은 이유가 바로 그것이다. 이처럼 이 돌다리도 돌 틈으로 물이 흐를 수 있도록 했다. 바다 쪽으로 낮은 돌담이 늘어서 있다. 북촌환해장성이다. 환해장성은 고려 때 제주 해안선에 쌓은 석성이다. 처음에는 고려 조정이 삼별초의 입도를 막기 위해 쌓았으나, 삼별초가 제주에 들어오면서 여·몽연합군의 침입을 막기 위해 이용했다. 이후 왜구와 이양선의 출몰에 대비하면서 꾸준히 정비되어 왔다.

몽클펜션 끝으로 가면 허름한 집에 허름한 안내판이 제주시 방면 올레길이라고 안내한다. 그 길로 가다가 90도 왼쪽으로 난 길로 접어들면 대나무 숲길이 있고 그 끝 지점에 제주4·3희생자 북촌리 원혼 위령비가 있다. 위령비 뒤쪽에는 검은 대리석에 희생자 이름이 새겨져 있다. 같은 성씨의 이름들이 나열되어 있어 더욱 마음이 무겁다. 위령비는 너븐숭이 바위를 1m 이상 깎아낸 공간에 세웠다. 이 위령비 하나를 세우는 데에도 모진 시련이 있었다. 한국전쟁이 발발하면서 제주 사람들은 또 북한에 협조할 가능성이 있다는 죄목 아닌 죄목 하나로 처형되어야 했으며 1954년에는 '북촌 아이고 사건'으로 고초를 겪었다. 북촌국민학교에서 농악놀이를 하던 북촌 주민 중 한 명이 "이곳은 4·3 때 우리 부모형제들이 죽은 곳인데 억울한 영혼들에게 잔이라도 올립시다"라고 하자 주민들이 "아이고, 아이고" 하면서 맺힌 원한을 토해냈다. 이후 주민 대표 10명이 경찰서에 끌려가 혹독한 조사를 받고 다시는 4·3을 입에 올리지 않겠다는 각서를 쓰고 풀려났다. 제주 사람들은 오랜 기간 침묵을 강요당해 왔던 것이다.

1987년 6월민주항쟁으로 4·3에 대한 목소리가 겨우 세상 밖으로 나왔고, 1989년 4월 3일 제주시민회관에서 추모제 행사를 가졌다. 김대중 정부 때 4·3특별법이 제정, 공포되었고 2003년 노무현 정부 때 '제주4·3사건 진상조사보고서'가 발간되었다. 노무현 대통령은 "국정을 책임지고 있는 대통령으로서 과거 국가 권력의 잘못에 대해 유족과 도민 여러분께 진심으로 사과와 위로의 말씀을 드린다"고 국가수반으로서 공식 사과했다. 그리고 2014년 박근혜 정부 때 4월 3일이 국가 지정 추념일로 지정되었다.

역사가 너무 무겁다. 무거우면 잠시만 내려놓자.

참고문헌

제주4·3기념사업위원회, 『4·3이 머우꽈?』(도서출판 각, 2020)
제주4·3평화재단, 『한눈에 보는 4·3』(도서출판 각, 2021)
이영권, 『새로 쓰는 제주사』(휴머니스트, 2012)
이영권, 『제주역사기행』(한겨레신문사, 2008)
유홍준, 『나의 문화유산답사기 7·제주편』(창비, 2016)
현기영, 『순이삼촌』(창비, 2018)
서명숙, 『숨, 나와 마주서는 순간』(북하우스, 2015)
영상 '4·3의 기억 북촌리를 살다'(너븐숭이 4·3 기념관)